# 「なる」構文の多義性とそのメカニズム
### なぜスカートは短くなるのか？

大神雄一郎　著

大阪大学出版会

# はじめに

　筆者の母は数年前、まだ小さい初孫、すなわち筆者の長女とのおでかけから帰ってひと息、こう話した。「最近はベビーカーも軽くなって、出かける時も助かるねえ」。その一方で、このことと関係があるのか筆者にはわからないが、父はしばしば「最近は世の中が便利になって人間が軟弱になった」とこぼしている。

　翌日の通学準備にあたり、タンスの前で無理なコーディネートを決定しつつある長女を妻がたしなめ、長女は苦しい弁解を繰り出す。「あんた、明日それで学校に行くの？　いくらお気に入りでも、そのワンピースもう小さくなってお尻が出そうじゃない？」。「うーん、お腹の周りは小さくなってないけどねえ…」。

　風呂上がりの次女は髪から雫を垂らしながら、だしぬけに難しい顔をして筆者に問いかける。「とうちゃん、あのさあ、パジャマが小さくなっちゃったけどさあ、ほんとはパジャマ小さくなってないよねえ。なんでかなあ」。

　末っ子の幼い長男は我が家の飼い猫「ちょう」の頭を撫でながら、独り言なのか猫と話しているのか、少し迷惑そうな猫の顔を覗き込んでは、にこにこ嬉しそうにつぶやく。「ちょうちゃん。みみがさんかくになってる」。

　本書が研究の対象とするのは、上に示されるような何気ない日常会話の中にも自然に見つかる、いたって身近な言語表現である。これらの括弧内の表現は、いずれも「なる」という動詞を用い、何らかの対象が何らかの意味で変化を生じていることを述べようとするものであるが、これらにおいて「～なる」「～なった」「～なっている」という表現が描写する内容は、「あるものが時間の経過に従ってもとの状態とは別の状態に変わる」というような典型的な意味での変化とは少し異なるもののように思われる。具体的に見てみ

ると、「最近のベビーカー」が「軽くなった」り「最近の人間」が「軟弱になった」りするのは、原稿の執筆が進まないせいでやつれた筆者が「体重が軽くなった」という時の変化とは少し違うし、長女の「小さくなってお尻が出そうなワンピース」は、多少の縮みがあるにしても、本質的には「ワンピースそのものの寸法が変わった」というものではない。「小さくなったけど小さくなっていないパジャマ」にも似たような事情が認められるであろう。また、猫の「ちょう」の耳は、もともとは丸かったのだけどネズミにかじられて形が三角に変わってしまって…といったわけでは勿論ない。彼女の耳は、生まれてすぐに道端で蟻にたかられて死にかけているところを拾われた時から今に至るまで、ずっと三角のままである。

ここで興味深いのが、こうした場面において生じている出来事や言及対象となる事柄はそれぞれ異なるにもかかわらず、そうした様々な内容について述べるのに「〜が…くなる／なった／なっている」という同じような表現形式が共通して用いられる点である。この身近な現象に目を向け、本書は何らかの意味での変化を表すと考えられる動詞「なる」の表現を考察対象とし、異なる場面や状況について言い表す際に同じような表現形式が用いられるのはなぜなのか、ということについて検討する。もっとも、上に示したそれぞれの表現に関しては、日本語を母語とする一般的な話者からすれば特に苦労することなく適切な解釈が得られるであろうし、上記のような説明に対しては「改めて問題にするまでもない自明のこと」という印象を持たれるかもしれない。しかしながら筆者にとっては、この何でもない現象が成立する理由、すなわち「出来事としては全く違うこと」が「同じような言い方で表されること」の背景にある仕組みは自明のものではなく、また同時に興味を惹かれるものであった。こうした関心に従い、本書は前掲のような何でもない言語現象について、主に認知言語学の知見を参照しながら考察を行う。

本書は、筆者が2017年3月に大阪大学大学院言語文化研究科にて学位の授与を受けた博士論文の内容をもとに、必要な修正を加えてまとめ直したものである。構成については大きな変更を行っていないが、説明が不十分で

あったと思われる点や、用語、例文の不備、誤記などについては可能な範囲で手を加えた。ここで射程に置いているのは、考察対象とする特定の言語表現の形式的特徴について見通しを示し、その意味の在り様について検討したうえで、ここに認められる形式と意味の結びつきについて、認知の働きに注目する立場から整理する、というところまでである。言語学の研究書には、それぞれが独立した論考として扱われ得る完結性の高い章が集められ、複数の言語現象についての考察や、新たな理論の提案がなされる、というものも多いように思われる。それに対し本書は、変化に関する表現を扱ってはいるものの変化動詞に広く目を向けて論じるものではなく、また動詞「なる」の実態を包括的に示すような考察を行っているわけでもない。全編において特定のタイプの言語表現を対象に論じるのみであり、その考察範囲は極めて限られたものと言えるであろう。以上のような事情から、通読いただくには単調で面白みがないかもしれない。また、筆者の力不足のせいで疑問や批判も多く頂戴するかもしれない。そうしたことは覚悟しつつも、本書を手に取ってくださる方があり、肯定的なものであれ否定的なものであれ、ご意見をお寄せ頂いて議論の場が得られるようなことがあれば、そして何より、筆者が興味を持った日本語の現象について少しでも「おもしろい」と感じてくださる方がいらっしゃれば、筆者にとっては望外のことである。

# 目　次

はじめに…………………………………………………………………… i

## 第 1 章　序論……………………………………………………………1

1.1　変化の「なる」構文…………………………………………………1
1.2　本書の研究方針………………………………………………………4
　　1.2.1　「意味」の考え方について……………………………………4
　　1.2.2　「構文」の考え方について……………………………………7
　　1.2.3　「多義」の考え方について……………………………………13
1.3　本書の構成……………………………………………………………15

## 第 2 章　変化の「なる」構文の 5 用法とその言語的実態…………21

2.1　各用法の意味と事例について………………………………………21
　　2.1.1　①「特定的変化」の用法の意味と事例……………………24
　　2.1.2　②「集合的変化」の用法の意味と事例……………………28
　　2.1.3　③「関係性変化」の用法の意味と事例……………………33
　　2.1.4　④「体験的変化」の用法の意味と事例……………………40
　　2.1.5　⑤「仮想的変化」の用法の意味と事例……………………48
　　2.1.6　各用法の意味と事例に関するまとめ………………………52

2.2　各用法の名詞句の格機能について ………………………… 54
　　2.2.1　特定的変化用法の名詞句 X の格機能 ………………… 55
　　2.2.2　集合的変化用法の名詞句 X の格機能 ………………… 56
　　2.2.3　関係性変化用法の名詞句 X の格機能 ………………… 57
　　2.2.4　体験的変化用法の名詞句 X の格機能 ………………… 58
　　2.2.5　仮想的変化用法の名詞句 X の格機能 ………………… 60
　　2.2.6　各用法の名詞句の格機能に関するまとめ …………… 61
 2.3　各用法のアスペクトの性質について ……………………… 62
　　2.3.1　特定的変化用法のアスペクトの性質 ………………… 64
　　2.3.2　集合的変化用法のアスペクトの性質 ………………… 66
　　2.3.3　関係性変化用法のアスペクトの性質 ………………… 68
　　2.3.4　体験的変化用法のアスペクトの性質 ………………… 70
　　2.3.5　仮想的変化用法のアスペクトの性質 ………………… 73
　　2.3.6　各用法のアスペクトの性質に関するまとめ ………… 78
 2.4　第 2 章のまとめ ……………………………………………… 79


## 第 3 章　変化の「なる」構文の 5 用法の多義的関係 ……………… 87

 3.1　事態の「捉え方」と言語表現の形式について …………… 87
 3.2　変化の「なる」構文のスキーマと事態概念について …… 90
　　3.2.1　特定的変化用法における事態概念の具現化 ………… 97
　　3.2.2　集合的変化用法における事態概念の具現化 ………… 98
　　3.2.3　関係性変化用法における事態概念の具現化 ………… 99
　　3.2.4　体験的変化用法における事態概念の具現化 ……… 100
　　3.2.5　仮想的変化用法における事態概念の具現化 ……… 101
　　3.2.6　変化の「なる」構文の 5 用法における多義的関係の認定 … 102
 3.3　変化の「なる」構文の多義性を支える語彙項目の意味機能について … 103

3.3.1　単体の動詞述部による表現の解釈の限定性 ……………………… 103
　　3.3.2　変化の「なる」構文の多義性に関わる形容詞の意味機能 ……… 105
　　　　3.3.2.1　日本語形容詞の「二面性」 …………………………… 106
　　　　3.3.2.2　日本語形容詞の「主客未分」の意味世界 …………… 109
　　　　3.3.2.3　日本語形容詞における「話者の感性の発露」 ……… 110
　　　　3.3.2.4　形容詞の意味機能と変化の「なる」構文の多義性 … 112
　　3.3.3　変化の「なる」構文の多義性に関わる動詞「なる」の意味機能 … 112
　　3.3.4　変化の「なる」構文における構成要素の有機的な結びつき ……… 115
3.4　変化の「なる」構文の多義性に関わる「視点」と「フレーム」 … 115
　　3.4.1　各用法の概念化に関わる「視点」と「フレーム」について …… 116
　　3.4.2　「観察フレーム」を基盤とする用法群 ……………………………… 121
　　3.4.3　「体験フレーム」を基盤とする用法 ………………………………… 124
　　3.4.4　「仮想フレーム」を基盤とする用法 ………………………………… 125
　　3.4.5　概念化の様式に基づく 5 用法の分類 ……………………………… 126
　　3.4.6　「主観的把握」と「客観的把握」の観点について ………………… 127
3.5　第 3 章のまとめ ………………………………………………………… 130

# 第 4 章　観察的レベルの用法間の拡張関係 …………………………… 141

4.1　集合的変化用法の成立メカニズムと拡張性について …………………… 141
　　4.1.1　集合的変化用法の名詞句における「役割解釈」 …………………… 144
　　4.1.2　役割解釈と「イメージ・スキーマ変換」 …………………………… 149
　　4.1.3　集合的変化用法の拡張プロセスについてのまとめ ………………… 156
4.2　関係性変化用法の成立メカニズムと拡張性について …………………… 157
　　4.2.1　関係性変化用法の名詞句における「tr/lm 反転」 ………………… 158
　　4.2.2　tr/lm 反転によるプロファイル・シフトのイメージ・スキーマ変換 … 162
　　4.2.3　関係性変化用法の拡張プロセスについてのまとめ ………………… 167

4.3 第4章のまとめ ……………………………………………… 168

## 第5章　体験的レベルの用法の拡張性 ……………………………… 173

5.1 体験的変化用法の成立メカニズムと拡張性について ………… 173
5.2 体験的変化用法に対する「図地反転」の見方とその問題点 …… 175
5.3 体験的変化用法における「見たまま・感じたまま」の世界の描写
　　 ……………………………………………………………………… 179
　5.3.1 移動表現における「主体の動き」と「眺め」の描写 ………… 179
　5.3.2 移動概念に基づく時間メタファーの表現について ………… 182
　5.3.3 眺望描写型の移動表現／時間表現と体験的変化用法の共通性 …… 187
5.4 「見たまま・感じたまま」の体験の描写と「主体化」の考え方 …… 189
　5.4.1 主体化の2通りの様式について ……………………………… 190
　5.4.2 「参照点の主体化」としての体験的変化用法の拡張性 ……… 193
5.5 第5章のまとめ ……………………………………………… 197

## 第6章　仮想的レベルの用法の拡張性 ……………………………… 203

6.1 仮想的変化用法の成立メカニズムと拡張性について ………… 203
6.2 仮想的変化用法の表現における「主観的変化」の反映 ……… 205
　6.2.1 典型的状態からの逸脱としての主観的変化 ………………… 205
　6.2.2 主観的変化の考え方への問題提起に対して ………………… 211
　6.2.3 主観的変化の発想による仮想的変化用法の規定の妥当性 …… 216
6.3 主体化の1様式としての主観的変化 ………………………… 216
　6.3.1 「視点移動の主観的移動表現」について …………………… 216
　6.3.2 「動きの主体化」としての仮想的変化用法の拡張性 ………… 222

6.4　第6章のまとめ ………………………………………………… 224

# 第7章　変化の「なる」構文の多義ネットワーク ………………… 229

7.1　変化の「なる」構文の5用法における拡張関係の全体像………… 229
7.2　変化の「なる」構文の意味解釈について ……………………… 232
　7.2.1　メトニミーおよびメタファーの観点による各用法の位置づけ ……… 233
　　7.2.1.1　集合的変化用法および関係性変化用法のメトニミー的性質………… 233
　　7.2.1.2　体験的変化用法および仮想的変化用法のメタファー的性質………… 235
　　7.2.1.3　変化の「なる」構文の意味解釈モデル ……………………… 237
　7.2.2　比喩表現の意味解釈について ………………………………… 238
7.3　第7章のまとめ ………………………………………………… 241

# 第8章　結論 …………………………………………………………… 247

8.1　本書のまとめ …………………………………………………… 247
8.2　課題と展望 ……………………………………………………… 251

参考文献 ………………………………………………………………… 255
謝辞 ……………………………………………………………………… 273
索引 ……………………………………………………………………… 279

# 第1章 序論

　日本語の「XがYくなる」および「XがYになる」という形式の表現には、異なる事物や状況を指し示す複数の用法が認められる。本書はこれを、変化の「なる」構文（以下では簡単に「なる」構文とすることもある）の多義性の問題として、主に認知言語学の考え方を参照しながら、その実態について明らかにすることを試みる。ここでの目的は、現代日本語における「なる」構文の用法と意味の拡がりについて、言語と認知の関連に注目する立場から見通しを与えることである。以上を念頭に、第1章では考察対象とする表現の概要を示し、本書が依って立つ認知言語学の基本的な考え方について紹介しつつ、ここにおいての基本的な研究方針を確認する。

## 1.1　変化の「なる」構文

　現代日本語において、Xの項に名詞句、Yの項に連用形の形容詞類を置き、動詞「なる」による述部を形成する「XがYくなる」や「XがYになる」といった形式の表現は、典型的には言及対象に生じた何らかの現実的な変化について言い表すものと考えられる。例として「XがYくなる」という表現形式に関して言うと、この形式の文は「つわりの時期を過ぎて妻のお腹がどんどん大きくなってきた」のように、Xの項の名詞句に指示される対象（妻のお腹）に、Yの項の形容詞類に示される状態への変化が生じた（大きくなった）、ということを述べる用法を典型的な例とするものと思われる。

しかしながら、我々が日常的に用いる言語表現に改めて目を向けてみると、この形式の表現が指し示す事柄はここに挙げたものに限られるわけではない。上記のような表現を仮に「字義的な意味を述べる用法」としておくと、これとは別に、ある意味では字義から逸脱するような用法が認められる。例えば、上に挙げた文に述べられる状況と関連する場面においては、「臨月に近づくにつれて妻はお腹が大きくなり、今まで着ていた服が小さくなってきた」というように、現実的には変化していないはずの対象（今まで来ていた服）が変化した（小さくなった）かのように言い表すことも可能である。

上記をふまえつつ、問題となる言語表現の用法の拡がりについて、さらに視野を広げて確認したい。ここでは仮に、Xの項に「スカート」という名詞、Yの項に「短い」という形容詞を置き、述部に何らかの意味での変化を表すと考えられる動詞「なる」と様々なアスペクト形式を用いる文を対象に考えてみると、こうした表現には少なくとも次のような5通りの用法を想定することが可能である。

(1) a. 水洗いすると、ウールのスカートが縮んで短くなってしまった。
   b. 最近、本校では女子生徒のスカートがどんどん短くなってきている。
   c. 娘は急に背が伸び、ひと月前はぴったりだったスカートが短くなった。
   d. 半年ぶりに着てみると、お気に入りのスカートが短くなっている。
   e. あの女子高の制服は、スカートがふつうよりやけに短くなっている。

(1a)から(1e)の文は、いずれも名詞句や形容詞、述部を形成する動詞に共通の要素を用いるものであるが、これらはそれぞれ異なる内容を指し示すものとして解釈することが可能である。概観的に確認しておくと、(1a)が特定のスカートの現実的な意味での状態変化を表すのに対し、(1b)は発話

の時点で話者に参照されるスカートがそれよりも以前に参照されたスカートよりも短いものに入れ替わっていること、(1c) はスカートの丈が着用者の身長に対して寸足らずな状況になった様子が見て取れること、(1d) は着用者にとって以前から履いていたスカートが短くなったように感じられること、そして (1e) は特定のスカートに一般的なスカートよりも短いという特徴的な性質が認められること、というように、それぞれ異なる状況を表していると解釈することが可能である。

以上をふまえると、問題となる日本語の表現は、何らかの対象に生じた現実的な意味での変化を言い表すのみのものではなく、同じ要素から成る形式によって様々な事柄を表し得るものと言える。それでは、上記のように同じ語彙的要素から構成される文が、それぞれ異なる複数の事柄を言い表すのに用いられる背後には、どのような仕組みが想定されるであろうか。また、それぞれの用法に関連性はあるのだろうか。

この問題に関し、認知言語学の分野には (1b) から (1e) に示されるような諸用法と関連する日本語や英語の表現を個別的に取り上げ、それぞれのタイプの表現について論じる先行研究が認められる。例として、(1b) のタイプの表現に対応すると思われる英語表現について Sweetser (1997) は「変化述語の役割解釈」という観点から考察を行っており、(1c) および (1d) のタイプの表現と関連する英語表現については Sweetser (1996) が「図地反転基盤の主観的変化表現」として論じている。(1d) のタイプの表現については、山梨 (2000) や本多 (2005, 2013)、定延 (2006a)、篠原 (2019) などに、これと関連する表現やエピソードに関する記述が認められる。また、Matsumoto (1996b) は (1e) のタイプの表現と同種と思われる日本語表現を「日本語の主観的変化表現」として論じており、さらに佐藤 (2005) などは Matsumoto (1996b) の「主観的変化」の考え方について批判的に検討したうえで、この種の表現について「変化という意味の認識世界へのメタフォリカルな拡張」として理解されるべき、としている。これらの各研究については後に詳しく紹介することとするが、従来の研究では問題となる日本語構

文の各用法それぞれの実態が十分に明らかになっていない部分もあり、また、これらは問題となる各用法の関係について見通しを与えるものではない(とは言っても、上掲の先行研究は本書とは異なる観点からの論考であり、ここで指摘した課題は先行研究の不備というわけではないのであるが)。このことをふまえ、本書は問題となる「XがYくなる」および「XがYになる」の形式による表現のタイプを変化の「なる」構文と呼ぶこととし、その各用法の形式および意味的特徴と、それぞれの用法における意味の成立に関するメカニズムについて検討する。

## 1.2 本書の研究方針

変化の「なる」構文の考察にあたり、本書は「言語表現の意味には事物に対する人間の捉え方が反映される」という認知言語学的な意味観を採用し、問題となる言語表現を構文としての統合的な単位で捉えたうえで、その複数の意味が多義の関係にあるのではないかと見て検討を進める。これを前提に、当節では本書が採用する認知言語学の基本的な考え方について示し、ここでの研究方針について確認する。

### 1.2.1 「意味」の考え方について

先に示された通り、本書が考察対象とする「なる」構文には、対象が現実的に変化した、ということを表す「字義的」な用法に加え、これとは異なる複数の用法が認められる点に特徴が指摘される。この点に関し「言語とは外界で生じる出来事を客観的に映し出すものである」という見方を強くとるとすれば、ここで問題とする構文に、字義的な意味から逸脱するように思われる複数の用法が成立する理由について、説明を与えることが難しくなるように思われる。このため、本書は「言語表現の意味には事物や状況に対する人間の捉え方が反映される」という認知言語学的な意味観に従い、変化の「な

る」構文について考察を行うこととする。

　認知言語学における意味の考え方について具体的に示すものとして、ここでまず谷口（2004）による次のような説明を参照しておきたい[1]。

> １つの文が表すのは、１つの「事態」である。事態には定義上、「歩く」「本を読む」といった能動的な行為（action）だけでなく、「木が立っている」「この本は難しい」といった静態的な状態（state）も含まれる。また、１つの文によって表される意味には、「誰が何をしたか」といった、事態の客観的な成り立ちだけでなく、それを話し手がどのように解釈し概念化したかも反映されている。つまり、より厳密に言えば、文が表すのは１つの「事態概念」と言えるのである。
>
> （谷口 2004：53）

上記に関して注目されたいのは、認知言語学においては文が表す意味について検討するうえで「事物に対する話し手の捉え方」を重視するという点である。松本（2003）は、認知言語学における意味論の部門である認知意味論について概観するにあたり、認知言語学の主要な研究に採用される意味観の共通点として、「意味を言語使用者の外界認識の産物として捉える」、「言語的意味と百科事典的意味の無理な区別をしない」、「意味に経験などからの動機づけを求める」という３つを挙げている（松本 2003：3-16参照）[2]。こうした見方は認知意味論において、語彙的な単位から文法的な単位にまで適用され、ここでは広く「言語形式の担う意味にはその言語形式が適用される事物に対する特定の捉え方（construal）が慣習的に組み込まれている」という見方が採用される（西村 2018a：9-23参照）。

　このような意味観を前提に、Langacker（1987）の "Meaning is what language is all about" という言にも示される通り（Langacker 1987: 12）、認知言語学の研究では音韻・形態論（吉村編 2003 など参照）から意味論、文法

論、構文論(中村編 2004 など参照)、コミュニケーション論(大堀編 2004 など参照)の分野まで、およそあらゆる取り組みにおいて意味の問題に大きな注意が向けられる。前掲の谷口(2004)の説明は、こうした立場による文の意味への考え方を簡潔にまとめたものと言える。

　認知言語学の基本的な意味観とは以上のようなものであるが、言語の意味についてこのような見方を採用することにより、本書が問題とする構文において「字面通りの意味」から逸脱する内容を表すようにも思われる複数の用法が成り立つ仕組みについて、事物や状況に対する人間の捉え方との兼ね合いから見通しを与えることが可能になると考えられる。さらに、本書における意味研究の立場について、本多(2005)の説明を通じて確認しておきたい。まず、本多(2005)によると、言語の意味をめぐっては「表現解釈の意味論」と「捉え方の意味論」という2通りの意味論的立場が認められる。こうした2つの立場とは、それぞれ次のようなものとされる。

　　表現解釈の意味論(semantics of interpretation):
　　ある言語表現に対してどのような解釈が与えられるか。その表現にそのような解釈が与えられるのはなぜか。

　　捉え方の意味論(semantics of construal):
　　話者(認識・表現者)が、どのような対象をどのように捉えて(construe; あるいは認識して)表現するか。そのような捉え方を背後から支えている認知のメカニズムはどのようなものか。

(本多 2005:3-4)

これらの意味論的立場に関して、本多(2005)は、言語学においては前者の「表現解釈の意味論」への問題意識をもって言語の意味に臨むことが一般的であるが、認知の研究としての意味研究を射程に含む認知言語学の意味論においては、後者の「捉え方の意味論」の考え方が採用される点に特徴が認め

られる、としている。そして、意味の研究にあたって「捉え方の意味論」を採用するということは、言語の意味を「その表現が何を指示対象にしているか」ということのみに限定するのではなく、「認識・表現者（話者）がその対象をどう捉えているか」を重視することであるという（本多 2005：3-5 参照）。

　表現解釈の意味論、捉え方の意味論という2通りの意味論的立場を念頭に、本書においては「ある言語表現に対してどのような解釈が与えられるか」という点において表現解釈の意味論の発想も織り込みつつ、より大きな目標としては捉え方の意味論の観点から考察対象とする言語現象に説明を与えることを目指す。つまり本書では、ある特定の言語表現にある特定の解釈が与えられるのはなぜなのか、ということよりも、ある言語表現がそれによって表される意味を獲得する背景にはどのような仕組みがあるのか、という問題に見通しを与えることに重点を置くこととなる。

　以上を前提に、本書は「言語とは外界の客観的な成り立ちを機械的に写し取ろうとするだけのものではなく、事物や状況に対する人間の捉え方を反映するものである」という考え方を重視し、変化の「なる」構文の諸用法が表す事態概念とはどのようなものなのか、また、その成立を支える認知のメカニズムとはいかなるものであるのか、という観点から、問題とする言語表現の意味に向き合うこととする。

## 1.2.2　「構文」の考え方について

　言語表現の意味について前述のような立場をとることとしたうえで、本書は考察対象とする言語表現について、典型的には格助詞「が」に示される名詞句 X、連用形形容詞類 Y、様々なアスペクト形式をとる動詞「なる」、という構成要素が有機的に結びついた統合体としての「構文」（construction）という単位で捉え、この観点から考察を行う[3]。構文という用語は、言語学の研究におけるものはもちろんのこと、身近なところでは英語の学習参考書

などにおいて「複数の語が集まって慣用的な意味を形成するもの」といったことを表すようなものも含めて、様々な意味合いで用いられるものと言える。本書では、認知言語学において「一定の形式を持つ文法構造と一定の慣習的意味の統合体」として規定される言語の単位を構文と呼ぶ。ただし、構文の考え方に関しては認知言語学の研究の中にも多様なアプローチが認められるため、認知言語学における構文研究の概要および本書が採用する構文観についてここで確認しておく。

まず、近年の認知言語学の研究において精力的に展開される構文論的研究のさきがけというべきが、統語構造に関する一般的な原理からは導かれない「形式的」なイディオム類に注目して論じた Fillmore et al. (1988) などによる取り組みであろう。Fillmore らが扱ったのは "What?! Him write a novel?!" などのような、イディオム的性質の強い、どちらかと言うとやや周辺的な表現であったが、こうした取り組みは、このように構成部分の「足し算」的な操作からは導きにくい意味を持つ特殊な表現のメカニズムを解明することにより、より一般的な言語現象について適切な説明を与えることが可能になる、という信念に基づいたものと言える。なお、いわゆる構文文法の立場による研究というわけではないかもしれないが、同時期に Lakoff (1987) に展開された「there 構文」の研究は、現在に至る構文研究の重要な礎の1つであると考えられる。

こうした取り組みに続き、言語の基本単位を「形式と意味のペア」としての構文という単位で捉えるべき、という見方から「構文自体の意味」に注目し、二重目的語構文や結果構文など、より一般的な動詞項構造構文を扱い得る構文理論を展開したのが Goldberg (1995) であった。Goldberg による「構文文法」の発想は大きな潮流となり、Goldberg (2006) などにおける理論の発展も見せながら、認知言語学における構文研究の中心的なアプローチとなっていると言えよう。一方、近年では、動詞などの品詞カテゴリーを所与のものとして扱う Goldberg (1995) の構文観は還元主義的であるとし、構文こそが基本的・原初的な言語単位なのであって、品詞は構文に対して相

対的に決められるものである、という急進的な立場をとる Croft（2001）のような構文観の展開も見られ、構文という概念の重要性は類型論的観点を取り込む意義と必要性をも示しつつ、認知言語学の研究においてますます高まっている。さらに、以上のような「構文文法」の観点による様々なアプローチに加え、Langacker（1987, 1991）などを出発点とする認知文法においても独自の構文観が示される。ここにおいては、言語知識とは「慣習化した言語単位の目録」である、という考え方を基本に、人間の認知能力の影響も重視しつつ、具体的な文レベルの構文構築は「構文スキーマ」に基づいて実現される、という見方がとられている。

　このように、認知言語学における構文の考え方にも様々なアプローチが認められ、現状において構文研究の方向性は多岐にわたるものと言える[4]。このことをふまえつつ、ここでは上掲の構文観のうちいずれか特定の発想に全面的に依拠するのではなく、これらの根底に通じる重要な点を簡潔にまとめるものと言える大堀・遠藤（2012）の次のような説明を「構文」および「構文的意味」の規定として採用する。

　　語よりも大きな一定の構造的まとまり（すなわち統語的パタン）に
　　慣習的に意味が結びついた言語単位を構文（construction、構成体
　　とも）といい、その意味的側面を構文的意味（constructional
　　meaning）という。

（大堀・遠藤 2012：32）

　すなわち本書では、問題となる表現に複数の用法が認められる理由について、言語表現の構成要素である個々の語彙項目が持つ意味、また、それらを結びつける文法規則に求めるのではなく、「XがYくなる」や「XがYになる」というまとまった単位の言語構造にそれぞれ異なる慣習的な意味が結びつくことで成り立つものと考える[5]。

　本書が上記のような構文観を採用する理由は、「XがYくなる」および

「XがYになる」という表現形式に認められる様々な用法の拡がりについて説明づけるうえで、いわゆる「構成性の原理」(principle of compositionality)を前提とする要素還元主義的な考え方に強く依存するアプローチには限界が感じられるためである。まず、構成性の原理とは概略、次のように説明されるものである。

　ある表現全体の意味はその表現を構成する部分の意味とそれら部分
　の結合様式のみから決定できる。

(杉本 1998：132)

こうした考え方は、形式意味論においては「一種の黄金律のような取り扱い」を受けて「重要な意味論的作業原則を成していた」(杉本 1998：38)とされ、また生成文法においても「基本的な考え方の1つ」(米山 2002：151)とされるものである。

　構成性の原理に強く依拠する言語研究のアプローチでは、複合的な言語表現の意味について検討する際に「部分の意味から全体の意味が予測可能である」という意味観が採用される。これに関して河上編著(1996)の説明を参照すると、こうした立場においては、例として "female dancer" のような表現の意味について説明するにあたり "female"(女性)と "dancer"(踊り手)というそれぞれの意味を「積み木式」に足し合わせることで句全体の意味が得られる、といった考え方がとられることになる(河上編著 1996：1-5)。確かに "female dancer" のような表現の意味を特定する際にはこうした考え方でも問題は生じないかもしれない。しかしながら、変化の「なる」構文の各用法においては、「XがYくなる」および「XがYになる」という表現が「全体として表す意味」に先立って各構成要素の個別的な意味を決定することは難しいと考えられる。

　もちろん、問題となる構文の表現を、名詞句X、形容詞Y、という具合に個別要素としての語彙項目に分解することは可能であり、また、分解された

各要素が文において示す意味について、文全体が表す意味を前提に「逆算」することはできるだろう。認知文法の立場による Taylor（2003）は、構文に関する基本的な規定として "A construction may be defined, very generally, as any linguistic structure that is analyzable into component parts" と述べ、構文とは基本的に構成要素に分解可能なものである、という見方を示しているが（Taylor 2003: 561）、構文にこうした一般的な規定が認められることをふまえても上記のことは明らかである。この意味においては、変化の「なる」構文にも構成性を指摘することは可能と思われる。ただし、このように分解された個々の要素が特定の文において表す具体的な意味を特定するには、他の要素との有機的な結びつきを考慮に入れ、表現全体の意味に対しての相対的な位置づけを考慮する必要があると考えられる。つまり、問題となる構文の表現において、その構成要素の個別的な意味を特定するには、表現全体としての意味が予め特定されている必要があり、表現全体が何を表すものなのかが自明でない場合には、その構成要素の意味を特定することが不可能と考えられるのである。このような見方から、本書は言語表現の意味について検討するにあたり、仮に考察対象とする表現を構成要素に分解して検討する際にも、基本的に「部分とは、部分という名の幻想である」（福岡 2009：114）という立場をとる。

　構成性の原理に依拠するアプローチに指摘される上記のような課題について、認知言語学における「ゲシュタルト的な言語観」に目を向けることで解決が可能となると考えられる。まず、ここにおける「ゲシュタルト」（gestalt）とは、もとは心理学の分野で提唱された概念であり、概略、次のように説明されるものである。

　　ゲシュタルトとは、各要素が有機的に関わり合い、一つの単位を構成して機能を果たすまとまりを持った全体であり、他のゲシュタルトと区別されるようなものと規定される。ゲシュタルトはそれ自体内部構造を持つので、それ以上分解できないような理論的原子

(primitive) ではないが、それ自体が機能を持った一つの単位としての概念を提供する。

(河上編著 1996：1)

上記に示されるような考え方により、認知言語学においては「全体の型から入ってその中で初めてその部分的構成としての意味が位置づけられる」(河上編著 1996：3-4) というような表現にも妥当な説明が与えられる。この例として河上編著 (1996) が挙げているのが "night person"（夜更かしな人）や "expatriate bar"（外国人がよく来るバー）といった表現などである。これらにおいては、"night"（夜）と "person"（人）、"expatriate"（国外在住の）と "bar"（酒場）といったそれぞれの語彙項目の意味を足し合わせるだけでは、表現全体に意図される意味は導かれない。このような表現を適切に解釈するには、社会的な知識なども参照しつつ「部分の総和以上に特殊化されている全体」を捉えることが重要となる（河上編著 1996：4 参照）。認知言語学が採用するゲシュタルト的な言語観の下では、このように部分の総和から単純に導くことが難しい言語表現の意味を無理なく説明づける可能性が拓かれる。先に示した構文の観点によるアプローチは、こうしたゲシュタルト的な言語観を反映し、変化の「なる」構文の様々な用法が表す意味を、表現全体の意味に先立って定められるものとしての個別的な構成要素の意味に還元することなく、その統合体全体によって表されるものとして直接的に扱うことを可能にするものと考えられるのである。

　もちろん筆者は「構成性の原理」の考え方や、これに依拠する研究に対し、全面的に否定されるべきもの、あるいは無意味なものである、ということを主張するものではない。しかしながら、ここで考察対象とするような言語表現の意味について検討するうえでは、文の構成要素1つ1つの意味を分析的に確定し、それらを足し合わせて全体の意味を導く、というアプローチよりも、上述のようなゲシュタルト的言語観から、構文としての統合的な単位において事態概念が反映される様相に目を向けることが有益に思われる。こう

した見方から、本書は「XがYくなる」や「XがYになる」という形式の表現を構文と捉え、ここに結びつく様々な意味を、当該表現の構成要素が有機的に結びついた単位として具現化される構文的意味として扱う。

### 1.2.3 「多義」の考え方について

　ここまでに確認した通り、本書では「事物に対する話者の捉え方」を重視する意味観から、考察対象とする変化の「なる」構文を認知言語学の観点による構文の単位で捉え、ここに認められる各用法の意味の実態について考察する。さらに、ここでは（1a）から（1e）に示されたような5通りの用法について、これらを多義的な関係にあるものと考え、各用法間のネットワーク関係について明らかにすることを目標に置く。
　ある語が「多義である」とは、一般に、同じ1つの表現形式が異なる複数の意味を持つことを指す。こうした性質を持つ言語表現のうち、語彙項目としての単位のもの（いわゆる単語）は「多義語」と呼ばれるが、これについて国広（1982）は次のように定義している。

　　「多義語」（polysemic word）とは、同一の音形に、意味的に何らか
　　の関連を持つふたつ以上の意味が結びついている語を言う。
　　　　　　　　　　　　　　　　　　　　　　　　　　（国広　1982：97）

上の定義は語レベルの多義性に関するものであるが、本書ではこの考え方を構文単位の言語表現の意味分析に援用する。そのうえで、ここでは前掲の大堀・遠藤（2012）による構文の規定と国広（1982）による多義語の定義を重ね、次の見方を本書における「多義構文」の規定として用いることとする。

　　語よりも大きな一定の構造的まとまりに、意味的に何らかの関連を
　　持つふたつ以上の慣習的意味が結びついている構文を「多義構文」

とする。

　少し説明を補足しておくと、本書は基本的に、Langacker（1991）などに示される認知文法的な多義観に依拠する立場から、ある言語表現の複数の意味が、それぞれに共通の要素によって関連づけられ、そのネットワーク全体として1つのカテゴリーを形成する、という状態を多義と考えている。多義の問題は言語研究における重要テーマの1つと言え、松本（2010）は「どのような形で多義語が成立しているかを調べることは、意味の性質を理解するために重要なこと」であるとしている（松本 2003：23）。ただ、その目的や方法には研究ごとに様々な考え方が認められ、多義という用語自体に多義性が認められるというのが実情である。この点について、Taylor（2003）も"… the question of whether a word is polysemous or not turns out to be incapable of receiving a definite answer"（Taylor 2003: 167）として、ある語が多義であるかどうか、ということに明確な答えを与えることは不可能である、という見方を示しているが、多義研究とは何を目的に、何を行うものか、ということについては画一的に定められているわけではない[6]。

　ここにおいて悩ましい問題の1つが、多義と同音異義の問題であろう。先に参照した国広（1982）は、多義語について前掲のような定義を立てているが、同音異義語については「同一の音形に、意味的に関連をもたないふたつ以上の意味が存在する場合に生じるふたつ以上の語」と定義している（国広 1982：97）。ただし、多義と同音異義は「本質的に連続している」のであり、両者の間に明確な境界線を引くことには無理がある、というのが国広（1982）の見方である（国広 1982：108）[7]。

　本書が問題とする変化の「なる」構文の各用法についても、これらを多義と捉えるか同音異義と捉えるかということに関しては判断が分かれるかもしれない。しかしながら、後に詳しく見るように、問題となる構文の5通りの用法には、その成立を支える事物や状況の捉え方において共通の要素が認められる。この観点から、各用法を関連性のあるものと考えたうえで、ここで

は日本語の多義現象について様々な観点から検討を行う籾山 (1992, 2000, 2001, 2008)、籾山・深田 (2003) などの取り組みを参考に、変化の「なる」構文の多義性について検討していくこととする。これにあたっては、籾山 (2001) が「多義語研究の課題」として提示する次の4つの事項を参照しておきたい[8]。

[1] (それぞれ確立した) 複数の意味の認定
[2] プロトタイプ的意味の認定
[3] 複数の意味の相互関係の明示
[4] 複数の意味すべてを統括するモデル・枠組みの解明

(籾山 2001：32)

本書では、上記のような多義語研究の課題を多義的な構文の研究に応用することとし、こうした観点から変化の「なる」構文の多義性について明らかにすることを試みる。

## 1.3　本書の構成

　以上に示した通り、本書は「XがYくなる」および「XはYになる」といった形式の日本語表現を構文としての単位で捉え、これを変化の「なる」構文と呼ぶこととし、この構文の表現が様々な事物や状況に関する意味を表す背景、すなわち変化の「なる」構文の多義性について見通しを示すことを意図して考察を行う。ここで目的とするのは、変化の「なる」構文の意味的ネットワークについて表示する理論的モデルの提案である。

　改めての確認として、本書は「ある言語表現に対して複数の意味が結びつく際に、それぞれの意味を導く解釈のメカニズムとはいかなるものか」ということを明らかにするというより、「異なる事柄を同じような要素から構成される1つの言語表現で表すことができるのはなぜか」という問題について

見通しを示すことを中心的な目標とする。このことは、先に1.2.1で述べたように、本書が「捉え方の意味論」の立場をとることによるものである[9]。

　ここで本書の構成について簡単に提示しておく。まず、続く第2章では、(1a)から(1e)のような変化の「なる」構文の表現を①から⑤までの5種類の用法に分類したうえで、それぞれの例となる文を提示しながら、各用法の意味および語彙的・文法的性質について確認する。これを通じ、問題となる構文の5通りの用法は、同じ構成要素を共有しながらも用法ごとにそれぞれ異なる意味と言語的特徴を持つものとして区別されることを示す。なお、前述の通り本書は基本的に認知言語学の立場によるものであるが、第2章での分析と観察においては現代日本語の表現として変化の「なる」構文にどのような性質が認められるかを見通すことに主眼を置き、現代日本語文法に関する基本的な説明を参照しながら、考察対象とする言語表現の実態を追うこととする。

　第3章では、それぞれ異なる意味を表す表現として区別される変化の「なる」構文の5用法が、「事物や状況に対する同じ捉え方」としてのスキーマを共有し、この観点から相互に関連づけられる多義的な関係にあることを論じる。ここでは、各用法の言語化にあたり、表現主体が言及対象となる事物や状況をどのような観点から捉え、その意味の構築を実現するか、という様相を「概念化」と呼ぶこととし、問題となる構文の5通りの用法は、それぞれの成立基盤として想定される概念化のレベルの異同に応じ、大きく3通りのグループに分類されることを示す。具体的な分類として、ここにおいて「観察的レベル」、「体験的レベル」、「仮想的レベル」という3つの概念化レベルを提案する。そのうえで、それぞれのレベルの概念化を実現させる認知的な意味での「枠組」をフレームと捉え、問題となる各用法の意味は用法ごとに前提とされるフレームとの相対的な関係から具体的に成り立つものであるという見方を示す。

　第3章での議論をふまえ、第4章から第6章では、変化の「なる」構文の各用法の拡張関係について、用法①を起点に3通りの概念化レベルのグルー

プごとに検討を行う。まず第4章では、いずれも観察的レベルを基盤に成立すると考えられる①・②・③の3つの用法について、それぞれの意味関係を検討する。ここにおいては、変化の「なる」構文の5用法の中で最も基本的な意味を担うと考えられる用法①を起点に考えた場合、用法②および用法③はこれと同じレベルでの概念化に基づくものであるが、②と③の2用法はいずれも基本となる①の用法から、それぞれ異なるタイプの「イメージ・スキーマ変換」を経て成り立つと考えられることを論じる。

第5章では、体験的レベルを基盤とする用法④の成立メカニズムと拡張性について検討する。ここでは変化の「なる」構文の用法④について、表現主体の「見たまま・感じたまま」の体験世界を述べるものであるという性質を指摘したうえで、この用法は用法①を起点に、認知文法において Langacker (1990b) などが提案する意味での「主体化」のプロセスを経て成立するものという見方を提示する。

第6章では、仮想的レベルを基盤に成立すると考えられる用法⑤の成立メカニズムと拡張性について検討する。ここでは用法⑤の表現について、表現主体が捉える「標準値・基準値からの逸脱性」の認識を述べるものであることを確認し、この用法は用法④とは異なるタイプの「主体化」を通じて成立するものと考えられることを論じる。

第7章では前章までの考察内容を総括し、変化の「なる」構文の5用法に関する多義ネットワークの提案を行う。これにより各用法の拡がりと関係性に関する本書の見方が示される。合わせて、ここでは今後の展望も兼ね、問題となる構文の解釈に関わる問題について可能な範囲で検討する。終章となる第8章にまとめを示す。

## 注

[1] 「事態」の考え方に関しては谷口(2005)の第2章を合わせて参照されたい。
[2] 松本(2018)の説明も合わせて参照されたい。
[3] ここにおいて、名詞句Xを示す格助詞「が」は「も」や「は」などの助詞にも置き換

えられるものであり、また「スカート、短くなった」というように省略することも可能である。Yの項に置かれる形容詞類には、名詞由来の表現やオノマトペ由来の表現などが連用形形容詞と同様の意味機能を持つと思われる用いられ方をするものが含まれるが、形容詞的な働きを示さない表現に基づくと考えられる表現については本書の考察対象には含まない。これらの詳細については後に第2章で改めて確認する。

4　日本語を対象とする研究に目を向けると、格の「枠」という考え方から動詞について考察する奥津（1981）の取り組みは、ある意味においては本書の依拠する構文観とも接点を持つものと考えられる。また、言語学研究会編（1983）や奥田（1985）などによる「連語論」の発想は、言うなれば日本語研究における構文的アプローチとも見なし得るものと言えるが、このアプローチは文の格形式と品詞の意味の組み合わせに目を向けた構文観に立つものと捉えることができ、認知言語学における構文の考え方に通じるものと思われる。これに関しては、寺村（1982）による「コトの類型」の議論にも重要な知見が示される（寺村 1982：第2章）。近年の文献では、益岡（2013）や高見・久野（2014）などが現代日本語の様々な現象をそれぞれの構文観から論じており、日本語学・英語学・言語学を見渡す論集としては、天野・早瀬編（2017）に多様な観点からの興味深い論が集められている。なお、天野（2017）および早瀬（2017）には構文研究をめぐる現状と展望が簡潔にまとめられている。

5　菊田（2013）の言を借りるならば、ここで前提とする構文観は「緩やか」な構文観と言えるであろう。なお、構文の考え方について本稿と基本的に同様の立場をとっていると考えられるのが、野田（2008, 2009, 2010）などの一連の研究である。これらにおいては、日本語の複合動詞について考察するにあたり、構文に対して「意味と形式との結び付きが慣習化したゲシュタルト的な複合体」（野田 2010：205）といった規定が与えられている。

6　山田（2017）は多義語の意味記述をめぐる様々な問題について論じ、「意味関係の遠近の度合い」が直観的に得られる以上、「その度合いをめぐることがら」を意味記述に反映することに意義がある、という立場を示している（山田 2017：200-202）。また、大石（2007）は、意味の分類や語義認定にあたっては目的に応じて方針を立てればよいのではないか、という柔軟な研究姿勢を示している。

7　池上（2006）は、多義語と同音異義語（同音語）に関し、日英語の様々な表現を示しつつ、その「まぎらわしさ」について論じている（池上 2006：56-59）。

8　辞書の意味記述の問題にも踏み込んで論じる瀬戸（2007）は、多義語の体系的な記述の実現に向け、中心義設定、各意義の認定、各意義の関連、各意義の配列、という4つの問題設定を行っている。これらは順番こそ違うものの、籾山（2001）に示される「課

題」と互換性のあるものと考えられる。

[9] ここまでに確認してきた通り、本書は問題となる構文の表現が異なる複数の事柄を表すのに用いられる様相を変化の「なる」構文の多義性として捉え、その背景について明らかにすることを中心的な課題とするものである。他方、もちろん当該構文の各用法に関する「解釈のメカニズム」を明らかにすることも重要な課題である。西山佑司先生からは、本書の土台となる筆者の論考に対し、この観点から貴重なご意見を頂いているが、これが本書を執筆するきっかけの1つとなっていることを記したうえで、この場をお借りして西山先生に改めてお礼を申し上げたい。

# 第2章 変化の「なる」構文の5用法とその言語的実態

　第1章において、変化の「なる」構文には、それぞれ異なる内容を指し示すと考えられる5通りの用法が認められることを確認した。本章では、1.2.3で提示した「多義語研究の課題」の［1］にあたる「複数の意味の認定」を目標に、まずは1.2.1に示した「表現解釈の意味論」の観点から各用法の意味について規定を行ったうえで、それぞれの用法の語彙的・文法的性質について確認する。語彙的・文法的性質の確認においては、各用法の表現に関し、形容詞類の共起性、名詞句Xの格、述部のアスペクトといった諸側面に目を向けて検討を行うが、こうしたそれぞれのテーマに関する研究知見の集積はあまりにも深淵で、それら個々の問題に深く立ち入って詳細の議論を行うことは本書に成せるものではない。ここでは問題とする構文の各用法それぞれの基本的性質を掴み、その異同について見通しを得ることを目的に、この範囲において分析と考察を行う。本章での確認を通じ、「なる」構文の5通りの用法は、それぞれ異なる意味を有し、また個々に特有の言語的性質を持つ表現として区別されるべきものであることが示される。

## 2.1　各用法の意味と事例について

　第1章においては、変化の「なる」構文の5用法の例として、さしあたって（1a）から（1e）のような文を挙げた。

（1）a. 水洗いすると、ウールのスカートが縮んで短くなってしまった。
　　b. 最近、本校では女子生徒のスカートがどんどん短くなってきている。
　　c. 娘は急に背が伸び、ひと月前はぴったりだったスカートが短くなった。
　　d. 半年ぶりに着てみると、お気に入りのスカートが短くなっている。
　　e. あの女子高の制服は、スカートがふつうよりやけに短くなっている。

　当節では、こうした5通りの用法の意味について規定を行ったうえで、各用法の様々な事例について参照し、それぞれの性質について確認する。まず、5用法の意味規定にあたっては、前掲の「表現解釈の意味論」（本書1.2.1参照）の観点から、それぞれの用法が「どのような事物や状況について指し示すものか」について検討を行い、これに基づいて用法ごとの意味を規定する。事例の参照にあたっては、それぞれの用法においてYの項に用いられる形容詞類の共起性・選好性に目を向け、各用法の表現にどのような形容詞類を用いた例が認められるかについて確認する。

　前章でも確認したように、本書が問題とする変化の「なる」構文とは、名詞句X、連用形形容詞類Y、動詞「なる」という要素から構成されるものであり、その表現形式には「XがYくなる」および「XがYになる」の2通りが認められる。これらのYの項に置かれる要素に注目すると、「XがYくなる」の形式の表現では日本語学においてイ形容詞と呼ばれるものが専ら用いられるのに対し、「XがYになる」の形式の表現には、いわゆる形容動詞あるいはナ形容詞と呼ばれるものに加え、名詞由来の表現、オノマトペ由来の表現など多様な種類の語彙項目が用いられる。これらの雑多な表現は、例として寺村（1991）が「病気に」のような表現を「名詞＋ニ」、「元気に」のような表現を「名詞的形容詞＋ニ」と分類していることや、村木（2000, 2002, 2015）などが「抜群の」、「真紅の」、「一般の」、「永遠の」、「極上の」

のような名詞由来の形容表現について「ノ形容詞」(第三形容詞)という分類を提案していることなどをふまえると、厳密にはそれぞれ別個に区別されるべきものと考えられる[1]。ただし、問題となる「名詞＋に」や「オノマトペ＋に」などの表現は、少なくとも変化の「なる」構文の表現においては揃って連用形の形容詞と同様の意味機能を示すものと見ることが可能に思われるため、本書はそれぞれを細かく区別する分類は立てず、これらをまとめて「連用形形容詞類」として扱うこととする。

　なお、「XがYくなる」および「XがYになる」の表現形式をとる文には、佐藤(2005)が「計算的推論のナル」の例とする「このあたりは葛飾区になる」のようなものや、「対人的行為のナル」の例とされる「こちらはお手洗いになります」のようなもの、また、「ナッテイルによる単純状態の叙述」の例に挙げられる「これらの低木が道ばたの生け垣になっている」のようなものも認められる(佐藤 2005：第1章および第2章参照)。これらの表現において「〜に」の位置に用いられる語彙項目は、通常は「葛飾区な〜」や「お手洗いな〜」、「生垣な〜」といった形で事物について形容する表現として用いられるものではなく、形容詞的な性質が認められにくい。このため、これらによる表現は本書の言う変化の「なる」構文の例とは考えず、ここでは考察の対象とはしない[2]。

　形容詞をめぐっては、品詞としての位置づけ、文法的ふるまい、意味的分類など様々な観点からの研究が認められ、その分類に関しても様々な考え方が示されているが、それらを見渡して「正しい形容詞論」の在り方を検証することは本書の力の及ぶところではない。問題となる構文に複数の意味がもたらされるにあたって影響を持つと考えられる形容詞類の意味機能については後に第3章で触れることとするが、ここでの検討にあたっては変化の「なる」構文の各用法における形容詞類の現れ方について一般的な見通しを得ることを目的とし、必要な範囲において関連する研究を参照しつつも、基本的には日本語記述文法研究会編(2010)による形容詞に関しての一般的な説明を頼りに観察と分析を行うこととする。

以上のような立場から、「XがYくなる」形式の文に関しては、イ形容詞を「事物の属性を表す属性形容詞」（日本語記述文法研究会編 2010：100）と「感情・感覚を表す感情・感覚形容詞」（日本語記述文法研究会編 2010：100-101）の2通りに分類し、それぞれの例を示す。「XがYになる」の形式の文に関しては、上記のようにYの項に用いられる語彙項目に名詞やオノマトペに由来すると考えられるものが含まれるが、これらは一般的に属性形容詞と感情・感覚形容詞における分類の適用対象とはならないため、こうした区分は立てず、この形式を示す表現の例をまとめて提示する。

## 2.1.1　①「特定的変化」の用法の意味と事例

　はじめに、ここでは（1a）の文に示される用法の意味と事例について確認する。

（1）a.　　水洗いすると、ウールのスカートが縮んで短くなってしまった。

この文においては、ある主体が着用する特定の個体としての「スカート」に「水洗い」を行った結果、問題となるスカートの寸法そのものが、元の状態と比べて物理的に「短い」状態に変化した、ということが述べられている。すなわち、ここではXに示される特定の対象（「スカート」など）に、時間の経過に沿って、Yに示される状態（「短い」など）への現実的な変化が生じたことが表されていると考えられる。この用法の表現は変化の「なる」構文における複数の用法の中でも最も典型性が高いものと思われ、「XがYくなる」という形式の表現に想定される内容を、いわば「文字通り」に表すものと考えられる。これを変化の「なる」構文の用法①とし、これについて「個体レベルでの特定的な対象の変化」の意味を表す「特定的変化」の用法とする[3]。

　以上をふまえたうえで、特定的変化用法の事例について参照したい。まず

「XがYくなる」の形式による表現の例として、属性形容詞を用いるものについては、次のような文が挙げられる。

(2) a. ひと月前に見つかった腫瘍がどんどん大きくなってきている。
　　b. 小学校に入って半年が過ぎ、娘はどんどん身長が高くなってきた。
　　c. 筋力トレーニングの成果で体が大きくなり、去年より体重が3kgも重くなった。
　　d. 通勤用の革靴の靴底がすり減って薄くなってきた。
　　e. 自宅の改装工事をした結果リビングが広くなったが、その影響でキッチンは狭くなってしまった。
　　f. 煙草への風当たりが厳しくなり、外出先で喫煙場所を見つけるのが難しくなってきた。
　　g. 子供につきあっての間食が増えたせいか、妻の顔が丸くなってきた気がする。
　　h. 調子よくビールを飲んでいるうちに、すっかり顔が赤くなった。

(2a)から(2f)の文では「大きい」「小さい」や「高い」「低い」など、何らかの尺度上に想定される相対的な値を表すような形容詞が用いられ、特定の物体や人物、場所や事柄としての対象に何らかの変化が生じたことが述べられている。また、(2g)や(2h)では「丸い」や「赤い」など、特に対象の形状や色彩に関しての絶対的な性質を表す形容詞が用いられ、特定的な対象に生じた変化の意味が示されている。このように、特定的変化用法の表現には、様々な属性形容詞を用いた多様な例が認められる。

次に、感情・感覚形容詞による特定的変化用法の表現の例には、(3)のようなものが挙げられる。

(3) a. 子供の頃はあまり異性として意識したことがなかったが、10年ぶりに会った小学校の同級生の女子がすっかりかわいくなっていた。

b. 近年のルール改定で攻撃側に有利に笛が吹かれるようになり、ラグビーがますますおもしろくなってきた。
c. 最初は優しかった先生が、日に日に本性を表してこわくなってきた。
d. 故郷ではここ 10 年で住民が減り、商店や公共の施設にも閉鎖が増え、すっかり街がさびしくなってしまった。
e. 自宅でタバコを吸うようになって、部屋がヤニ臭くなってしまった。
f. 昨夜の味噌汁が煮詰まってしょっぱくなってきた。
g. 冷房の設定温度を下げすぎたか、部屋がずいぶん寒くなった。
h. 学期当初はおとなしかった学生たちが、徐々にうるさくなってきた。

　(3a) から (3d) の文では「かわいい」や「おもしろい」など、言及対象に対する経験主体の感情を表すと考えられる形容詞が用いられ、ガ格の指示対象に以前の状態からの変化が生じたことが表されている。そして、(3e) から (3h) の文では、「ヤニ臭い」や「しょっぱい」などのように、いわゆる五感としての感覚モダリティを通じて捉えられる情報について表す形容詞により、言及対象に生じた変化に関する意味が表されている。
　感情や感覚に関する意味を表す形容詞は、基本的には外界の対象に認められる客観的な性質や状態ではなく、それらに対する主体の内面的反応を言い表すものとされる。このことを考慮すると、感情・感覚形容詞を用いた表現が「対象に生じた変化」を表す、ということには問題が感じられるかもしれない。ただし、(3) の例において表現主体の内面に変化が生じる背景には、言及される対象の側に何らかの意味での変化が生じていることが前提となっていると考えられる。例として、(3a) では「同級生の女子」が成長し、その容貌も小学生時代からはすっかり変わったという変化、あるいは (3b) では、ラグビーのルールそのものが攻撃を促すような内容に変わったという

変化があり、これらにおいて述べられる「かわいい」や「おもしろい」のような表現は、こうした何らかの変化を前提に、これらに対する表現主体の印象や評価を重ねて述べたものと言える。つまり、これらにおいても言及対象となる要素に時間経過に沿っての変化が生じており、表現主体はそうした変化に対し、ここに自身の感情的・感覚的な評価に結びつけて述べているものと考えられるわけである。このように見ると、(3)に示されるような表現が「対象の変化」に関する意味を表すと考えることが可能と言えよう。ここではこうした見方を前提として(3)の例を扱うこととする。

　以上のように、特定的変化用法には「XがYくなる」の形式の表現に豊富な例が認められるが、この用法には「XがYになる」形式の表現にも次のような例が挙げられる。

(4) a. 定期健診の結果、腫瘍が巨大になっていることがわかった。
　　b. ぽっちゃりしていた妻が、ダイエットに成功してすっきりスリムになった。
　　c. あの大学は、周辺の土地を次々に購入しキャンパスの敷地が年々広大になっている。
　　d. 小さい頃は背が低かった息子が、中学校に上がる頃には長身になった。
　　e. 1年ぶりに会うと、以前は角刈りだった祖父が長髪になっていた。
　　f. 丸顔だった娘が、大きくなるにつれてだんだん面長になってきた。
　　g. ハンバーグが焦げついて真っ黒になってしまった。
　　h. 授業に集中し始めたのか、始業後すぐは私語でやかましかった生徒たちが静かになってきた。
　　i. 20代の頃はムキムキだった夫が、30歳を過ぎてムチムチになってきた。
　　j. 乾燥のせいか、肌がガサガサになっている。

ここでは、(4a)「巨大な」のようないわゆるナ形容詞、(4d)「長身」のような名詞由来の表現、(4i)「ムチムチ」のようなオノマトペ由来の表現が連用形形容詞としての意味機能を示し、言及対象に生じた時間経過に沿っての現実的な変化に関わる内容が述べられていると考えられる。

　このように、特定的変化の用法には「XがYになる」の形式による表現にも自然な例が認められる。なお、これらにおいては、(4a)をもとに「腫瘍が大きくなっている」、(4b)をもとに「妻が細くなった」のように、ナ形容詞をイ形容詞に置き換えた類似の表現を想定することも可能である。ただし、イ形容詞による言い換え表現においては言及対象が以前と比べて相対的に「大きい」や「細い」という状態に傾いたことが述べられるように感じられるのに対し、ナ形容詞による表現では対象の状態を絶対的な観点から捉えて表す傾向が強いように思われる。

## 2.1.2　②「集合的変化」の用法の意味と事例

　2つめに、ここでは(1b)の文に示される用法の意味と事例について確認する。

（1）b.　最近、本校では女子生徒のスカートがどんどん短くなってきている。

この文に対しては、特定的変化用法の場合と同様に「特定のスカートの物理的な変化」を述べるもの、という解釈をとることも不可能というわけではない。例として(1b)の文は、言及される女子生徒が、自身が以前から着用するスカートの丈を物理的に、あるいは着用の仕方によって意図的に短くしていることを述べるものとして解釈することも可能であろう。ただし、本書がここで想定しているのは、これとは異なり、例えばある学校において「10年前に在籍していた女子生徒が着用していたスカート」と「現在在籍してい

る女子生徒が着用しているスカート」のように、それぞれ別の参照時点に結びつけられる複数のスカートを比較した際に、それぞれの間に長さの違いが認められる、という解釈である。

　この用法の表現は、用法①の表現とはいくぶん異なる内容を指し示すものであるが、次に示されるように報道記事などにおいてもごく自然に用いられるものである。

　　カナダ・オンタリオ州で、女子高校生の制服スカートが短くなっていることが指摘され論争が起こった。現地の教育局は先日、引き続きスカート着用を認める裁定を下した。台湾・中央通訊社などが伝えた。同州ダラム地域では近頃、一部教育関係者から女子高生の制服であるチェック柄スカートの丈が「見るに堪えないほど」短くなってきており、スカート制服を廃止すべきだと指摘する声が上がった。(中略) 一方、スカート廃止を主張する教育委員は「どんどん短くなる女子学生のスカートを正すため、学校管理者が多くの時間を浪費しており、正常な教育を妨げている」と語った。
　　　　　　　　　(http://news.livedoor.com/article/detail/6120405/)　[4]

　　ここ数年の傾向のようだが、韓国では夏になると若い女性のスカートが極端に短くなる。涼しさを求めてのことだろうか。環境に優しいのかもしれない。ただ、多くは太もも丸出しで、筆者のような中年日本人に限らず、「目のやり場に困る」という韓国人男性は少なくない。つい先日、タクシーに乗って信号待ちをしていたところ、目の前の横断歩道を"太もも集団"が横切っていった。(中略)「年々、スカートが短くなっている」とぶつぶつぼやく運転手さん。そういえば、昨年の夏よりもスカートの丈は短くなったような気もする。「来年の夏にはスカートもなくなっているかもしれない」とまで言う。

(http://www.sankei.com/column/news/150714/clm1507140005-n2.html) 5

<u>女性のショートパンツもこの夏、短くなっている</u>。股下が数センチしかないようなマイクロミニ丈が目立ち、「目のやり場に困る」と戸惑いの声も上がる。

(https://www.sankei.com/life/news/150831/lif1508310020-n2.html) 6

これらの例にも示される通り、この用法の表現も①の用法と同様、日常的に用いられる自然なものと言える。

用法②においてXの項に置かれる名詞句は、その指示対象を連続的、あるいは集合的な単位で捉えるものと考えられる。そして、ここではXに示される対象（「スカート」など）の部分や、その集合体の成員である複数の個体などを見比べた際に、それらの間にYの項の形容詞類に示されるような性質の違い（先に参照したものより後に参照したものが短い、など）が認められることが言い表されている。以上のような見方から、ここでは変化の「なる」構文の用法②について、「集合体レベルでの複数の対象間の変化」の意味を表すものと考える。述べられる内容の性質上、この用法には当然ながら「去年買ったお気に入りのスカート」のような特定的な個体としての対象について述べる表現は想定されない。なお、ここで問題とするタイプの表現は、Sweetser（1997）などが「役割解釈」の変化表現と呼ぶものと同種のものと考えられるが、これについては本書の第4章で改めて論じる。

用法②の意味を上記のようなものとし、これについて「集合的変化」の用法としたうえで、次にその事例を参照したい。はじめに、この用法の例となる「XがYくなる」形式の表現の例として、属性形容詞を用いるものには次のような文が挙げられる。

（5）a.　学年が<u>上がる</u>につれて息子の食欲はどんどん旺盛になり、年を追うごとに<u>弁当箱が大きくなっていく</u>。

b. 技術力の進歩に伴い、ノートパソコンがますます薄くなってきた。
c. 新素材の開発により、ラグビー用のスパイクがどんどん軽くなっていく。
d. トーナメントを勝ち進むにつれて、どんどん対戦相手が強くなってきた。
e. 田舎に引っ越してきて、家の庭が前よりずっと広くなった。
f. 志望者の増加に伴い、この大学はここ数年、入試問題が難しくなっている。
g. 空気抵抗への考慮もあり、最近は自動車の車体が丸っこくなってきた。
h. 作り始めた当初は色が悪かったが、ここ2、3年で家庭菜園のトマトがだんだん赤くなってきた。

(5) の例はいずれも、属性形容詞を用いて連続体や集合体としての名詞句Xの指示対象に生じた変化を述べるものと考えられる。用法①の場合と同様に、ここでも相対的な意味を表す形容詞によって物体、人物、場所、事柄などに生じた変化の意味を表す (5a) から (5f) や、形状・色彩に関する絶対的な意味の形容詞による (5g) や (5h) のような様々な文が、いずれも適切な表現の例として認められる。

次に、集合的変化用法の「XがYくなる」形式の表現の例のうち、感情・感覚形容詞を用いた表現について参照する。この例には次のようなものが挙げられる。

(6) a. 昔は赤か黒かの地味なものしかなかったが、最近はランドセルがずいぶんかわいくなっている。
b. この作家は伸び盛りで、新作が出るたびに小説がおもしろくなっていく。
c. 高校時代、学年が上がるごとに担任の先生がこわくなっていった。

  d. 電車が停車するたびに、どんどん駅の雰囲気がさびしくなっていく。
  e. 近年は以前と比べて小・中学校の保護者がうるさくなっているらしい。
  f. 加齢に伴ってか、父の靴下が度合いを増して臭くなってきた。
  g. 妻のつくる味噌汁がだんだん塩辛くなってきた。
  h. 近頃はコンビニのお弁当もずいぶんおいしくなったものだ。

 （6）の各例はいずれも、連続体や集合体としての名詞句の指示対象に生じた変化を、表現主体の感情や感覚を通じて捉えられた評価を示す形で述べるものと言える。これらの例に示されるように、集合的変化の用法にも感情・感覚形容詞を用いた様々な例が認められる。
 さらに、集合的変化の用法には「XがYになる」の形式によるものとして、次のような表現の例も数多く認められる。

(7) a. 学年が上がるにつれて、息子の弁当箱が巨大になっていく。
  b. このノートパソコンの新モデルは、筐体がさらに薄型になっている。
  c. 2000年頃からファッションモデルが過度にスリムになっていることが問題視されている。
  d. ここ数年、漁獲量の減少でサンマがずいぶん高価になった。
  e. 田舎道を山に向かって進んで行くにつれ、建物は少なくなって田畑がどんどん広大になっていく。
  f. データによると近年では日本人アスリートも以前より大型化し、少しずつ長身になっているようだ。
  g. この車はモデルチェンジでヘッドライトが丸形になった。
  h. 不祥事からのイメージ刷新のため、大学のイメージカラーが黒から白になった。

i. 使う肉が変わったのか、この店の名物だったハンバーグがパサパサになった。

(7)の例では、Yの項にナ形容詞、名詞由来の表現、オノマトペといった語彙項目が置かれ、いずれも「XがYになる」の形式をとる適切な文が形成されている。ここにおいても、Yの項の語彙項目が連用形形容詞の働きを示し、名詞句Xに示される連続体・集合体としての対象に変化が生じたことを示す様々な状況が述べられている。

## 2.1.3　③「関係性変化」の用法の意味と事例

3つめに、ここでは（1c）の文に示される用法について、その意味と事例を確認する。

（1）c.　娘は急に背が伸び、ひと月前はぴったりだったスカートが短くなった。

(1c)において名詞句Xに示される「スカート」とは、ある特定の主体（ここでは話者の「娘」）が着用する特定的な個体としてのスカートを表すものと考えられるが、この文に述べられる場面においては、言及されるスカートそのものに「短い」という状態への物理的な変化が生じているわけではない。ここでYの形容詞が示すのは、問題となる「娘」を基準として見た際に、娘が着用するスカートの長さが身体に対して相対的に短くなった、ということと考えられる。

用法③の表現に想定される意味をわかりやすく示してくれると思われる例として、子供向けの絵本に次のような描写が認められる。

　　こひつじは　そだち、ペレも　おおきくなりました。

こひつじのけは、それはそれはながくなりましたが、
ペレのうわぎは、みじかくなるばかりでした。
　　　　　（エルサ・ベスコフ　作・絵／小野寺百合子　訳『ペレのあたらしいふく』）

この引用の下線部を抜き出して1文で言い替えれば、「ペレのうわぎはだんだん短くなっていく」のように表すことができるだろう。ここにおいては、時間を経るごとに「うわぎ」が「ペレ」の身長に対して相対的に短くなっていく様子が表されている。また、次のような例はこれと同様に、ここで問題とする用法の意味を表す自然な表現である。

　子供服が小さくなって着られなくなったら、リメイクするという方法もあります。例えば、肩幅や袖の長さは十分でも、お腹周りがきつくなってきた服、お腹周りは問題なくとも丈が短めになったズボンなどもあるでしょう。（中略）Tシャツの丈が短くなってしまったけれども、肩幅や袖は問題ないという場合、余り布さえ準備すれば、リメイクできます。
　　　　（http://www.donaloconnor.com/info/remake-the-childrens-clothing.html）[7]

　息子の自転車が小さくなってきたので、24インチのジュニアスポーツ車にステップアップすることにしました。
　　　　　　　　（http://frchick.blog129.fc2.com/blog-entry-185.html）[8]

　最近、姉ちゃんの足が伸びて、22インチの自転車が小さくなってきた。ハンドルに足がついちゃいそうだもん。
　　　　　　　　　　（http://gishi.dosugoi.net/e697165.html）[9]

これらに示されるように、用法③の表現は、特に「子供の成長に伴って生じる衣類や道具類の大きさの相対的な変化」について述べるような状況を中心

に、日常的な言語使用の場面においても問題なく用いられるものと言うことができる。ここに挙げられた例から、用法③の表現において表されるのは、発話において参照される名詞句Xの指示対象（「スカート」「自転車」など）が、変化認識の基準となる対象（「娘」「息子」など）との相対的関係において、その評価上での値をYの形容詞類に示される状態（「短い」や「小さい」など）へと変化させる、ということであると考えられる。これをふまえ、変化の「なる」構文の用法③については、「特定的対象と基準との関係性の変化」の意味を表すものとし、これを「関係性変化」の用法と呼ぶこととする。

関係性変化用法の意味について上記のように確認したうえで、次にこの用法の事例を参照する。まず、属性形容詞による用法③の表現の例としては、次のようなものが挙げられる。

(8) a. 妻は出産後にふくよかになり、持っている服がどれも小さくなった。
　　b. 娘は小学校に入ってぐんぐん背が伸び、食事用の椅子が低くなってきた。
　　c. 保育園に通う息子は育ち盛りで、すぐにズボンが短くなる。
　　d. 金魚が大きくなって、水槽が狭くなってしまった。
　　e. 朝顔のつるがずいぶん長く伸びて、支柱が短くなってしまった。

(8)の各例に示されるように、この用法には大小や高低、長短などの相対的な意味を表す属性形容詞を用いた表現が認められる。ただし、この用法においては「重い」「軽い」や「難しい」「易しい」など、助詞「は」に示される主体（事態の経験者）の身体感覚や心理的・知性的感覚を通じて捉えられる事柄について表す形容詞を用いた表現は、断定的な形では述べられない。(9)の例にこのことが示される。

(9) a. #彼は近頃、100kg のバーベルが軽くなってきた。
　　b. #娘は最近、センター試験の過去問が易しくなってきた。

上記のような表現によって関係性変化の用法に意図される意味を表す際には、次のように伝聞や推定の意味を表す要素が必要となる。

(10) a. 　彼は近頃、100kg のバーベルが軽くなってきた<u>そうだ</u>。
　　 b. 　娘は最近、センター試験の過去問が易しくなってきた<u>らしい</u>。

(9a) および (9b) のような文は、文学作品などにおける他者視点からの「語り」の表現としては問題なく用いられるものであり、こうした意味では適切な日本語表現の例として認められるものである (この意味で、これらの文には「#」を付している)。ただし、この種の表現は表現主体が自身の経験内容について報告的に述べる文とは区別されるものであり、この用法の表現としては有標的な例であると言える。なお、ここで本書が「表現主体が自身の経験内容について述べる」という規定を立てるうえで想定される事態の捉え方と言語化の様式は、上原 (2005) が「実際の会話の伝達モード」(上原 2005：544 注 1) とするものと同じ様式と考えられる。すなわち、上原 (2005) の言葉を借りるならば、(10) に示されるような表現は (9) とは異なり「実際の会話の伝達モード」とは別のタイプの表現であると言うことができる。

　関係性変化用法において言及対象となるのは、表現主体にとって客体的に観察することが可能な複数の対象間の関係性の変化であるが、この用法の表現に (9) の例を通じて確認されたような条件が生じる理由については、ここで述べられるべき「関係性の変化」が、言及される出来事を経験する当事者以外の第三者によっては客体的に捉えられない、ということから自然に説明が与えられる。

　さらに、属性形容詞による表現のうち、(11) の例に示されるような、対

象の形状や色彩に関する意味を表す語を用いたものは、関係性変化の用法として意図される意味を表す適切な文としては想定できない。

(11) a. ＊息子はサッカーボールが丸くなっている。
　　 b. #妻はワンピースが赤くなってしまった。

形状に関する形容詞を用いた（11a）のような表現には、適格な文としての解釈を想定すること自体が難しいと思われる。また、色彩を表す形容詞を用いる（11b）のような文は、「しばらく着用しないうちにワンピースが何らかの理由で変色してしまった」というような現実的な変化の意味を表す表現としては理解可能に思われるが、こうした文を用法③に想定される意味を表すものとして解釈することは不可能であろう。色彩に関連する表現については、やや特殊な例として、ある人物（ここでは話者の配偶者）が日焼けして肌の色が黒くなり、肌の色が白かった時に使っていたファンデーションの色がもはや白すぎて現在の肌の色には合わない、というような場合に「妻は前から使っていたファンデーションが白くなってしまった」のように述べることは不可能ではないかもしれないが、こうした例は通常は想定し難く、基本的に形状や色彩などの性質は、対象そのものがどのようであるか、という観点から絶対的に評価づけられるものと考えられる。（11）のような表現が不自然となるのは、こうした理由によると考えられる。

　関係性変化用法における感情・感覚形容詞を用いた表現のふるまいに目を移すと、ここにも先に属性形容詞に関する例を通じて確認したものと同様の性質が認められる。まず、感情・感覚形容詞を用いた（12）のような表現は、いずれも断定的な形では関係性変化の意味を表すものとはならない。これらの内容を自然に述べるには、（13）のように伝聞や推定の意味を表す表現形式が求められる。

(12) a. #夫は子供がかわいくなってきた。

  b. #娘は英文学がおもしろくなってきた。
  c. #妻は甘いものがおいしくなってきた。
  d. #母は父の靴下が臭くなってきた。

(13) a. 夫は子供がかわいくなってきた<u>らしい</u>。
  b. 娘は英文学がおもしろくなってきた<u>ようだ</u>。
  c. 妻は甘いものがおいしくなってきた<u>とのことだ</u>。
  d. 母は父の靴下が臭くなってきた<u>そうだ</u>。

このことについては、(9)と(10)の例の場合と同様、第三者的な観点からの観察可能性の問題として自然に説明が与えられる。
 最後に、関係性変化用法における「XがYになる」の形式の表現について確認する。この形式の表現に関しても、表現主体が断定的に述べることが可能になるのは、表現主体にとって客体的に観察可能な事態について述べるものに限られる。こうした例としては、次のようなものが想定される。

(14) a. 幼い息子は、買って半年で早くも<u>ズボンがつんつるてんになった</u>。
  b. 娘はどんどん大きくなって、<u>保育園の体操着が寸足らずになってしまった</u>。
  c. 祖母は最近めっきり老けて、<u>お気に入りだったピンクのセーターがすっかり派手になってしまった</u>。
  d. 病気の祖父はずいぶん痩せて、<u>元気な時に着ていた服がもはやブカブカになってしまった</u>。
  e. 夫は結婚後に急激に痩せて、<u>スラックスのウエストがガバガバになっている</u>。
  f. 妻は結婚後にふくよかになり、<u>着慣れたセーターがピチピチになってきた</u>。

(14) の各例では、ガ格に示される名詞句 X の指示対象が、その変化認識の基準となる使用者との関係において変化を示す状況が、表現主体自身の目に捉えられたものとして適切に表されていると考えられる[10]。ここで注目すべきは、言及対象となる人物が着用する衣類に関することを色彩に関する形容詞によって述べようとする (11b) のような文が不自然であったのに対し、「派手な」という表現による (14c) のような文は成立可能と考えられる点である。先にも確認したように、何らかの対象の色に関する情報は基本的には絶対的なものとして捉えられる傾向が極めて強いのに対して、「派手な」や「地味な」のように評価性の影響を受けやすいと考えられる情報については「何を基準に見るか」という相対的な捉え方が問題となる余地が大きいと言える。「ピンクのセーター」が知覚者の視覚的能力に問題がない限り誰の目にもピンク色であるのに対し、それが派手に感じられるか地味に感じられるかは着用者によって異なると言えるであろう。そして、こうした相対的な評価は、第三者が客体的な観察を通じて捉えることができるものである。これをふまえると、(11b) と (14c) の容認度の違いは、それぞれの表現に述べられる内容が評価対象と評価基準に対する「見比べ」に依存する度合いの違いによるものと考えられる。こうしたことにも示されるように、ここにおいて Y の項に用いられる形容詞類は、いずれも名詞句 X の指示対象と使用者との関係を客体的に捉えて表すものである。これに対し、(14a) の「息子」や (14b) の「娘」など、助詞「は」に示される主体の内面に関する事柄を表す表現は断定的な形で述べることができず、これを表すには (15) のように伝聞や推定の意味を表す表現形式が必要となる。

(15) a. 娘は最近、センター試験の過去問が簡単になってきたそうだ。
　　b. 息子は最近、学校が楽しみになってきたらしい。
　　c. 妻は最近、私が重荷になってきたようだ。

このように、③の関係性変化の用法においては「X が Y になる」という形

式の表現にも一定の条件が認められる。「XがYくなる」形式の表現に関して指摘された通り、ここにおいても客体的な視点からの観察可能性が問題となっていると考えられる。

### 2.1.4 ④「体験的変化」の用法の意味と事例

続いて、(1d) の文に示される用法の意味について確認し、その事例について参照する[11]。

（1）d. 半年ぶりに着てみると、お気に入りのスカートが短くなっている。

ここに挙げたような文には曖昧性が伴い、その意味について特定するには文脈や使用環境を考慮しての解釈が求められる。(1d) については、これを「半年の間にスカートが何らかの要因で縮み、実際に短くなった」という意味を表すものと見ることも可能であろう。このような解釈を想定する場合には、(1d) は個体レベルでの特定的な対象の変化を表すものとして捉えられることになる。ただし、ここで問題とするのは上記のような解釈とは異なり、現実的にはXの項の名詞句に示される「スカート」には何の変化も生じていないにもかかわらず、そのスカートを着用する主体自身に変化が生じたことで、主体にとってスカートが「短くなったように感じられる」というものである[12]。

ここで問題とする用法④の表現は、WEB上の質問サイトにおいて提起される次のような疑問にも示されるように、見方によっては「事実とは異なる内容」を述べる奇妙な表現と考えられるものかもしれない[13]。

服が小さくなったという言い方がありますが、服は小さくならないのに何故このような言い方をするのでしょうか、この言い方は日本語として正しいのか、他に正しい言い方があるのでしょうか教えて

ください。
　　　　（http://detail.chiebukuro.yahoo.co.jp/qa/question_detail/q14109570504）[14]

しかしながら、この用法の例に相当すると思われる表現にも、次のような実際の使用例を数多く見つけることができる。

　近頃の体重増加に伴い、<u>Tシャツが小さくなってきた</u>。
　　　　（http://takenoko9.blog60.fc2.com/blog-entry-2433.html）[15]

　全日本ジュニアクラシック音楽コンクールピアノ部門ついて。このコンクールの予選に出場するときの服装は、なにが良いでしょうか…<u>制服はスカートが短くなってしまった</u>ので、印象が悪くなってしまいそうでなるべく避けたいです。
　　　　（http://detail.chiebukuro.yahoo.co.jp/qa/question_detail/q10137802910）[16]

　うちは、当初、ダブルベッドで親子3人川の字になって寝ていましたが、息子が大きくなるにつれて、<u>ベッドが狭くなっていき</u>、それに伴い、奥さんの機嫌がどんどん悪くなってきたので、今は、シングルサイズのクッションをベッドの横に並べて、そこに私が寝ています。
　　　　（http://oshiete.goo.ne.jp/qa/4670687.html）[17]

上のような表現は、いずれも日常的な会話の中で問題なく用いられる、ごく自然な表現と言えるものである。これらに示されるように、用法④の表現の意味とは、表現主体自身に何らかの変化が生じたことで、現実的には変化していないはずの対象X（「スカート」や「服」など）がYの項に示されるような状態（「短い」や「小さい」など）への変化を生じたように感じられる、という、表現主体に体験的に認識される変化の実感と言うべきものである。

次のような引用を見ると、この用法の表現が「体験的」に得られた「実感」
を述べるもの、ということが掴みやすいのではなかろうか。

> 中学のころ保体の先生が言った
> 「お前ら背伸びしてビールを飲んでいるかもしらないが、正直うまくないだろ？　大人になるとあれはうまくなる。体が大きくなるだけじゃなく、味覚を含めてあらゆるものが変化していく。成長とはそういうもんだ。覚えとけ！　ビール飲んで旨くなった瞬間おっさんおばさんだ！」
> （ぱに（徐行運転）氏（@pani_op）による2012年8月23日のtwitter投稿より）[18]

こうした見方から、変化の「なる」構文の用法④については「特定的対象に対する主体の実感の変化」の意味を表すものとし、その体験的な成り立ちに注目して、これを「体験的変化」の用法とする。なお、この種の表現はSweetser（1996）が「図地反転」の変化表現として論じる英語表現と共通点を持つものと考えられるが、これについては本書の第5章で詳しく論じる。

上記のような規定を前提に、次に体験的変化用法の事例を提示する。まず、「XがYくなる」の形式による表現のうち、属性形容詞による例には次のようなものが挙げられる。

(16) a.　夏休み明けに久々に着てみると、サイズが変わるはずのない制服が大きくなっている。
　　 b.　幼い頃は大きく見えた父も、今ではすっかり小さくなった。
　　 c.　入社時よりずいぶん太ったせいか、仕事に行く時に使っていたベルトが短くなってしまった。
　　 d.　トレーニングを重ねるうちに、最初は持ち上がらなかった100kgのバーベルが軽くなってきた。
　　 e.　妻に逃げられて1人で寝るようになってから、2人で使っていた

ベッドがすっかり広くなってしまった。
f. 基礎学習を重ねてから改めて取り組んでみると、以前は歯が立たなかった英検の過去問がすっかり易しくなっている。

(16) の各例において Y の項の形容詞が表していると考えられるのは、言及される対象そのものに現実的に生じた変化ではない。特に（16b）のような表現には「大柄だった父が年老いて痩せ細り実際に小さくなった」というような解釈も可能であろうが、この例で意図するのはこうした解釈とは異なる。これらの例でそれぞれの形容詞が描写しているのは、名詞句 X に示される対象に対して、表現主体が体験的な関わりを通じて捉えた実感としての印象や評価の変化であると考えられる。ここにおいても、相対的な意味を表す属性形容詞を用いて、物理的な対象や人間、場所、事柄などに関する変化を表す様々な表現が可能である。ただし、この用法においては、対象の形や色に関する変化について述べようとする文は、(17) のように不自然になってしまう[19]。

(17) a. ??楕円形のラグビーボールに慣れてしまったせいか、サッカーボールが丸くなっている。
b. #長いこと黒色人種が圧倒的多数であるアフリカの国々に駐在していたせいか、久々に日本に帰ってきてみると日本人が黄色くなっている。

このように、体験的変化用法においては対象の色や形に関する意味を表す表現は想定することが難しい。この理由は、ある対象の色彩や形状に対する評価は、評価者の状態に影響を受けることが認められにくいためであると思われる。すなわち、ここに指摘された特徴は、この用法の表現が対象との相互作用を通じて生じる表現主体の実体験に動機づけられるものであることに由来すると考えられる。

次に、この用法における「XがYくなる」の形式の表現には、感情・感覚形容詞を用いた（18）のようなものも認められる。

(18) a. もともとは子供が苦手だったが、最近は小さい子がかわいくなってきた。
　　 b. 決勝戦の日に近づくにつれて、試合がこわくなってきた。
　　 c. いろんな文学作品を読むうちに、英米文学の古典がおもしろくなってきた。
　　 d. ルールを覚えるにしたがって、ラグビーが楽しくなってきた。
　　 e. 妻の薄口の食事に慣れたせいか、久々に食べると母の料理が辛くなっている。
　　 f. 熱が出はじめたか、真夏にもかかわらず部屋が寒くなってきた。
　　 g. 煙草をやめて少し経ち、ヤニのにおいのついた自分の部屋が臭くなってきた。
　　 h. 入試が近づくにつれ、前は気にならなかった自宅の前の工事の音がやかましくなってきた。

（17）の例の場合と同様に、ここに挙げられた「XがYくなる」形式の表現は、名詞句Xの指示対象に対する表現主体の感じ方が変化した、ということを表すものである。(18)に示される通り、この用法には感情・感覚形容詞による表現も問題なく認められる。

体験的変化用法の「XがYになる」の形式の表現には特有の性質が見られ、ここにおいては述部に用いられる語彙項目の種類によって適切となる場合と不適切となる場合とが認められる。まず、この用法の適切な表現の例としては次のようなものが挙げられる。

(19) a. 夏休み明けに久々に着てみると、どうも制服が窮屈になっている。
　　 b. 体が大きくなったのか、最近どうもベッドが手狭になってきた。

c.　以前は歯が立たなかった英検の過去問が、基礎学習を重ねて改めて取り組んでみると、すっかり簡単になっている。
　　d.　前はぴったりだったジーンズのお尻がパンパンになっている。

　これらの例では、いずれにおいても名詞句Xの指示対象そのものには変化が生じておらず、表現主体に何らかの変化が生じた結果これらに対する変化の実感が生じたことが述べられていると言える。これに対し、次のような文は、ここで意図される意味を表す適切な表現の例としては認められにくいものと思われる。

(20) a.　??トレーニングの成果か、100kgのバーベルが軽量になった。
　　b.　??久々に食べると、母の手料理が辛口になっている。
　　c.　??前は楽に解けていたレベルの問題が、心なしか難解になっている。
　　d.　??前は難しくて解けなかった問題が、気づけば平易になっている。

　これらについて、(19)および(20)の各例のYの項に用いられる形容詞類を見比べると、両者に用いられる語彙項目の間には意味的な「焦点の置き所」に相違が認められるように思われる。具体的に言うと、適切な表現の例と考えられる(19)に用いられる形容詞は、いずれも「対象に対する主体の評価」の意味に比重を置いて述べやすいものと思われ、対して、不自然な表現の例と考えられる(20)に用いられる形容詞は、基本的に「対象そのものの性質や状態」に焦点を当てて述べる傾向を強く有するものと見ることができる。このことについて確認するため、まず、「窮屈（な）」、「手狭（な）」、「簡単（な）」といった形容詞の意味について辞書の説明を参照すると、これらの意味に関しては、それぞれ(21)、(22)、(23)のような記述が認められる[20]。

(21) 窮屈：空間や場所にゆとりがなく、自由に動きがとれないこと。

(22) 手狭：暮らしたり仕事をしたりするには場所が狭いこと。
(23) 簡単：時間や手数がかからないこと。また、そのさま。

なお、(19d) の「パンパン（な）」に関しては、ここで参照した辞書には該当する記述が認められなかったが、この表現に表される意味は基本的に(21) の「窮屈（な）」と同様のものと思われる。そして、上記の語を述部に置き、主体にとっての対象の在り様について述べるような文の適格性について検討すると、これらは (24) に示されるように、いずれも自然な解釈を許容するものになると思われる。

(24) a. この服は私が着るには窮屈だ。
　　 b. このベッドは私が寝るには手狭だ。
　　 c. 私にとってはこの問題を解くのは簡単だ。
　　 d. 私が履くとこのジーンズはパンパンだ。

以上をふまえると、(19) および (24) に用いられる「窮屈（な）」、「手狭（な）」、「簡単（な）」、「パンパン（な）」といった形容詞類は、いずれも、主体と対象の相互作用的な関係を視野に入れて対象に関する情報を表す傾向を持つものであり、問題となる対象がどのようなものであるか、ということについて表し得ると同時に、対象に対しての主体の評価や反応を述べやすいものであると考えることができる。一方、(20) に用いられる「軽量（な）」、「辛口（の）」「難解（な）」、「平易（な）」といった表現は、いずれも、主体の活動や状態を取り立てて問題とすることなく、対象そのものに関する絶対的な情報を伝える働きが強いものと考えられる。

　上記のことを確認すべく、さらに (25) と (26) の表現を見比べておきたい。まず、(25) の例は絶対的な述べ方を基本とすると考えられる形容詞類を述部に置き「主体が対象に働きかけた結果」として得られた実感について述べようとする表現である。

(25) a. ?100kg のバーベルは私が持ち上げてみると軽量だ。
 b. ?このカレーは私が食べてみると辛口だ。
 c. ?この問題は私が解いてみると難解だ。
 d. ?この問題は私が解いてみると平易だ。

これに対し、(26) の各例は「問題となる対象が話者にとってどのようなものとして位置づけられるか」ということを表すものと言え、対象に対する話者の評価を反映しつつも、対象自体にどのような性質を見て取るか、ということを述べる表現と考えられる[21]。

(26) a. 100kg のバーベルは私にとっては軽量だ。
 b. このカレーは私にとっては辛口だ。
 c. この問題は私にとっては難解だ。
 d. この問題は私にとっては平易だ。

これらを対照すると、(25) の各文は「働きかけられる対象の性質」について言及するような (26) の文と比べ、いずれも少し不自然に感じられる[22]。このことから、「軽量（な）」、「辛口（の）」、「難解（な）」、「平易（な）」といった語は、対象に働きかける主体の側の状態を問題とする度合いが低く、どちらかというと対象そのものの性質や状態の在り様に強く焦点を当てて述べるものと考えられる。

　このように、体験的変化について述べる「X が Y になる」形式の表現においては、言及対象そのものに備わる性質や状態の描写を好む傾向にある語彙項目を用いた例は不自然に感じられやすく、これに対して表現主体と対象の相対的な関係性が描写されやすい語によるものの適切性が高くなるという傾向が認められる。このことは、属性形容詞による「X が Y くなる」形式の表現について確認した際にも述べた通り、この用法が対象との相互作用を通じて捉えられる表現主体の体験的な実感を表すものであることに由来する

と考えられる。

## 2.1.5　⑤「仮想的変化」の用法の意味と事例

5つめに、ここでは（1e）の文に示される用法を対象に、その意味と事例の確認を行う。

（1）e.　あの女子高の制服は、スカートがふつうよりやけに短くなっている。

この文においてXの項の名詞句に示されるのは、ある学校の制服として括られる特定的な「スカート」であり、ここでYの項の形容詞に示されるのは、そうした特定のスカートを標準的なスカートと比べた際に認められる特徴的な性質であると考えられる。この用法の表現は、変化の「なる」構文の複数の用法の中でもとりわけ特殊な表現のように思われるかもしれない。しかしながら、問題となる表現の例にも、身近な事物について述べる次のようなものが認められる。

> サルエルボーイズなのでお尻まわり腰まわりはもちろん太もも、ふくらはぎもゆったり。丈が少し短くなっているので足首チラ見せですっきりした大人カジュアルに♡♡
>
> 　　（https://www.burnish-company.com/info/shopblog/duane/91568.html）[23]

> 手置きにコップなどを置けるソファを探していました。下に埃がたまるのも嫌なので掃除機がかけやすいこと、そして子供が小さいので、椅子のかどがまるくなっていること。全ての条件をクリアしたソファで一番安かったので購入しました。
>
> 　　（http://review.rakuten.co.jp/item/1/266350_10001536/1.1/）[24]

毎年人気のスローですが、今年もデザインが可愛くなってますよ〜！

(http://www.francfranc.jp/blog/sendai/post-2.html) 25

口腔内崩壊錠は口の中で溶かすので、飲みやすいように少し甘くなっていることが多く、またさーっと溶けてしまいます。

(https://www.mamatas.net/mag/580/) 26

上の例に示されるような文は、例として「太っている」や「痩せている」などのような、変化の意味を表す動詞の「シテイル」形による単純状態の描写がデフォルトとなる表現とは異なり、「丈が短い」、「かどが丸い」、「デザインが可愛い」、「味が甘い」のように、形容詞の言い切り形によって意図される意味を表すことが可能と考えられるものである。それにもかかわらず、この用法の表現では、こうした内容が形容詞類と動詞「なる」に構成される述部によって述べられ、こうした表現によって言及対象となる事物の特徴的な性質が表されると考えられる。

　以上のように、用法⑤の表現においては、Xの項の名詞句に指し示される特定的な対象（「サルエルパンツの丈」や「椅子のかど」など）に関し、通常そのような対象に認められる状態や性質からは逸脱して、Yの項の形容詞に示される特徴的な性質（「短い」や「丸い」など）が認められる、という意味が、仮想的あるいは虚構的な変化として言い表されていると考えられる。こうした性質をふまえ、変化の「なる」構文の用法⑤については、「特定的対象の基準値からの仮想の変化」の意味を表す「仮想的変化」の用法とする。なお、この用法の表現はMatsumoto（1996b）が「主観的変化表現」として論じるタイプの表現と共通する性質を持つものと考えられる。これについては本書の第6章で改めて検討する。

　上記のことを念頭に置きつつ、次に仮想的用法の事例を参照する。まず、この用法における「XがYくなる」の形式の表現には、属性形容詞を用い

た次のような例が挙げられる。

(27) a. 書写用の鉛筆は、ふつうの鉛筆とは違って芯が太くなっている。
  b. ハイヒールは、文字通りヒールが高くなっている。
  c. このノートパソコンは、筐体が驚くほど薄くなっている。
  d. このランニングシューズは、疲労軽減のためソールが軽くなっている。
  e. この参考書は、初心者向けにしては少し例題が難しくなっている。
  f. この家は、一般的な家と比べて玄関がずいぶん広くなっている。
  g. 赤ちゃん用の絵本には、大人の本と違ってかどが丸くなっているものがある。
  h. 海外の絵本では、太陽が黄色くなっていることがある。

これらに示されるように、この用法には、(27a)から(27f)の文に用いられるような相対的な意味を表す属性形容詞や、(27g)、(27h)に用いられるような絶対的な意味を表す属性形容詞により、物理的対象や空間、事柄などに関する特徴的な性質を表す表現の例が認められる。なお、ここで示される表現には、例として(27g)が「赤ちゃんが本をあちこちにぶつけた結果、かどがつぶれて丸くなっている」と解釈される場合や、(27h)が「海外の絵本にはすぐに色褪せが生じる低品質なインクが使われていて、赤く印刷されていた太陽が黄色に変色している場合がある」と解釈される場合など、現実的な変化の意味で用いられる場合も想定可能と考えられる。ただし、当節で問題としているのはこうした解釈ではなく、言及される対象について「そういうものである」という認識を表す解釈であり、以下の例においても同様の見方を前提としている。

　先にも述べた通り、これらの文においては、述部に用いられる「太くなっている」(27a)や「高くなっている」(27b)などの表現を「太い」や「高い」などの形容詞言い切り形の表現に置き換えても、基本的には同じ内容の

事柄を自然に言い表すことができる。しかしながら、この用法の表現には、述部に敢えて「〜なっている」の形式が用いられる点に特徴が認められる。

次に、仮想的変化用法における感情・感覚形容詞を用いた「XがYくなる」形式の表現については、(28)に示されるような例が挙げられる。

(28) a. この商品は、若い女性に向けてデザインがかわいくなっている。
 b. この店の料理は、どれも味つけが辛くなっている。
 c. この薬は味が甘くなっているので、子供にも飲みやすいらしい。

このタイプの表現は生産性が高いものとは言えないが、上のような例は自然な表現として認められるものであろう。これらにおいては、(28a)「ある特定の商品のデザインが他のものと比べてかわいく感じられる」、(28b)「ある店の料理の味つけが一般的な味つけよりも辛いと思われる」、(28c)「ある種の薬の味が通常とは違って甘いものである」といった具合に、何らかの特定の対象に特徴的な性質や状態が認められることが、感情や感覚について表す形容詞を用いて述べられている。

最後に、仮想的変化の意味を表す「XがYになる」の形式の表現について確認する。この例としては、次のようなものが挙げられる。

(29) a. このスパイクは靴底がワイドになっている。
 b. このノートパソコンは筐体が驚くほど薄型になっている。
 c. 海外の絵本では太陽が黄色になっていることがある。
 d. この車はヘッドライトが丸形になっているのが特徴だ。
 e. 他の多くのスポーツと異なり、ラグビーではボールが楕円形になっている。
 f. ラグビー選手は筋肉で太ももがパンパンになっている。
 g. あの人は肌がツルツルになっている。
 h. 望遠鏡で見てみると、月は表面がデコボコになっている。

    i.　うちの子は歯並びがガタガタになっている。
    j.　猫は舌がザラザラになっている。

　これらはいずれも、「XがYになる」の表現形式によって、ある特定の対象の特徴的な性質を表すものとして適切に用いられるものと思われる。ここに示されるように、この用法の「XがYになる」形式の表現には、ナ形容詞、名詞由来の表現、オノマトペ由来の表現をYの項に用い、物理的対象や生物の身体部位の形状、質感、配列などに関する意味を表す例が豊富に認められる。

## 2.1.6　各用法の意味と事例に関するまとめ

　以上、当節では変化の「なる」構文の5用法の意味について確認し、それぞれの事例について参照した。ここでの確認をふまえ、各用法がどのような内容を表し、どのような語彙的性質を持つものかについて整理しておきたい。
　まず、用法①の表現は、Xの項に示される特定の対象に、時間の経過に沿って、Yの項に示される意味での現実的な変化が生じたことを述べるものと言える。ここではこれについて「個体レベルでの特定的な対象の変化」を表す「特定的変化」の用法とした。この用法には、いわゆるイ形容詞やナ形容詞、名詞やオノマトペ由来の表現を含めた様々な形容詞類が用いられ、「XがYくなる」および「XがYになる」の形式によって、物理的な物体としての対象や人間、場所、事柄などについて述べる多様な例が認められる。
　2つめに、用法②の表現は、Xの項に示される対象の部分や成員としての複数の要素を見比べた際に、それぞれの要素の間に、Yの項の形容詞に示されるような性質や状態の違いが認められることを述べるものである。これについては「集合体レベルでの複数の対象間の変化」を表す「集合的変化」の用法とした。集合的変化用法においては、特定的変化用法の場合と同様に、イ形容詞、ナ形容詞、名詞およびオノマトペに基づく表現など、様々な形容

詞類の生起が可能であり、この用法の表現には物体、人間、事柄、場所などに関する「XがYくなる」および「XがYになる」の形式の豊富な例が認められることを示した。

3つめに、用法③の表現に表されるのは、名詞句Xの指示対象が、その変化認識の基準となる対象との相対的関係性において、その評価上での値をYに示される状態へと変化させる、という内容である。ここでは、これを「特定的対象と基準との関係性の変化」を表す「関係性変化」の用法とした。この用法の表現は、表現主体自身が捉えた内容を報告的に述べようとする際には、客体的に捉えられる複数の対象間の関係に関する情報を表すもののみが適切となる、という性質を示す。「XがYくなる」および「XがYになる」のいずれの形式をとる際にも、問題とされる事態の経験者の内面的評価を表すような語彙項目を用いた文には有標性が伴う点が特徴的である。

4つめに、用法④の表現は、表現主体自身に何らかの意味での変化が生じたことで、現実的には変化していないはずの対象XがYの項の形容詞類に示される意味での変化を生じたように感じられる、という、表現主体に体験的に認識される変化の実感の意味を表すと考えられる。この用法については「特定的対象に対する主体の実感の変化」を表す「体験的変化」の用法とした。体験的変化用法の表現においては、事態の経験者としての表現主体と名詞句Xの指示対象との相対的関係性に関する意味を表す表現のみが適切となる、という性質が認められる。言及対象に関して絶対的な意味を表す傾向が強い形容詞類を用いた表現が認められにくい点に、この用法の特徴が指摘される。

最後に用法⑤について、この用法は、Xの項の名詞句に指示される特定の対象に、それと同種の別の対象に想定される標準的な性質と比べた際にYに示されるような特徴が認められる、ということを述べるものと考えられる。これについては「特定的対象の基準値からの仮想的変化」を表す「仮想的変化」の用法とした。この用法においては、感情・感覚形容詞による表現は生産性の高いものとは言えないが、この用法の表現にもイ形容詞やナ形容詞、

名詞やオノマトペ由来の表現を含めた様々な語彙項目が用いられ、「XがY くなる」および「XがYになる」の形式によって、物理的対象や人間、場所、何らかの事柄などに関して述べる表現が様々に認められる。

　以上のように、本書が考察対象とする変化の「なる」構文の5用法は、それぞれ異なる内容を指し示すものと言え、異なる意味を持つ表現と考えられるものである。これらの5通りの用法には、言及の対象となり得る要素（名詞句Xの指示対象）の選好性やYの項に用いられる形容詞類の共起可能性に用法ごとの特徴が指摘される。

## 2.2　各用法の名詞句の格機能について

　前節で確認された通り、変化の「なる」構文の5用法は異なる意味を表す5通りの表現と考えられ、それぞれの用法には特有の語彙的性質が認められる。このことをふまえつつ、当節では問題となる5用法の文法的性質に関する確認の1つとして、各用法のXの項に置かれる名詞句がどのような意味を担う格として機能するかについて整理を行う。

　まず、参考として仁田（2009）の概略的な規定を眺めておくと、格とは「述語の表す動作や状態の成立にとって必要・必須の関与者として機能している名詞句の、したがって、述語によってその共起関係のあり方を予定されたところの名詞句の、述語に対する意味論的な関係のあり方の類型」であるとされる（仁田 2009：32）。日本語の名詞句および格の研究には、国語学や日本語学、日本語教育学などの分野を中心に、多様な観点からの膨大な研究の蓄積が認められる。さらに、動詞と名詞の意味的関係から格を捉え「あらかじめ格のパタンを設定しておいて、連語としてのカテゴリカルな意味を動詞の語彙的な意味に組み合わせていく考え方」とされる「連語論的分析」のアプローチ（森山 1988：57-104）も本書の議論に関わる重要な知見であると言える（連語論の発想に関しては言語学研究会編 1983、奥田 1985なども参照）[27]。このように、格をめぐる議論において考慮すべき事柄は少なく

ないが、2.1 で目を向けた形容詞（類）の場合と同様、本書は語彙・文法論の根本について論じるところまでは踏み込まない。ここでの検討にあたっては、変化の「なる」構文の 5 用法においてガ格に示される名詞句の意味機能について見比べ、その異同について見通しを得ることを目的として、日本語記述文法研究会編（2009）による格助詞「ガ」に関しての説明を参照し、これに従って各用法の名詞句 X の格機能について規定を試みることとする。

日本語記述文法研究会編（2009）によると、格とは「名詞と述語のあいだに成り立つ意味関係を表す文法的手段」であり、「名詞につく格助詞によって表される」とされるものである（日本語記述文法研究会編 2009：3-4）[28]。こうした説明をふまえると、それぞれの用法の格機能について示すことで、名詞句 X と「Y くなる」および「Y になる」形式の述部の意味的関係の観点から、各用法の表現が文として表す意味の基本的な類型について見通しを得ることが可能になると考えられる。

### 2.2.1 特定的変化用法の名詞句 X の格機能

まず、①の特定的変化用法における名詞句 X の格と意味機能について検討する。ここまでに確認された通り、この用法においては名詞句 X の指示対象そのものが時間経過に従って現実的に変化を生じることが表される。用法①の例として示された次のような文を改めて参照したい。

(30) a. 子供につきあっての間食が増えたせいか、妻の顔が丸くなってきた気がする。
    b. 学期当初はおとなしかった学生たちが、徐々にうるさくなってきた。
    c. 20 代の頃はムキムキだった夫が、30 歳を過ぎてムチムチになってきた。

これらの「XがYくなる」および「XがYになる」形式の文においては、ガ格名詞句の指示対象である「妻の顔」、「学生たち」、「夫」といった対象そのものが、Yの位置に示される「丸い」、「うるさい」、「ムチムチである」という状態へと変わったことが表されている。すなわち、ここにおいては名詞句Xの指示対象が、述部に示される「動き」の意味の担い手となっていると言える。

　日本語記述文法研究会編（2009）によると、「述語が表す動きを引き起こすものや、述語が表す状態の持ち主となるもの」は「主体」としての格を表すとされる。その中で、「時間の流れの中で、何かが起きたり、何かが変わったりする動きを引き起こす存在としての主体」は「動きの主体」とされ、さらに「動きが実現することによって、あり方が変化する主体」は「変化の主体」の意味機能を担うものとされる（日本語記述文法研究会編 2009：29-32参照）。この説明をふまえると、特定的変化用法の名詞句Xは、【変化の主体】の意味機能を担う「主体格」にあたるものと考えられる。

### 2.2.2　集合的変化用法の名詞句Xの格機能

　次に②集合的変化用法における名詞句Xの格機能について検討する。この用法は、名詞句Xに指し示される事物の異なる部分や複数の成員を順に見比べた際に、そこに連続体や集合体としての単位での変化が認められることを述べるものである。このため、用法①の場合とは異なり、ここで問題となる対象は、それ自体が特定の個体としての単位で状態を変化させていくものとは言えず、ここに固有名詞や単一的な存在としての対象を置くことは不可能である。ただし、この用法の表現においても、言及対象となるXの指示対象は、表現主体の視野の中で別の何かしらの対象や部分と比較された際に、その姿を変えるものということができる。これについて前掲の次のような例から確認しておきたい。

(31)a. 志望者の増加に伴い、この大学はここ数年、<u>入試問題が難しくなっている</u>。
　b. 近年は以前と比べて<u>小・中学校の保護者がうるさくなっている</u>らしい。
　c. 2000年頃から<u>ファッションモデルが過度にスリムになっている</u>ことが問題視されている。

これらにおいて、名詞句に示される「入試問題」、「保護者」、「ファッションモデル」といった対象は、当該の文や発話で言及されるものとは別の対象と見比べられることで、その集合体としてのレベルにおいて「難しい」、「うるさい」、「スリムである」という状態に姿を変えていくものと捉えられる。

以上の見方によると、この用法の名詞句 X の指示対象は、個体としての単位で現実的な変化を生じるものではないが、連続体あるいは集合体としての単位において時間経過に沿っての変化を示すものとして解釈されると考えることができる。これをふまえ、ここでは集合的変化用法の名詞句についても、特定的変化用法の場合と同じ【変化の主体】の意味機能を担う「主体格」としての地位が与えられるものと考える。

### 2.2.3　関係性変化用法の名詞句 X の格機能

ここでは③関係性変化用法の名詞句 X の格機能について検討する。前節での確認をふまえて言うと、用法③に述べられる場面において実際に変化を生じているのは「変化認識の基準」、すなわち X に指し示される対象の「使用者」あるいは「所有者」の側であり、ここで名詞句 X の指示対象そのものは自発的な意味で性質や状態の変化を生じるものではない。ただし、この用法においては、複数の対象の関係性が変化する状況において名詞句 X の指示対象に焦点が当てられ、これらの対象が基準となる事物に対して相対的な意味で変化を示すものとして捉えられていると言える。これについて、次

の例を通じて確認したい。

(32) a. 妻は出産後にふくよかになり、持っている服がどれも小さくなった。
   b. 夫は結婚後に急激に痩せて、スラックスのウエストがガバガバになっている。
   c. 保育園に通う息子は育ち盛りで、すぐにズボンが短くなる。
   d. 幼い息子は、買って半年のズボンがもうつんつるてんになった。

これらにおいて、(32a) や (32b) では「服」や「スラックスのウエスト」が「妻」あるいは「夫」の身体に対して「小さい」または「ガバガバである」という状態に、(32c) や (32d) では「ズボン」が「息子」の身体に対して「短い」あるいは「つんつるてんである」という状態に、いずれも相対的な意味で姿を変えていく様相が表されている。

以上のように、③の用法において名詞句 X に示される衣類などの対象は、それ自体が物理的な変化を生じるものではないものの、何らかの基準と対応づけて見られることにより表現主体の視野の中で変化の動きを示すものと言える。こうした見方をとると、関係性変化用法の名詞句 X にも、用法①および用法②と同様に【変化の主体】の意味機能を担う「主体格」としての地位を認めることができると考えられる。

### 2.2.4 体験的変化用法の名詞句 X の格機能

続いて、④体験的変化用法の名詞句 X の格機能について検討する。この用法においては、現実的には時間経過に沿っての変化を生じるわけではない名詞句 X の指示対象が、それらに対する表現主体自身の印象や評価において変化したと感じられることが述べられる。この用法の例として示された表現は、次のようなものであった。

(33) a. トレーニングを重ねるうちに、最初は持ち上がらなかった100kgのバーベルが軽くなってきた。
b. 煙草をやめて少し経ち、ヤニのにおいのついた自分の部屋が臭くなってきた。
c. 前はぴったりだったジーンズのお尻がパンパンになっている。

これらの文の下線部に示される「XがYくなる」や「XがYになる」の表現は、(33a)「酸化などの影響で金属製のバーベルに重量の変化が生じる」、(33b)「外気の状況に応じて室内の匂いに変化が生じる」、(33c)「湿度の影響などからジーンズの寸法にわずかな変化が生じる」、といった現実的な変化を表すこともあり得るものではある。しかしながら、ここで意図しているのはこうした解釈ではなく、名詞句Xに指し示される「バーベル」、「部屋」、「ジーンズ（のお尻）」といった対象に関する「重さ」、「匂い」、「圧迫感」などについて、その状態や性質について規定するための外的な尺度や基準に結びつけられることなく、あくまでも経験主体の心内において、「軽い」、「臭い」、「パンパンである」といった実感的な印象や評価が、以前よりも度合いを増したものとして、あるいは以前には意識されなかったものとして生じた、という状況である。

このように、この用法の表現において問題とされる対象Xは、客体的に観察可能な変化を伴うものではない。用法④の名詞句Xに示される対象も、話者にとっての認識世界においては「変化した」と感じられるものである。ただし、ここでの検討にあたって問題としているのは、言及対象に対して観察者的な観点から何らかの意味での変化が捉えられるかどうか、という点であり、この意味においてここで問題とする対象には変化が見て取れない。用法②や③においては、言及対象となる事物それ自体に現実的な変化は生じていなくても、比較の対象となる事物を観察的に見比べた場合に何らかの客体的な指標に照らし合わせての変化を読み取ることができる。例として用法②では、比較の対象となる複数の要素間に差異が認められ、また用法③では、

比較の対象となる複数の時点においての評価基準と評価対象の関係性に相違が捉えられる。用法④では、事態の外側からこうした差異や相違を観察することが不可能である。こうした対象は表現主体の実感的認識の対象として言及されるものであるが、日本語記述文法研究会編（2009）の説明を参照すると、このように「感情や知覚の向けられる対象」は「心的状態の対象」の意味機能を担うものとして規定される（日本語記述文法研究会編 2009：43）。これに従うと、この用法の名詞句 X は、表現主体にとっての【心的状態の対象】を表す「対象格」の意味機能を担うものと考えられる。

### 2.2.5 仮想的変化用法の名詞句 X の格機能

最後に⑤の仮想的変化用法における名詞句の意味機能について検討する。この用法においては、言及対象となる名詞句 X の指示対象と、表現主体が通常それと同種の対象に想定する「ふつう」の在り方に関する認識との間で比較がなされたうえで、X の指示対象に確認された特徴的な性質が述べられると考えられる。この見方からすると、この用法の名詞句 X の指示対象も、何らかの意味での変化の認識を通じて捉えられる性質の持ち主として捉えられるものと言える。前掲の次のような例から、このことについて確認しておきたい。

(34) a. 赤ちゃん用の絵本には、大人の本と違ってかどが丸くなっているものがある。
  b. この店の料理は、どれも味つけが辛くなっている。
  c. ラグビー選手は筋肉で太ももがパンパンになっている。

上の各例は、赤ちゃん用の絵本の「かど」、ある店の料理の「味つけ」、ラグビー選手の「太もも」といった特定的な対象が、大人用あるいは一般的な書籍の「かど」、別の店の料理や家で食べる普段の食事の「味つけ」、平均的な

体型の人の「太もも」など、当該の対象に想定される表現主体にとっての標準的な値と比べた際に、「丸い」、「辛い」、「パンパンである」といった特殊な性質や状態を持つことを表す文として想定されるものである。ここにおいては、文に言及される名詞句の指示対象は、それと同種の別の（一般的な）対象に想定される標準値や平均値としての基準と比較され、評価を受けていると考えられるが、この用法の文において示されているのは「言及される対象がそのような性質を持つものとして成立している」という状態的な在り様と言える。

このように、用法⑤の名詞句 X は何らかの性質の持ち主と見なされるものと思われるが、日本語記述文法研究会編（2009）では、「形や状態、感覚によって評価づけられる性質などの持ち主としての主体」には「性質の主体」の意味機能が与えられている（日本語記述文法研究会編 2009：34）。この規定に従い、仮想的変化用法の名詞句 X については、【性質の主体】の意味機能を担う「主体格」にあたるものと考える。

## 2.2.6　各用法の名詞句の格機能に関するまとめ

以上、ここでは変化の「なる」構文の5用法に関し、それぞれにおいての名詞句の格と意味機能について検討を行った。これを通じ、①・②・③の3用法には共通して【変化の主体】の格機能が認められること、④の用法には【心的状態の対象】の格機能が認められること、そして⑤の用法には【性質の主体】の格機能が認められることが確認された。

先に当節の冒頭でも確認した通り、格とは「名詞と述語のあいだに成り立つ意味関係」について示すと考えられるものである。このことをふまえると、問題となる構文の5通りの用法については、X の項の名詞句に想定される格機能の異同に基づき、大きく3通りの意味的な分類を立てることが可能になると考えられる。その具体的な分類として、本書では用法①・②・③をまとめて「ある対象の変化」に関する意味を述べる用法群、用法④を「ある対

象への感じ方」に関する意味を述べる用法、そして用法⑤を「ある対象の性質」に関する意味を述べる用法と考えることとする。

## 2.3 各用法のアスペクトの性質について

前節では、変化の「なる」構文の5通りの用法に関し、それぞれの名詞句の格機能について検討した。続いて当節では、それぞれの用法の述部アスペクトについて検討する。問題となる構文の5通りの用法においては、その定義から当然のこととして、いずれも等しく「なる」という動詞により述部が形成されるが、それぞれの用法におけるアスペクト的意味の現れ方を観察することで、各用法における時間的局面の捉え方について見通しを得ることが可能になると考えられる。

アスペクトに関する研究では、日本語の研究においても今なお頻繁に言及されるものとして Vendler（1967）および Comrie（1976）は有名であるが、アスペクトという概念については樋口（2000）が「時代や個々の文法学者によって微妙に異なる意味で異なる用語が、定義も曖昧なままに使われるなど、混乱を招きやすい状況にあった」（樋口 2000：60）と指摘するように、様々な定義や考え方が認められる[29]。戦後における日本語アスペクト研究の流れを概略的に確認しておくと、アスペクトについて「動詞その他用言の意味する動作・作用の進行の相を示す形態の違い」と定義づけた金田一（1955）のアスペクト論に始まる研究（金田一 1950 も関連する研究として重要）の系譜から、「スル」と「シテイル」（「シタ」と「シテイタ」）の対立に注目してアスペクトを体系的に捉え直す必要性を示した奥田（1977, 1978）や、これらに基づく高橋（1985）、さらにアスペクトを「他の出来事との外的時間関係の中で、運動内部の時間的展開の姿を捉える」ものとし（工藤 1995：61）、そのテクスト機能に着目して発展的な議論を展開する工藤（1995）などの研究が、この分野における本流に位置づけられよう。こうした研究の知見は、例として、上述の奥田研究を足掛かりに形態論を重視して現代日本語のアス

ペクトを論じる須田（2010）など多くの研究に受け継がれており、現在においてもアスペクト研究は脈々とその流れを保っている[30]。

　日本語のアスペクト、また、アスペクト研究の在り方について掘り下げて論じるには、上掲のような研究の「本流」に深く足を踏み入れる必要があることと思われる。ただし、本書は変化の「なる」構文の5用法におけるアスペクトの基本的性質を捉えることを目的とするため、ここでは日本語記述文法研究会編（2007）による「アスペクトとは動きの時間的局面の取り上げ方を表す文法カテゴリーである」（日本語記述文法研究会編 2007：3）という簡潔な規定に依拠することとし、このアスペクト観に従って考察を行う。日本語の文の述部に現れるアスペクト形式には様々なものが認められ、ここにアクチオンスアルトと呼ばれる類の表現も含めるとその種類は膨大となる。それらに細やかに目を向けることは無意味ではなかろうが、本書の目的からすると、そうした膨大なアスペクト類の生起可能性や意味について網羅的に分析を行うことは、議論を必要以上に複雑にしてしまうという意味において効果的ではないように思われる[31]。前述の通り、ここでは各用法の基本的なアスペクトの性質について確認し、その異同について見通しを得ることを意図して、観察対象を絞って分析を行うこととする。

　日本語記述文法研究会編（2007）によると、「動き」と「状態」を表し分ける「スル」形と「シテイル」形の対立は「アスペクトで表し分けられる動きの取り上げ方の違いとして、もっとも基本的」なものであるとされるが、こうした見方は現在の主要な日本語アスペクト研究に共通して示されるものと言え、これらに関する分析は必須と考えられる[32]。この見方から、まずは変化の「なる」構文の各用法が、変化の展開の全体を捉えるものかについて確認すべく、【動きの展開】の意味を表す「スル」形のアスペクトを観察対象に置く。「シテイル」形には複数のアスペクト的意味が指摘され、日本語記述文法研究会編（2007）には大きく「進行中」、「結果」、「経歴」という3つの意味が挙げられている。ここでの分析においては、各用法の表現が変化の展開中の局面および変化の終了後の局面を捉え得るかどうかに着目し、前

者を【動きの進行】、後者を【動きの結果】を表すものとして、それぞれの意味における「シテイル」形のアスペクトの生起可能性について観察する。これらに加え、以前にはなかった状態が現れたという局面、また、時間経過に沿って変化が進む局面の描写の可能性にも視野を広げて、【状態の出現】の意味を表すものとしての「シテクル」形、【変化の進展】の意味を表すものとしての「シテイク」形についても観察の対象とする。

### 2.3.1 特定的変化用法のアスペクトの性質

はじめに、ここでは特定的変化用法の述部アスペクトの性質について検討する。まず、この用法の「スル」形の表現には、次のようなものが認められる。

(35) a. 幼い子供は成長が早く、すぐに体が大きくなる。
　　 b. 畑にできたトマトが、すっかり赤くなった。

(35) の例においては、(35a) 子供の体が「小さい状態から大きい状態」に、(35b) 畑のトマトが「青い状態から赤い状態」に、といった具合に、言及される対象が時間経過に従って状態を変化させる過程の全体が捉えられ、その動きの始まりから終わりまでが丸ごと表されている。これらに示されるように、用法①では【動きの展開】の意味を表す表現が適切に用いられると考えられる。

次に、「シテイル」形のアスペクトをとるこの用法の表現には、(36) および (37) のような2通りの例が挙げられる。

(36) a. 今年に入ってから夫はどんどん体重が重くなっている。
　　 b. ここ最近、妻は日に日に顔が丸くなっている。

(37)a.　結婚前に比べると、夫はずいぶん体重が重くなっている。
　　b.　去年の写真と見比べると、妻はこの1年で明らかに顔が丸くなっている。

　（36）の例においては、（36a）「どんどん」や（36b）「日に日に」といった表現に示されるように、言及対象が持続的・継続的に状態変化を進行させていることが表されていると考えられる。これに対して（37）の例では、言及対象である「夫」あるいは「妻」の体重や顔が、（37a）「結婚前」あるいは（37b）「去年」と比べて変化した、という変化の結果状態が表されている。このように、用法①の表現においては「シテイル」形のアスペクト形式によって、【動きの進行】および【動きの結果】という2通りの意味を表すことができると考えられる。
　さらに、「シテクル」形、「シテイク」形のアスペクトをとる表現について検討すると、この用法にはそれぞれ次のような例が認められる。

(38)a.　小柄だった娘も、小学校の高学年になって背が高くなってきた。
　　b.　ウエイトトレーニングを続けるうちに、だんだん腕が太くなってきた。

(39)a.　小学校に入ってから、娘は日に日に背が高くなっていく。
　　b.　日々のウエイトトレーニングの甲斐あって、どんどん腕が太くなっていく。

　「シテクル」形のアスペクトをとる（38）の表現では、言及される対象に（38a）「背が高い」や（38b）「腕が太い」といった以前とは異なる状態が認められるようになったことが述べられている。また、「シテイク」形アスペクトによる（39）の各例においては、（39a）「日に日に」や（39b）「どんどん」が示すように、時間経過に従って対象に生じた状態の変化が進展する状

況が表されている。このように、用法①においては【状態の出現】および【変化の進展】の意味を描写する表現が適切に用いられる。

　以上のように、特定的変化の用法においては「スル」形、「シテイル」形、「シテクル」形、「シテイク」形の各アスペクト形式を用いた表現によって、【動きの展開】、【動きの進行】、【動きの結果】、【状態の出現】、【変化の進展】という様々な意味の描写が可能であることが認められる。ここでの確認をふまえると、この用法では動詞の表す意味内容が多様な時間的局面から捉えられ、表されると言うことができる。


### 2.3.2　集合的変化用法のアスペクトの性質

　次に集合的変化用法の述部アスペクトについて検討する。まず、「スル」形のアスペクトの表現として、この用法には次のような例が想定される。

(40) a.　トーナメントを勝ち進むほど対戦相手が強くなる。
　　 b.　昔は丸かったテレビの画面が時代を追うごとに四角くなった。

(40)の各例においては、名詞句 X に示される連続体または集合体としての対象に生じると見なされる変化について、その以前の状態・性質から現在（あるいは任意の参照時点）の状態・性質への移り変わりとしての過程全体が、(40a)「トーナメントを勝ち進む」あるいは(40b)「時代を追う」という順序や時間の流れに沿って、ひとまとまりに捉える形で表されている。すなわち、これらの表現は【動きの展開】の意味を表すと考えられる。

　次に、この用法の「シテイル」形のアスペクトの表現には、それぞれ(41)および(42)のような例が挙げられる。

(41) a.　製造技術の発展に伴い、ノートパソコンが毎年どんどん軽くなっている。

b. 夏に向かう今日この頃、夫の靴下が普段にも増して臭くなっている。

(42) a. 数年前に流通していた同型の製品と比べると、最近はノートパソコンがずいぶん軽くなっている。
b. 以前は気にならなかったが、最近どうも夫の靴下が臭くなっている。

(41a)では新しく発売される「ノートパソコン」が以前のものと比べて軽くなるという変化、(41b)では夫の「靴下」が過去よりも臭くなるという変化が、発話の時点においても展開を続けていることが表される。このように(41)の例では、連続体や集合体としての言及対象が時間の経過に従って変化を進行させている状況が述べられている。これらの例は【動きの進行】の意味を表すものと考えられる。また、(42)の例では、発話時点で参照される言及対象の性質や状態に、以前のものと比較したうえでの変化が認められ、現在はそうした「変化後」の状態が成立することが述べられている。これらの例は【動きの結果】の意味を表すものと考えられる。

そして、「シテクル」形および「シテイク」形のアスペクトによる用法②の表現の例には、次のようなものが認められる。

(43) a. トレンドの変化に伴い、この春夏シーズンからファッション業界ではスカートが短くなってきた。
b. 加齢のせいか、最近は一段と自分の靴下が臭くなってきた。

(44) a. 我が校では、女子学生のスカートが毎年のように短くなっていく。
b. 年を重ねるごとに自分の靴下が臭くなっていく。

「シテクル」形のアスペクトをとる(43)の例では、(43a)ある業界で典型

的に認められる「スカート」や (43b)「靴下」に「以前に流行していたものより短い」、「今までよりさらに臭い」といった変化が生じ、以前とは異なる状態が認められるようになったことが述べられている。これらにおいては【状態の出現】の意味が表されていると考えられる。これに対して「シテイク」形による (44) の各例では、連続体・集合体としての言及対象に認められる何らかの変化が、時間の経過に沿って、(44a)「より短く」、(44b)「より臭く」、という具合に、さらに程度を増して進んでいく状況が表されている。すなわち、これらは【変化の進展】の意味を表すものと考えられる。

以上のように、集合的変化の用法においても「スル」形、「シテイル」形、「シテクル」形、「シテイク」形という各種のアスペクト形式による表現が認められる。ここでも用法①の場合と同様に、【動きの展開】、【動きの進行】、【動きの結果】、【状態の出現】、【変化の進展】の意味がそれぞれ自然に描写されることがわかる。

### 2.3.3 関係性変化用法のアスペクトの性質

3つめに、関係性変化用法の述部アスペクトの性質について検討する。まず、「スル」形のアスペクトをとる用法③の表現には次のような例が考えられる。

(45) a.　保育園に通う息子は育ち盛りで、すぐに<u>体操服のズボンが短くなる</u>。
   b.　夫は結婚後に目に見えて痩せ、<u>着慣れたスーツが大きくなった</u>。

(45) の各例では、(45a)「体操服」や (45b)「スーツ」などの対象が、「ちょうどよい状態」から「体に合わない状態」へと、変化認識の基準となる使用者との関係性において相対的な変化を生じる過程の全体が、「スル」形のアスペクトによって表されていると言える。これらは【動きの展開】の

意味を表すものと考えられる。
　次に、「シテイル」形のアスペクトをとる用法③の例には、(46) と (47) のような2通りの表現を挙げることができる。

(46) a.　育ち盛りの息子は背が伸びて、お気に入りだったズボンが日に日に短くなっている。
　　 b.　夫は最近どうも肉づきがよくなってきて、着慣れたスーツが徐々に小さくなっている。

(47) a.　息子はぐんぐん大きくなり、半年前に買ったズボンがすでに短くなっている。
　　 b.　うちの猫は10歳を過ぎて太り出し、ぴったりだった首輪が今ではすっかり小さくなっている。

(46) の例においては、(46a)「息子」や (46b)「夫」に継続的な変化が生じることに伴って、これらの人物の身体サイズと着用される「スーツ」や「ズボン」の対応性に生じる変化が継続的に進んでいることが述べられている。このように、ここにおいては「シテイル」形のアスペクトによって【動きの進行】の意味が表されると考えられる。(47) の例では、(47a)「息子」や (47b)「うちの猫」の身体サイズに変化が生じたことで、これらに対する「ズボン」や「首輪」の相対的な大きさが変化したと捉えられ、その結果としての状態が表されていると言える。これらの表現は、いずれも「シテイル」形のアスペクトによって【動きの結果】の意味を表すものと考えられる。
　さらに、この用法においては「シテクル」形および「シテイク」形のアスペクトをとる例として、次のような表現も認められる。

(48) a.　娘は成長期のようで、小学校の体操服が小さくなってきた。
　　 b.　妹は少しずつ背が伸びているらしく、制服のスカートが短くなっ

てきた。

(49) a. 娘は小学校に入って体が大きくなり、日に日に自転車が小さくなっていく。
b. 姉は高校生になっても背が伸び続けているようで、日に日に制服のスカートが短くなっていく。

「シテクル」形の述部をとる（48）の表現では、（48a）「体操服」や（48b）「スカート」の指示対象と、着用者である「娘」または「妹」のサイズにおいての対応性に変化が生じたと認められる様子が述べられている。ここでは、【状態の出現】の意味が表されていると考えられる。また、（49）の各例では「シテイク」形の述部により、（49a）「自転車」や（49b）「スカート」が使用者との対応関係において変化を進行させる状況が表されている。これらの例においては【変化の進展】の意味が表されている。

以上のように、関係性変化の用法においては、「スル」形、「シテイル」形、「シテクル」形、「シテイク」形という各アスペクトによる表現が、ここで意図される適切な意味を表すものとして想定される。この用法においても、用法①および用法②の場合と同様に、【動きの展開】、【動きの進行】、【動きの結果】、【状態の出現】、【変化の進展】という様々なアスペクト的意味の描写が可能であると考えられる。

## 2.3.4 体験的変化用法のアスペクトの性質

4つめに、体験的変化用法の述部アスペクトの性質について検討する。まず、「スル」形の述部をとる用法④の表現には、次のような例が考えられる。

(50) a. 大人になるとビールがおいしくなる。
b. トレーニングの成果か、100kgのバーベルがすっかり軽くなった。

(50) の各例では、いずれにおいても「なる」という動詞が (50a)「ビールがおいしく感じられる状態」や (50b)「100kg のバーベルが軽く感じられる状態」への実感としての変化を表し、この意味においての変化が時間経過に伴って展開する過程の全体が表されている。これらに示されるように、この用法では「スル」形のアスペクトによって【動きの展開】の意味を表す表現が可能となる。

　次に、体験的変化用法における「シテイル」形のアスペクトの表現について、(51) および (52) の例を通じて確認を行う。まず、(51) の各例について検討したい。

(51) a.　#社会人になってから、少しずつビールがおいしくなっている。
　　 b.　#最近だんだん 100kg のバーベルが軽くなっている。

これらの表現に対しては、「ビールに改良が加えられて徐々に味が向上している」(51a)、あるいは「もともとは 100kg あったバーベルの質量が何らかの要因で軽くなっている」(51b) といった意味での解釈は (現実的な出来事として経験されるかどうかは別としても) 自然に導かれると考えられる。ただし、これらは用法④の解釈として【動きの進行】を表すものとしては解釈しにくいのではなかろうか。この見方については意見が分かれる可能性もあるが、参考として複数の日本語母語話者に意見を聞いてみると、「ビールがおいしいと感じられる状態への変化が進行している」あるいは「バーベルが軽いと感じられる状態への変化が進行している」ということを表そうとする場合には、「社会人になってからビールがおいしくなってきた」や「トレーニングを積むうちにバーベル軽くなってきた」のように「シテクル」形のアスペクトを用いるのが自然である、という意見が優勢であった。これをふまえると、この用法の「シテイル」形の表現は【動きの進行】を表すものとしては用いられにくいと考えられる。次に (52) のような例について見てみると、これらは (52a) ビールがおいしくなったように「感じられる」こ

と、(52b) ベンチプレスが軽くなったように「感じられる」こと、といった意味を表す文として自然な解釈が与えられるものと思われる。

(52) a. 前まで苦いだけだったビールが、気づけばおいしくなっている。
　　 b. トレーニングの成果か、100kgのバーベルがすっかり軽くなっている。

これらの例では、「ビールがおいしいと感じる状態への変化が成立していた」、あるいは「100kgのバーベルを軽く感じる状態が成立していた」というように、変化結果の状態が成り立っていることが述べられていると言える。こうしたことから、この用法の表現においても【動きの結果】の意味は適切に表されると考えられる。

　最後に、「シテクル」形と「シテイク」形のアスペクトによる用法④の表現の適切性について確認する。まず、「シテクル」形の述部をとる (53) の例を参照したい。

(53) a. 社会人になってから、徐々にビールがおいしくなってきた。
　　 b. 最近、だんだん100kgのバーベルが軽くなってきた。

先に (51) の例との関連からも触れたように、ここに示されるような表現においては、発話の主体にとって言及対象に対する感じ方の変化が生じたことが適切に表されていると考えられる。このように、体験的変化の用法においては「シテクル」形のアスペクトによって【状態の出現】の意味を表す表現が適切となる。次に「シテイク」形の述部をとる (54) のような例について検討したい。

(54) a. ?社会人になってから、少しずつビールがおいしくなっていく。
　　 b. ?トレーニングの成果か、だんだん100kgのバーベルが軽くなって

いく。

　これらの表現は、例として「社会人になるとビールがおいしくなっていくものだ」や「トレーニングを積むとバーベルが軽くなっていくものだ」というように、経験した事柄を後から振り返って一般論的に語るような場合においては、変化が進む様子を述べるものとして理解可能かもしれない。ただし、(54) のように無標的な「シテイク」形の文によって、対象に対する表現主体の実感や印象の変化が進展する、という意味を表そうとすると不自然に感じられる。こうした内容を述べるには、やはり (53) のように「シテクル」形の述部が用いられるのが一般的ではなかろうか。この見方から、用法④においては「シテイク」形のアスペクトによって【変化の進展】の意味を表すことは難しいと考えられる。

　以上を整理すると、体験的変化用法においては「シテイル」形による【動きの進行】の意味および「シテイク」形による【変化の進展】の意味を表す表現は不自然なものとなり、この用法において自然に述べられるのは「スル」形による【動きの展開】の意味、「シテイル」形による【動きの結果】の意味、「シテクル」形による【状態の出現】の意味の表現に限られると考えられる。このように用法④の表現には特有のアスペクト制約が認められるが、この制約は用法④の表現において、述部に示される「動き」としての変化の意味が、事態の成立後の視点から捉えられるものであることによると考えられる。

## 2.3.5　仮想的変化用法のアスペクトの性質

　最後に仮想的変化用法の述部アスペクトの性質について検討する。まず、(55) の例に示されるように、「スル」形のアスペクトによる表現は用法⑤の意味を表すものとしては用いられない。

(55) a. #書写用の鉛筆は、ふつうの鉛筆とは違って芯が太くなる。
　　 b. #赤ちゃん用の絵本は、大人の本と違ってかごが丸くなる。

(55a, b) のような文は、例として特定の種類の鉛筆において「芯の太さを自由に変えることができる」(55a) といったことや、赤ちゃん用の絵本は乱暴に扱われやすいため「かごがつぶれて丸くなってしまう」(55b) ということなど、実際の変化の意味を表すものとしては容認可能かもしれない。また、これらについて「ふつうの鉛筆と見比べると、書写用の鉛筆には芯が太いという違いが認められる」や「大人の本と見比べると、赤ちゃん用の絵本にはかごが丸いという違いが認められる」といった認識をもとに、用法②の意味を意図する用い方は可能にも思われる。しかしながら、上に挙げたような「スル」形の述部の文は、用法⑤の意味を表すものとは解釈できない。このように、仮想的変化用法においては【動きの展開】の意味を表す表現は想定不可能と言える。

　次に、「シテイル」形のアスペクトによる２種類の表現について検討すると、この用法においては【動きの進行】の意味を表す表現は想定できず、【動きの結果】の意味を表す表現のみが適切となると考えられる。このことは (56) および (57) の例 (再掲) に示される。

(56) a. #書写用の鉛筆は、どんどん芯が太くなっている。
　　 b. #赤ちゃん用の絵本は、日に日にかごが丸くなっている。

(57) a. 　書写用の鉛筆は、ふつうの鉛筆とは違って芯が太くなっている。
　　 b. 　赤ちゃん用の絵本には、大人の本と違いかごが丸くなっているものがある。

これらに関して、(56a) を「書写用の鉛筆の芯」が「以前よりも太い」という状態に変化していることを述べるものとして（そうした事態が現実的に生

じるかどうかは別ではあるが)、あるいは、(56b) を「赤ちゃん用の絵本のかどが」が「つぶれて丸い」という状態に変化していることを述べるものとして、現実的な変化の意味で解釈することは可能である。また、これらは「消費者の要望に応じて書写用の鉛筆がどんどん芯の太いものに取って代わっていく」というような状況や、「赤ちゃんがけがをしないように配慮して最近の絵本はかどが丸いものが増えている」というような状況について言い表す文としても適切に解釈されるものと思われる。ただし、これらを用法⑤の意味を表す文として解釈することは不可能であると言え、この用法では「シテイル」形のアスペクトを伴って【動きの進行】の意味を表す表現は適切とはならないと考えられる。

上記に対して、言及される対象の属性を何らかの意味での変化の結果状態として述べるものと考えられる (57) のような文は、用法⑤に想定される意味を表す適切な表現として成り立つものとなる。これらにおいては「シテイル」形の述部により、「書写用」の鉛筆や「赤ちゃん用」の絵本といった特定的な対象に認められる特徴的な性質が表される。これらに示される通り、この用法においては【動きの結果】の意味を表す表現が適切となると考えられる。

ここで注意すべきとして、この用法の【動きの結果】の表現においては、「もう」や「以前よりも」といった時間経過に関する意味を表す表現を共起させることが不可能である。すなわち、この種の表現においては時間の経過に従っての動きのプロセスは捉えられず、発話時点における対象の在り方としての状態が述べられるのみと考えられる。これを考慮すると、ここで問題とするタイプの表現は【動きの結果】というアスペクト的意味を表す「シテイル」形の表現ではなく、単に対象がどのような状態であるか、ということを述べる「シテイル」形の文と考えられるかもしれない。実際に日本語記述文法研究会編 (2007) は、この例となる「お皿の縁が丸くなっている」などの「シテイル」形表現に関し、これらは「シテイル形をとって状態動詞として働いており、動きを表すわけではないので、アスペクトはもたない」と述

べている（日本語記述文法研究会編 2007：34）。この問題に関わる議論として、寺村（1984）は「財布が落ちている」のような文における「テイル」が「結果の状態」というアスペクト的意味を持つ表現に分類される「ある時間の軸に沿って変化、展開していく物・事のありようの一局面を捉えたもの」であるのに対し、ある人物の属性について「あの人は太っている」のように言う場合の「テイル」を「他者と比較してのありかた」を描くものと捉え、この後者のような「共時的な相違」を述べるものを「形容詞的」な表現として、アスペクト的な「テイル」の表現と区別している（寺村 1984：135-144）。また、工藤（1995）は「この道は曲がっている」のような文における「シテイル」を派生的な意味として「拡大アスペクト・テンス体系」に位置づけている。ここでは、問題となる「シテイル」の用法は「もはや時間の中での展開性を話題にしなくなって、ものの性質や、空間的配置関係をとらえるもの」とし、これを「脱アスペクト化」した「単なる状態」の意味を表すものとしている（工藤 1995：38-44）。仁田（2009）も基本的にこれと同様の見方を示し、問題となるタイプの表現の意味について「動きの契機を持たず単に状態を表す」もの、すなわち「単純状態」としたうえで、これについて「テイル形のアスペクト的意味の一つとは認めていない」と述べている（仁田 2009：264-267）[33]。

　以上のことをふまえると、問題となる表現に【動きの結果】のアスペクト的意味をあてるのは妥当ではないという指摘が予想される。ただ、先に2.1.5でも述べたように、この用法の表現は対象の属性を表すのに「シテイル」形をデフォルト的に用いる「太っている」や「痩せている」などとは少し異なるものとも考え得ることに注意を向けられたい。(57a)のような表現を例にとると、ここに表されるような対象の属性を単純な状態として述べるには「書写用の鉛筆は芯が太い」のような形容詞文が可能であるにもかかわらず、あえて「なっている」という表現を用いる点が重要である。寺村（1984）は、前述の「財布が落ちている」のような文には過去に生じた出来事の「痕跡」であるという解釈が求められることを指摘し、こうした表現の成立には

「'ふつうでない'状態」という状況が求められるとしているが、これらは変化の「なる」構文の用法⑤の表現にも認められる特徴である。さらに寺村 (1984) は、上記の表現とは違って「'ふつうの'状態」を述べる「電灯がついている」のような表現が「シテイル」の形容詞的な使い方に近づいているのではないか、という見方を示しているが、これは裏を返せば「'ふつうでない'状態」を述べる用法⑤の表現に「結果の状態」の表現としての地位が与えられる、あるいはその余地が認められる、ということを示すものではないかと考えられる（ここでの議論に関しては寺村 1984：135-137 参照）。こうしたことも視野に入れ、本書では問題となる仮想的変化用法の表現について、特殊な形で【動きの結果】のアスペクト的意味を表すものと考えることとする[34]。

　ここで上記のことを簡単にまとめておくと、用法⑤においては「シテイル」形の述部によって【動きの結果】の意味が表されるものの、【動きの進行】を表すことはできないと考えられる。そして、この用法ではまた、「シテクル」形および「シテイク」形のアスペクトをとる表現によっても、想定される意味を表すことができないと考えられる。このことについて (58) と (59) の例から確認したい。

(58) a.　#書写用の鉛筆は、芯が太くなってくる。
　　 b.　#赤ちゃん用の絵本は、かごが丸くなってくる。

(59) a.　#書写用の鉛筆は、芯が太くなっていく。
　　 b.　#赤ちゃん用の絵本は、かごが丸くなっていく。

これらの例は、名詞句 X の指示対象に現実的な変化が認められる、ということを表す表現としては適切に用いられるものと言える。ただし、これらは用法⑤に想定される意味を表すものではない。このように、この用法においては「シテイク」形および「シテクル」形のアスペクトによって【変化の進

展】や【状態の出現】の意味を表す表現は認められない。

　以上のように、仮想的変化用法の意味は、【動きの結果】の意味を表す「シテイル」形のアスペクトのみにおいて適切に成り立つものと考えられる。用法⑤の表現には、他の用法と比べ、述部のアスペクト形式と意味機能に関して特に強い制約が認められる。先に確認された通り、④の体験的変化用法には「述部に述べられる動きの意味を事態の成立後の視点から捉える」という条件が求められると考えられるが、⑤の仮想的変化用法には「動きの結果状態の局面のみが言及対象として焦点化される」という強い縛りが伴うと言える。

## 2.3.6　各用法のアスペクトの性質に関するまとめ

　当節では、変化の「なる」構文の5用法のアスペクトに関する性質について観察と分析を行った。ここで当節の検討から得られた見通しについてまとめておく。

　まず、用法①・②・③には共通の性質が認められ、これらにおいては【動きの展開】、【動きの進行】、【動きの結果】、【状態の出現】、【変化の進展】というそれぞれのアスペクト的意味がいずれも適切に表されることを確認した。これらの3つの用法は、動詞の表す意味内容を、上記のような様々な時間的局面から捉えて表すものと言える。これらに対し、用法④の表現において表されると考えられるのは、【動きの展開】、【動きの結果】、【状態の出現】の3つの意味であることが示された。この用法のアスペクトには、述部に表される動きの意味を事態の成立後の視点から捉えて表す、という性質が指摘される。さらに、用法⑤の意味を表す表現のアスペクトには、用法④以上に強い制約が認められ、ここで適切に表されるのは【動きの結果】の意味のみであることが確認された。この用法で言及の対象になるのは、述部に示される動きの結果状態の局面のみであると考えられる。

　ここでの検討から、前節で確認した名詞句の格機能の異同と同様に、各用

法のアスペクトに関する性質にも大きく 3 通りの分類が立てられる。簡単にまとめると、用法①・②・③は、動きの意味を多様な時間的局面から捉えることを許容するのに対し、用法④および用法⑤には、焦点化され得る局面に限定性が認められる。

## 2.4　第 2 章のまとめ

　本章では、まず、変化の「なる」構文の 5 用法の意味について規定を行ったうえで、各用法の事例の参照を通じ、それぞれの語彙的性質について検討した。ここでの検討をふまえ、問題となる 5 用法は、それぞれが構文の単位で異なる内容を指し示す、異なる意味の表現として区別されるものと考えられることを確認した。

　2.1 節での確認をふまえ、用法①から用法⑤の意味と語彙的性質について改めてまとめておく。まず、用法①の表現については「個体レベルでの特定的な対象の変化」を表す「特定的変化」の用法とした。この用法の表現においては、Y の項にイ形容詞やナ形容詞、名詞やオノマトペ由来の形容詞的表現を含めた様々な語彙項目が用いられ、「X が Y くなる」および「X が Y になる」の形式によって、物体としての対象や人間、場所、事柄などに関する多様な表現が認められることを示した。2 つめに、用法②の表現について、これを「集合体レベルでの複数の対象間の変化」を表す「集合的変化」の用法とした。ここにおいても用法①の場合と同様に、イ形容詞、ナ形容詞、名詞、オノマトペに基づく表現など様々な形容詞類の生起が認められ、物体、人間、事柄、場所などに関する「X が Y くなる」および「X が Y になる」の形式の豊富な例が確認された。3 つめに、用法③の表現については「特定的対象と基準との関係性の変化」を表す「関係性変化」の用法とした。この用法においては Y の項に用いられる形容詞類に特有の制約が認められ、客体的に捉えられる複数の対象間の関係について述べるもののみが適格となり、ここでは「X が Y くなる」または「X が Y になる」のいずれの形式をとる

際にも、事態の経験者の内面的評価を表すような語彙項目を用いた文には有標性が伴うことが示された。4つめに、用法④の表現は「特定的対象に対する主体の実感の変化」を表す「体験的変化」の用法とした。この用法の表現においては、表現主体と名詞句 X の指示対象の相対的関係性に関する事柄について述べる表現のみが適格となり、絶対的な意味を表す傾向が強い形容詞類を用いた表現が認められにくい点に特徴が指摘された。用法⑤については「特定的対象の基準値からの仮想の変化」を表す「仮想的変化」の用法とした。この用法においては、感情・感覚形容詞による表現は生産性が高いものとは言えないが、イ形容詞やナ形容詞、名詞やオノマトペ由来の表現を含めた様々な語彙項目が用いられ、「X が Y くなる」および「X が Y になる」の形式によって、物理的対象や人間、場所、何らかの事柄などについて述べる様々な表現が認められることを確認した。

　以上に加え、本章では各用法の文法的性質に関する確認を意図し、名詞句の格機能およびアスペクトの性質についても検討を行った。2.2での検討についてまとめると、用法①・②・③には共通して【変化の主体】の格機能が認められること、用法④には【心的状態の対象】の格機能が認められること、そして用法⑤には【性質の主体】の格機能が認められることが確認された。2.3では、各用法のアスペクトについて検討した。まず、用法①・②・③には共通の性質が認められ、これらにおいては【動きの展開】、【動きの進行】、【動きの結果】、【状態の出現】、【変化の進展】というそれぞれのアスペクト的意味がいずれも適切に表されることを確認した。こうした3つの用法は、動詞の表す意味内容を、上記のような様々な時間的局面から捉えて表すものと言える。これらに対し、用法④の表現において表されると考えられるのは、【動きの展開】、【動きの結果】、【状態の出現】の3つの意味であることが示された。この用法のアスペクトには、述部に表される動きの意味を事態の成立後の視点から捉えて表す、という性質が指摘される。また、用法⑤の意味を表す表現のアスペクトには、さらに強い制約が認められ、ここで適切に表されるのは【動きの結果】の意味のみであることが確認された。この用法で

言及の対象になるのは、述部に示される動きの結果としての状態の局面のみであると考えられる。これらを通じ、変化の「なる」構文の5用法には、名詞句と述部の意味的関係、また、述部の動詞に表される動きの局面の捉え方に関し、大きく3通りの分類が立てられることが示された。各用法間の異同について概観的に確認しておくと、用法①・②・③には上記の各性質について共通性が認められ、用法④および用法⑤には、それぞれ異なる性質が指摘された。

本章で確認されたように、変化の「なる」構文の5通りの用法は、その文法的性質において部分的に重なりを示しながら、それぞれが異なる意味を表す表現として区別されるものと考えられる。そのうえで、用法①から用法⑤の各表現は、いずれも日本語の日常的な言語使用の場面で自然に用いられるものと言え、これらは変化の「なる」構文に結びつく5通りの慣習的な意味が具現化されたものと考えられる。

以上の確認を経て、次に問題となるのが、変化の「なる」構文の5用法間に意味的な関連性が認められるかどうか、ということである。第3章ではこの問題について検討を行う。

## 注

[1] ただし、加藤（2013）などは、ある観点においては形容詞的と言えるものを安易に形容詞の類として規定することに問題を提起している。形容詞そのものの実態について掘り下げて論じるうえではこうした見方にも視野を拡げる必要がある。このことに関しては、合わせて加藤（2015）も参照されたい。また、認知言語学の観点から形容詞と形容動詞のカテゴリーについて論じる上原（2002）の議論も、この問題についてさらに掘り下げて検討するうえで重要である。

[2] 言うまでもなく、これらの表現および佐藤（2005）の考察は、さらに視野を広げて現代日本語の「なる」表現の研究を進めるうえで非常に興味深く、重要なものである。本書においては変化の「なる」構文の多義性を問題とするため、これらについては（単純状態を表すナッテイルについて第5章で参照するのを除いて）扱わないが、今後の研究の展開において佐藤（2005）の考察事例と議論は重要である。

[3] 「特定的変化」という呼び方は問題となる用法の特徴を具体的に捉えるものではないかもしれないが、本書では当該用法の「通称」としてこのように呼ぶこととする。なお、他の各用法についてもこれと同様の立場をとるものと理解されたい。

[4] 引用文については 2019 年 5 月 28 日に最終確認。

[5] 引用文については 2019 年 5 月 28 日に最終確認。

[6] 引用文については 2019 年 5 月 28 日に最終確認。

[7] 引用文については 2019 年 5 月 28 日に最終確認。

[8] 引用文については 2019 年 5 月 28 日に最終確認。

[9] 引用文については 2019 年 5 月 28 日に最終確認。

[10] (14c) のような表現が可能であることは、本書のもととなる博士論文の構想段階において、大森文子先生からご教示を頂いて気づいたものである。貴重なご指導を下さった大森先生にお礼を申し上げたい。

[11] 山梨 (2000) は、ここで問題とする用法の表現と同種の「スカートがだんだん短くなってきた」や「この頃「平家物語」が面白くなってきた」などの文について、主体の変化を主体と相互作用する対象の変化として述べるものとして言及している（山梨 2000：137-139 参照）。また、定延 (2006a) は、話者が乗った船が陸地から離れた際に発せられるものとしての「陸地が遠ざかった」のような表現と並べて、「服が小さくなった」という文に言及している。定延 (2006a) の説明では、これらは「自己中心的」な感覚に支えられた「体験表現」の例となる（定延 2006a：54-55 参照）。

[12] 徐珉廷先生によると、この種の表現は韓国語にも認められるものの、韓国語の対応表現においては述部に動詞「なる」とアスペクトの組み合わせに対応する形式が用いられず、形容詞言い切り形に当たるような言い回しが用いられ、この点に日本語との相違が認められるとのことである。また、Jiří Matela 先生によると、チェコ語においても同種の表現は認められるが、こうした変化表現の用い方がなされる際には「言い訳」めいたニュアンスを伴う表現となり、言及される事態に対して話者自身には責任がないことを強調するような伝達効果が意図されるように思われるとのことである。ここで問題とするタイプの表現は日本語以外にも広く認められるものと思われるが、上記のような意見を参考に、この種の表現の形式、意味、運用について類型論的に考察を行うことは興味深い課題の 1 つである。ご親身にご意見を寄せてくださった徐先生、Matela 先生にお礼申し上げたい。

[13] この種の表現に伴う「非字義性」は、言語の習得過程にある幼い子供にとっても興味深いものであるらしい。本書の「はじめに」においても触れた件であるが、筆者の次女は 2016 年 9 月（当時 5 歳 6 ヶ月）、入浴後にパジャマを着る際に「小さくなるパジャマの

不思議」に悩まされていた。このことは、「正しい言葉の使い方」について特に教育を受けていない幼児にとっても「XがYくなる」や「XがYになる」の基本的な意味は「対象に生じた現実的な変化」であることを示唆していると思われる。

[14] 引用文については 2019 年 5 月 28 日に最終確認。
[15] 引用文については 2019 年 5 月 28 日に最終確認。
[16] 引用文については 2019 年 5 月 28 日に最終確認。
[17] 引用文については 2019 年 5 月 28 日に最終確認。
[18] 引用文については 2019 年 5 月 28 日に最終確認。
[19] (17) の文に対しては、ごく少数ながら「理解可能」という母語話者が認められたため、完全に不適切な文という評価は与えていない。ただし、筆者が意見を聞いた日本語話者の圧倒的多数から、これらの表現には不自然さが感じられる、という反応が示された。
[20] 『デジタル大辞泉』参照。なお、複数の語義が確認された語について、ここでの検討に直接的には関係がないと思われる語義は省略している。
[21] 加藤 (2013) の言を借りれば、(26) のような表現は主観的な知覚の相対化を許すもの、つまり「主観分化」によって評価の相対性を表すものであり、評価者によって変わり得る相対性や変異を伴う要素について述べる表現と考えられる（加藤 2013：284-293 参照）。
[22] 関連する話題として篠原 (2019) の第 9 章（特に 9.3 から 9.5）に興味深い議論が展開されている。
[23] 引用文については 2019 年 5 月 28 日に最終確認。
[24] 引用文については 2019 年 5 月 28 日に最終確認。
[25] 引用文については 2019 年 5 月 28 日に最終確認。
[26] 引用文については 2019 年 5 月 28 日に最終確認。
[27] 問題とする構文の格に関する議論として、本書の考察対象の 1 つである「XがYになる」形式の表現のうち、名詞由来の語に基づくものは、その成り立ちからして、伊藤 (2006, 2007, 2008) に「イメージ・スキーマに基づく格パターン構文」として論じられる表現のうち【着点的-変化】構文の例とされる表現に相当するものと考えることも可能に思われる。変化の「なる」構文に関し、Yの項にナ形容詞やオノマトペ由来の表現を用いるものや、同様の意味を表すと考えられる「XがYくなる」形式の表現が伊藤 (2006, 2007, 2008) の枠組においてどのように扱われるのか、という問題は興味深い。
[28] 参考として、森山 (2002) の第 2 章では日本語の格について論じられているが、ここでは格の観点から文学的な表現に関する検討がなされており、文法と意味と表現性の関係

について考察するうえで興味深い示唆が得られる。

[29] 樋口・大橋（2004）は認知文法的観点から、アスペクト（相）とは「基本的には動詞の使用における意味イメージとしての捉え方（construal）の区別である」としたうえで、「時間の流れにおける動詞の意味イメージを大別」し、「〈変化が認識できる事態（perfective）〉」と「〈変化が認識できない事態（imperfective）〉」に分ける、というアスペクト観を示し、こうした認知文法的見方によってアスペクトの「輪郭がつかみやすくなったと言えるだろう」と述べている（樋口・大橋 2004：57-60）。

[30] ここに挙げたものに加えての重要な研究として、森山（1988）は「動きの質的変化を表す点」としての「時定項」の考え方を提案し、これによって動詞の意味を詳細に分析したうえで、動詞句に生じる副詞的成分にも視野を拡げ、総合的な観点から日本語におけるアスペクト的意味の記述を行っている。

[31] 寺村（1984）は日本語のアスペクトについて「事象をある幅、プロセスの中のどういう位置にあるかを表そうとする形式」（寺村 1984：117-118）としたうえで、これを「動詞の活用形」に相当する「一次的アスペクト」（スル／シタ）、「動詞のテ形に後接する補助動詞」に相当する「二次的アスペクト」（シテイル／シテクルなど）、「動詞の連用形に後接する補助動詞」に相当する「三次的アスペクト」（シハジメル／シツヅケルなど）に分類し、特に上記の「三次的アスペクト」に関しては「結びつく本動詞の種類が相当な数になるものから、極めて限られたものにしか付かないものまで、文法形式の度合いに大きな開きがあり、種類や数の限定もむつかしい」と述べている（寺村 1984：118）。

[32] 日本語のアスペクトの中でも、「シテイル」形は鈴木（1957）、藤井（1966）、高橋（1969）、吉川（1973）など、金田一（1950）に端を発する研究の系譜において特に大きな注目を受け、近年においても認知文法の立場による樋口（2000）や樋口・大橋（2004）、機能文法の立場による高見・久野（2006）、メンタル・スペース理論の立場による井元（2012）などを含め、様々な理論的立場から議論の対象とされている。

[33] 「～なっている」の表現に関する考察とは異なるが、高橋（2003）は「とにかく主人はかわっている」のような表現を「ものごとの特徴をあらわす動詞」の表現として挙げている（高橋 2003：99）。また、「S字型に曲折した道」のような文は「デキゴトでなく、状態や性質をあらわす」表現として挙げられているが、これらはアスペクトとテンスの意味を失って形容詞的な性格に傾いたものであるという見方が示されている（高橋 2003：269-271）。他方、高見・久野（2006）はここに挙げた先行研究とは異なり、「山田は鼻がとがっている」のような表現においては当該の人物の出生時点に形成された状態が現在にまで及ぶことが表されると考えられることを示しつつ、問題となるタイプの

表現を「結果継続の解釈（またはその派生形）」（高見・久野 2006：115）と考えるべきという見方を示している。高見・久野（2006）の発想は、筆者の考え方と全く同じというわけではないが、従来の見方においては単純状態を表すとされてきたタイプの表現にアスペクト的意味を認める可能性を示すものであり、この点において本書と共通性を持つものである。

[34] 認知言語学の分野では岡（2001）が「シテイル」形を一時的アスペクトとして認めないという立場を示している。さらに注目すべきとして、定延（2006b）は「ている」の文に具体性が強く求められることを示したうえで、この点については「観察可能性」の観点から説明が与えられるべきことを指摘している。こうした例を含む言語現象の観察から定延（2006b）が導いているのは、現代日本語の「シテイル」形はアスペクトではなく「エビデンシャル」である、という見解である。本書では定延（2006b）の主張について綿密に検証を行う余裕はなく、「シテイル」形をエビデンシャルの表現と見なすべきかについて断定的な判断を下すには至っていないが、変化の「なる」構文の用法⑤の表現を見るにつけ、定延（2006b）の指摘には妥当性が感じられ、この問題については今後の検討が必要であると考えている。こうした課題への取り組みにあたっては、言語の実際の姿を細やかに捉えていくことが重要に思われるが、この点において「ている」の関連表現にも視野を広げて多角的な観点から詳細に論じる江田（2013）の研究姿勢は参考となる。

# 第3章 変化の「なる」構文の5用法の多義的関係

　第2章では、変化の「なる」構文の5通りの用法に関し、それぞれが異なる意味を表す表現として区別されるものであること、また、各用法の語彙的性質や文法的性質には違いが認められることを確認した。こうしたことから、日本語における変化の「なる」構文は5通りの異なる慣習的意味を持つ構文であると考えることができる。以上の見方をふまえつつ、本章では、「なる」構文の5用法は「事物や状況に対する同じ捉え方」として規定されるスキーマ的な知識構造を共有すると考えられ、この観点から多義的な関係にあると言えることを確認する。さらに本章では、各用法の表現の意味は上記のようなスキーマ的知識構造が用法ごとに異なるレベルの概念化を通じて具現化されたものである、と考え、それぞれの概念化レベルに想定される認知的な意味での「視野」を変化の「なる」構文に関する「概念化のフレーム」として規定したうえで、各用法を意味構築の前提となる概念化フレームの異同に応じて分類する。ここでの検討を通じ、問題となる構文の5用法の意味的関係に本書なりの見通しを与える。

## 3.1　事態の「捉え方」と言語表現の形式について

　本章での考察課題を念頭に、ここで始めに参照しておきたいのが、言語の表現形式には事物に対する人間の「捉え方」が反映される、とする本多（2013）の主張である。このことに関し本多（2013）は、現実的には火を使

わないはずのIH調理器の操作について述べる際に「強火」や「火力」などの表現が用いられること、また、テレビのリモコンによってチャンネルを切り替える際に「チャンネルを回す」と述べられるようなことを例に挙げている。その説明によると、IH調理器は火を使うものではないが「加熱によって調理を行うもの」という点においてはガスコンロのような火を使う調理器具と同じであると言える。また、リモコンを通じてのテレビの操作はチャンネルを回す動作とは異なるものであるが「見る番組を切り替えること」という点においては同じであると見なされる。つまり、上に示されたような例においては「事物が人間にとって持つ意味が同じ」であるという捉え方に基づき、厳密には言及対象となる事物や場面を字義的に表すものとは言えないような言語表現が、問題となる状況について述べる適切な言い回しとして用いられる、というわけである（本多 2013：135-144）。

　上のような現象の観察を通じ、本多（2013）は言語の表現形式と事物に対する捉え方の関係について次のように述べている。

　　指し示す事物が違っていても、同じような捉え方がされれば、同じ
　　表現が使われることがある。

（本多 2013：143）

　本書はこの見方に依拠し、変化の「なる」構文の5用法は各々が異なる内容を指し示すものであるが、その成立背景に「同じような捉え方」を共有することにより同じ表現形式を示すものである、と考える。こうした「同じような捉え方」は、変化の「なる」構文の5用法に通底する抽象的な認知構造として機能すると考えられるものである。このように考えると、変化の「なる」構文の5用法は共通の認知構造によって関連づけられる多義的な関係にあるものとして捉えられることになる。

　補足しておくべきとして、ここで言う「捉え方」とは、個々の言語主体が何らかの事物や状況に遭遇し、これについて具体的な言語表現によって述べ

る場面で生じる「現場的な反応」そのものを指すものではない。本書が問題とする捉え方とは、言及対象となる事物や状況を言語的に具現化するうえで「型」となるような、日本語の言語化システムを支える慣習化された構図を指すものである。これを前提に、本書において「表現主体」および「捉え方」という際には、個別的な事態の経験者としての表現主体や、その現場的な認知の反応を問題とするのではなく、基本的には日本語の言語体系の成立を支える公共的な意味での「表現主体」と「捉え方」を問題にするものと理解されたい[1]。そのうえで本書は、変化の「なる」構文に想定される各用法の意味について、それぞれ異なる事物や状況を、抽象的な知識構造としての「スキーマ」(schema) を通じて捉えることによって具現化されるものと考える。

　スキーマとは、もとは哲学や心理学の分野に起源を持つと考えられる概念で、概略「あるものや事象に関する過去の経験に基づく知識をより抽象化・構造化して一つのカプセルに納めたもの」であり、「知識構造の「鋳型」のような抽象的な集合体」というように説明されるものである（河上編著 1996：40 参照）。スキーマという概念の解釈や適用には様々な立場が認められるが、Langacker の認知文法においては、スキーマは特定の言語的カテゴリーを形成する複数の成員に共有される要素を抽象化・概略化して表示したものとして規定される。これに関して Langacker (2008) は次のように説明している[2]。

Schemes emerge from expressions through reinforcement of the commonalities they exhibit at some level of abstraction. Or to phrase it more accurately, they arise within expressions, as reccuring aspects of the processing activity that constitutes them.

(Langacker 2008: 219)

本書はスキーマという用語をこれに倣った意味で、つまり「あるカテゴリー

の成員に共通する要素の抽象的な表示」といった意味合いで用いることとする。そのうえで、ここでは現代日本語の格の体系化について論じる菅井（2005）の発想を参考とし、変化の「なる」構文のスキーマについて「イメージ・スキーマ」（image schema）の概念を援用しての規定を試みる。次節においては、この見方に基づく変化の「なる」構文のスキーマを提案したうえで、これによって各用法の表現がどのように具現化されるかについて検討する。

## 3.2 変化の「なる」構文のスキーマと事態概念について

　先に触れたイメージ・スキーマとは、簡単に言うと「私たちの身体の構造に基づくさまざまな経験を構造化したものであり、言語・文化にとらわれない普遍性を持つ認知の構造」（河上編著 1996：47）というように説明されるものである。Johnson（1987）およびLakoff（1987）に提起されたイメージ・スキーマの発想は、特に認知言語学の分野において、メタファーや多義などを含む様々な言語現象の説明に頻繁に用いられる重要概念の１つである。とりわけこれについて深く論じるJohnson（1987）の論によると、イメージ・スキーマとは身体を介しての具体的な経験を通じて得られる前概念的な構造であり、事物に対する概念化や推論を可能にするもので、既存の経験に構造を与えると共に、新たな経験に秩序をもたらすものである。これに関する簡潔な説明として、Johnson（1987）およびLakoff（1987）はそれぞれ次のように述べている。

> An image schema is a recurring dynamic pattern of our perceptual interactions and motor programs that gives coherence and structure to our experience.
>
> （Johnson 1987: xiv）

Image schemas are relatively simple structures that constantly recur in our everyday bodily experience: CONTAINERS, PATHS, LINKS, FORCES, BALANCE, and in various orientations and relations: UP-DOWN, FRONT-BACK, PARTWHOLE, CENTER-PERIPHERY, etc.

(Lakoff 1987: 267)

さらに Johnson（2005）は "... image schemas are the recurring patterns of our sensory-motor experience by means of which we can make sense of that experience and reason about it, and that can also be recruited to structure abstract concepts and to carry out inferences about abstract domains of thought."（Johnson 2005: 18-19）とし、イメージ・スキーマが身体に根差したものであることを強調している。また、Johnson（2018）ではイメージ・スキーマについて "... out of our bodily interaction with our environmental affordances, we take the meaning of things and events in certain specified ways, according to specific interactional patterns."（Johnson 2018: 18）と述べられており、その「身体的経験を通じて相互作用的に得られるパターン」としての性格が重ねて強調されている[3]。

イメージ・スキーマをめぐっては、その定義が十分に明確ではないとの批判や、研究者ごとに異なる意味で用いられているといった指摘も認められる。例として Hampe（2005）は、イメージ・スキーマには一貫した規定が確立されておらず、その解釈や適用が乱立した状態であることに問題を提起している。イメージ・スキーマの発想に対する否定的な見方として、Zlatev（2005）はイメージ・スキーマが科学における述語として用いられるには「あまりに多義的」であることを問題視し、より有用な理論的概念として "mimetic schema" の提案を行っている。また、Correa-Beningfield（2005）は共通点の認められる2つの理論的概念としてイメージ・スキーマと "complex-primitive" を比較し、後者は多義性の記述において前者よりも正

確な分析をもたらすものとして優位性が認められると主張している。しかしながら、こうした否定的な見方が示される一方で、この概念は "embodiment" すなわち「身体性」または「身体化認知」に関わる問題の根幹を成すものとして、認知科学において大きな意義を持つという見方も示されてきた。こうした肯定的な立場からイメージ・スキーマの機能性や実在性を認めるものとして、心理学の分野においては、実験を通じてイメージ・スキーマの効果について論じる Gibbs and Colston (1995) や Gibbs (2005)、また、発達的観点からイメージ・スキーマの働きに注目する Mandler (1996, 2005) など、多くの研究が挙げられる。

　イメージ・スキーマは、目で見たり手で触れたりできるものではなく、その心理的実在性について客観的な形で実証されているものではないため、この概念を用いることに否定的な見方が生じるのも無理のないことかもしれない。しかしながら、変化の「なる」構文において、それぞれ異なる事態が「XがYくなる」および「XがYになる」という共通の要素によって言語化される理由について説明づけるには、それぞれの事態が共通の捉え方を通じて概念化されていると考えることが妥当であると感じられる。そして、ここで問題となる共通の捉え方とは、理屈によって教え込まれるようなものではなく、日常の環境の中で身体を介して得られる具体的な経験の蓄積を通して見出され、構築される、抽象的な図式と考えられる。こうした図式を Johnson や Lakoff の言うイメージ・スキーマにあたるものと見なし、本書は変化の「なる」構文における概念化および言語化の基盤にイメージ・スキーマを想定する立場をとる[4]。イメージ・スキーマについて、短い言葉で明確に、十全な規定を立てることは容易ではないが、そうは言っても「それをどのようなものと見なすのか」ということに触れず議論を進めることも適切ではないように思われる。このため、基本的な考え方については Johnson (1987, 2005, 2007, 2018) などの論に従うことを前提としたうえで、本書ではイメージ・スキーマについて「日常的な身体経験を通じて得られ、概念構築の基盤となって事物や状況についての理解や推論を可能とする、前概念的で抽

象的な認知図式」という規定を立てることとする。

　Johnson（1987）とLakoff（1987）の提案によるイメージ・スキーマの例として、Lakoff（1987）は上の引用にも示される通り、"CONTAINERS"（容器）、"PATHS"（経路）、"LINKS"（リンク）、"FORCES"（力）、"BALANCE"（バランス）といった日常経験を通じて得られる概念に関する構造や、"UP-DOWN"（上-下）、"FRONT-BACK"（前-後）、"PART-WHOLE"（部分-全体）、"CENTER-PERIPHERY"（中心-周辺）といった、方向性や関係性に関するものなどを挙げている[5]。このうち、"PATHS"に関するイメージ・スキーマは"SOURCE-PATH-GOAL"（以下では《起点-経路-着点》と呼ぶ）のイメージ・スキーマとも呼ばれるもので、その名の通り「出発点」としての起点から、ある経路を通り、「到達点」としての着点に至る、という、我々にとって最も基本的な運動の在り方に基づくとされるものである[6]。イメージ・スキーマの概念を用いて言語現象について論じる研究は少なくないが、菅井（2001, 2005, 2008）などは《起点-経路-着点》のイメージ・スキーマを援用し、日本語の格の体系化に関して論じている。菅井（2001）の考察では、カラ格、ヲ格、ニ格の関係が《起点-経路-着点》のイメージ・スキーマに基づく《起点-過程-着点》という構造を通じて捉えられ、「カラ」は起点、「ヲ」は過程、「ニ」は着点に対応するものとされている[7]。こうした対応関係は、菅井（2001）において次のように図示される（菅井2001：110）。

図1　《起点-過程-着点》のイメージ・スキーマ
（菅井 2001：110 をもとに筆者作図）

図1に示される図式に関し、「社長が京都から大阪に支店を移した」および「太郎が東京から国道1号線を大阪に向かった」のような文を例に言うと、前者においては「京都」が起点、「大阪」が着点、「支店」が過程の位置に対応づけられ、後者では「東京」が起点、「大阪」が着点、そして「国道1号線」が過程の位置に対応づけられる。つまり、《起点-経路-着点》のイメージ・スキーマにおいては、起点と着点の間に位置する過程に対応づけられた要素がヲ格で示されると考えられる。日本語において「ヲ」には多くの用法が認められ、その意味について規定することは難しいかに思われるが、このように考えることでヲ格の多様な意味役割について統一的な説明が可能になる、というわけである[8]。

　菅井（2001）はヲ格を中心に格の体系について論じるものであるが、ここで《起点-経路-着点》に基づくイメージ・スキーマに格の意味役割を結びつけ、「カラ」を起点に、「ヲ」を経路に由来する過程に、「ニ」を着点に位置づけるという見方は、本書が考察対象とする変化表現について検討するうえでも有益な示唆を与えるものと思われる。というのも、基本的に変化表現が述べる事柄とは、ある対象がもとの状態・性質「から」、何らかの尺度や評価軸の上「を」通り、それとは別の性質・状態「に」その在り方を変える、ということと考えられるが、こうした意味構造は菅井（2001）に示される図1のモデルに自然に対応づけられると考えられるためである。こうした観点から、本書は菅井（2001）の発想を参考とし、《起点-経路-着点》のイメージ・スキーマを応用して変化の「なる」構文のスキーマについて規定することを試みる[9]。

　まず、菅井（2001）は《起点-経路-着点》のイメージ・スキーマをもとにした《起点-過程-着点》のイメージ・スキーマを独自に提案しているが、本書は《起点-経路-着点》のイメージ・スキーマの構造自体には変更を加えず、もとのイメージ・スキーマが全体として異なる領域に転移、あるいは投射されるものという見方をとる。より具体的に言うと、本書では、空間における移動経験に基づく《起点-経路-着点》のイメージ・スキーマが「事物の在り

様」に関する事柄の概念化に転用され、これが変化のスキーマとして機能すると考える。つまり、変化の「なる」構文の表現においては、事物に生じた何らかの変化の意味が《起点-経路-着点》と同様の構造を持つイメージ・スキーマによって構造化されると考えられることになる。こうした見方には、前述の通りそもそも「変化」とは典型的に「事物における状態の移行」として捉えられるものであること、また、鍋島（2011：174）などにも示されるように、日本語においても「変化」を「移動」として捉える事象構造メタファーが認められることからも根拠が与えられると思われる[10]。

上記をふまえたうえで、変化の「なる」構文の表現が述べる内容について改めて検討すると、ここでは「XがYくなる」および「XがYになる」という表現形式により、名詞句Xの指示対象に関して「比較の基準となる要素」と「比較の対象となる要素」を見比べた際に、後者の方には形容詞類が示す評価としての性質や状態が認められる（ようになる）、ということが描写されると考えられる。これについて、「比較の基準となる要素」を［X1］、「比較の対象となる要素」を［X2］と置き、「形容詞類に表される評価の観点」を［Y］と置くと、変化の「なる」構文とは「名詞句Xの指示対象に関して、［X1］から［X2］への方向に「見比べ」を行うと、［X2］の側に［Y］に示される性質・状態が確認されるようになる」ということを言い表すものと考えられる。

以上のことを整理すると、《起点-経路-着点》のイメージ・スキーマと変化の「なる」構文の構成要素の関係について、次のように図示することができる。

図2 《起点-経路-着点》のイメージ・スキーマと変化の
「なる」構文の構成要素の対応

図2において、もとは空間内に位置づけられる《起点》は「比較の基準」となる要素としての [X1] に、《着点》は「比較の対象」となる要素としての [X2] に、そして《経路》は変化過程の筋道、すなわち「評価の観点」としての [Y] に対応している。ここにおいて [X1] から [X2] への「移行」は動詞「なる」によって実現されるものと想定される。こうして、変化の「なる」構文の表現においては、《起点-経路-着点》のイメージ・スキーマを通じ、[X1] の要素と [X2] の要素の間に [Y] に示される道筋に沿っての状態移行が認められる、ということが表されると考えられる。これについて、(1a) の例を通じ、まずは簡単に確認しておきたい。

(1) a.　水洗いすると、ウールのスカートが縮んで短くなってしまった。

この文の「XがYくなる」表現の部分において、Xの項には名詞「スカート」、Yの項には形容詞「短い」が用いられている。これを上掲の構図に当てはめると、起点に対応する [X1]（比較の基準）には「スカート（変化前の状態）」、着点に対応する [X2]（比較の対象）には「スカート（変化後の状態）」、そして、経路に対応する [Y]（評価の観点）には「長・短の尺度」が想定される。この尺度上において、「長」から「短」の方向へとスカートの状態の推移が生じることを表すのが動詞「なる」であると考えられる。こ

のように「ある特定の個体としてのスカートが、変化前の状態から変化後の状態へと、長から短の尺度において状態を推移させた」という捉え方を言語的に具現化したものが (1a) のような表現となる、というのが本書の見方である。以上は問題となる表現に関するごく簡略的な説明であり、変化の「なる」構文の5用法それぞれについて説明する際にはさらに詳細の検討が必要にはなるが、上記のような考え方を土台とし、本書は図2の表示を再整理した図3の図式を変化の「なる」構文のスキーマと考える[11]。

図3 変化の「なる」構文のスキーマ

以下においては図3のスキーマを念頭に、それぞれの用法の [X1] と [X2] の項に想定される比較基準および比較対象としての要素、また [Y] の項に示される評価の観点について整理を行いつつ、変化の「なる」構文の5用法が言語的に構造化される際、この図式における [X1]・[X2]・[Y] の各項をどのような要素が占めるかについて検討する。さらに、スキーマと具体的な要素の結びつきによって実現される用法ごとの意味表示を谷口 (2004) の用語を借りて「事態概念」と呼ぶこととし、各用法の事態概念について提案を行う。

### 3.2.1 特定的変化用法における事態概念の具現化

1つめに、先にも参照した (1a) の文を例に、特定的変化用法における事態概念の具現化について示しておく。

(1) a. 水洗いすると、<u>ウールのスカート</u>が縮んで短くなってしまった。

まず、この文において［X1］に該当する要素は「過去の基準時点tでの特定のスカートの長さ」、［X2］に該当する要素は「時点t＋αでの特定のスカートの長さ」である。また、ここで［Y］に該当する要素は「時点tと比べた際に、時点t＋αにおいて特定のスカートの長さに与えられる評価」といったものと言える。これらをもとに、用法①の構成要素については次のように一般化することが可能であると考えられる。

　　【特定的変化用法の構成要素】
　　［X1］：時点tにおける特定的な対象Xの性質・状態
　　［X2］：時点t＋αにおける特定的な対象Xの性質・状態
　　［Y］：［X1］との比較を通じての［X2］への評価

特定的変化用法の表現の意味は、上記のような要素が変化の「なる」構文のスキーマを通じて事態概念として具現化されることにより成立するものと考えられる。

### 3.2.2　集合的変化用法における事態概念の具現化

次に、(1b) の文を例に集合的変化の用法における事態概念の具現化について検討する。

（1）b.　最近、本校では女子生徒のスカートがどんどん短くなってきている。

(1b) において［X1］に該当する要素は「過去の基準時点tで参照されたスカートの長さ」、［X2］に該当する要素は「時点t＋αで参照されたスカートの長さ」、そして［Y］に該当する要素は「時点tに参照されたスカートと比べ、時点t＋αに参照されたスカートに与えられる長さの評価」といった

ものである。以上をもとに、用法②の構成要素については次のようにまとめられる。

【集合的変化用法の構成要素】
［X1］：時点 t における連続体・集合体 X の成員や構成要素
［X2］：時点 t＋α における連続体・集合体 X の成員や構成要素
［Y］：［X1］との比較を通じての［X2］への評価

特定的変化用法の場合とは異なり、ここで［X1］と［X2］の各項に想定されるのはそれぞれ別個の対象である。集合的変化用法の表現の意味は、これらの要素が変化の「なる」構文のスキーマを通じて事態概念として具現化されることにより成立するものと考えられる。

### 3.2.3　関係性変化用法における事態概念の具現化

3 つめに、(1c) の文を例に関係性変化用法における事態概念の具現化について検討する。

（1）c.　娘は急に背が伸び、ひと月前はぴったりだったスカートが短くなった。

(1c) の文において［X1］に該当する要素は「過去の基準時点 t における、娘に対しての特定のスカートの対応値」、［X2］に該当する要素は「時点 t＋α における、娘に対しての特定のスカートの対応値」、そして［Y］に該当する要素は、「時点 t における娘に対してのスカートの対応値と比べ、時点 t＋α における娘に対してのスカートの対応値に与えられる評価」と考えられる。以上より、用法③の構成要素について次のようにまとめることができる。

【関係性変化用法の構成要素】
　［X1］：時点 t において特定的な対象 X が基準に対して示す値
　［X2］：時点 t＋α において特定的な対象 X が基準に対して示す値
　［Y］：［X1］との比較を通じての［X2］への評価

　この用法において問題となるのは、複数の対象の間に認められる関係あるいは対応性の変化である。関係性変化の用法の成立は、上記の要素が変化の「なる」構文のスキーマを通じて事態概念として具現化されることに支えられるものと考えられる。

### 3.2.4　体験的変化用法における事態概念の具現化

　4つめに、(1d) の文を例に体験的変化用法における事態概念の具現化について検討する。

(1)d.　半年ぶりに着てみると、お気に入りのスカートが短くなっている。

　この文において［X1］に該当する要素は、「特定のスカートに対する、過去の基準時点 t での表現主体の印象・実感」、［X2］に該当する要素は、「特定のスカートに対する、時点 t＋α での表現主体の印象・実感」、そして［Y］に該当する要素は「基準時点 t におけるスカートの長さの印象・実感に比べ、時点 t＋α におけるスカートの長さの印象・実感に与えられる評価」というように捉えられるものである。これをふまえると、用法④の構成要素については次のようにまとめられると考えられる。

【体験的変化用法の構成要素】
　［X1］：時点 t における特定的な対象 X に対しての表現主体の印
　　　　象・実感

［X2］：時点 t＋α における特定的な対象 X に対しての表現主体の
　　　　　印象・実感
　　［ Y ］：［X1］との比較を通じての［X2］への評価

体験的変化用法においては、言及対象となる事物そのものではなく、それらに対する表現主体の捉え方が問題とされる。この用法の表現の意味は、こうした要素が変化の「なる」構文のスキーマを通じて事態概念として具現化されることにより成立するものと考えられる。

### 3.2.5　仮想的変化用法における事態概念の具現化

　最後に、(1e) の文を例に仮想的変化用法における事態概念の具現化について検討する。

（1）e.　　あの女子高の制服は、スカートがふつうよりやけに短くなっている。

この文において、［X1］に該当する要素は「表現主体が標準的と考えるスカートの長さ」、［X2］に該当する要素は「言及対象となる特定のスカートの長さ」、そして［Y］に該当する要素は「表現主体にとって標準的と考えられるスカートの長さと比べ、言及対象となるスカートの長さに与えられる評価」と考えられる。以上をふまえると、用法⑤の構成要素については次のようにまとめることができる。

【仮想的変化用法の構成要素】
　　［X1］：対象 X に想定される標準的な性質や状態
　　［X2］：対象 X の特定の成員に認められる性質や状態
　　［ Y ］：［X1］との比較を通じての［X2］への評価

仮想的変化用法は、こうした要素が変化の「なる」構文のスキーマを通じて事態概念として具現化されることにより成り立つものと考えられる。[X1]と [X2]の比較において時間経過が介在しない点にこの用法の特徴が指摘される。

### 3.2.6　変化の「なる」構文の5用法における多義的関係の認定

　ここまでに述べたように、変化の「なる」構文の5通りの用法の背後には、[X1]の項に示される要素（比較の基準）と [X2]の項に示される要素（比較の対象）の間に、[Y]に関わる観点においての相違が認められ、こうした相違が各要素間での状態の移行として捉えられる、という図式が通底すると考えられる。ここにおいて、[X1]および [X2]の項に想定される具体的な要素は用法ごとに異なるものであり、5通りの用法はそれぞれ異なる事物や状況を言及対象とするもの、すなわち異なる事態概念を表すものである。しかしながら、こうした異なる事物や状況は「同じ捉え方」としての共通のスキーマ（3.2 図3参照）を通じ、「X が Y くなる」あるいは「X が Y になる」というまとまった単位で意味的に構造化されるため、同じ表現形式によって言語化されるものと見ることができる[12]。以上より本書は、変化の「なる」構文の5通りの用法は、それぞれ異なる事態概念を表すものとして区別されるが、いずれも《起点-経路-着点》のイメージ・スキーマを基に形成されるスキーマ的な図式を共有することにより、構文の単位で相互に関連する表現として結びつけられるものであると考える。そして、この見方に従うと、変化の「なる」構文は共通のスキーマに結ばれる5通りの用法によって1つのカテゴリーを形成する「多義的な構文」である、と考えられることになる。

## 3.3 変化の「なる」構文の多義性を支える語彙項目の意味機能について

前節で確認したように、変化の「なる」構文の5用法は、構文の単位でそれぞれが同じスキーマを共有する表現である、という見方から、多義的な関係にあるものと考えることができる。当節では、「なる」構文の5通りの用法を関連づけるスキーマが、この構文を構成する形容詞類と動詞「なる」の柔軟な意味機能に支えられ、その有機的な結びつきを通じて言語的に実現されるものと考えられることを確認する。

### 3.3.1 単体の動詞述部による表現の解釈の限定性

ここでまず確認しておくべきは、変化の「なる」構文に認められる5通りの意味の拡がりは、変化に関する意味を表す自動詞が単体で述部を形成する表現においては認められない点である。このことに関し、(1)の各例の「短くなる」という述部を、「事物が短くなること」を単体の動詞として表す「縮む」という表現に置き換えた文を通じて確認したい。例となるのが (60) に示されるような文である。

(60) a. 水洗いすると、ウールのスカートが縮んでしまった。
　　 b. 最近、本校では女子生徒のスカートがどんどん縮んできている。
　　 c. 娘は急に背が伸び、ひと月前はぴったりだったスカートが縮んだ。
　　 d. 半年ぶりに着てみると、お気に入りのスカートが縮んでいる。
　　 e. あの女子高の制服は、スカートがふつうより縮んでいる。

(60a) から (60e) の文は、ややぎこちない表現に思われるものもあるかもしれないが、これらに解釈を与えようとすれば、いずれも「スカートが収縮して実際に短くなった」ことを述べるものと見なされるだろう。これらに示され

るように、単独の変化動詞によって述部を形成する「スカートが縮む」のような表現においては、「XがYくなる」および「XがYになる」のような表現形式に示されたような解釈の多様性が生じない。このことは、「短くなる」および「縮む」とは別の語における対立についても指摘されることである。例として、「狭い」や「広い」という語に基づく表現を参照しておきたい。まず、述部に「狭くなる」や「広くなる」という表現を置く（61）および（62）のような「XがYくなる」形式の表現の例には、次のように多義性が認められる。

(61) a. 自宅の改装工事をして、リビングが狭くなった。
　　 b. 町中に引っ越して、家の庭が狭くなった。
　　 c. 金魚が大きくなって、水槽が狭くなってしまった。
　　 d. 最近どうも、ベッドが狭くなってきた。
　　 e. このアパートは、キッチンが驚くほど狭くなっている。

(62) a. 自宅の改装工事をして、リビングが広くなった。
　　 b. 田舎に引っ越して、家の庭が広くなった。
　　 c. 10匹いた金魚が半分死んでしまい、水槽がすっかり広くなった。
　　 d. 妻と別々に寝るようになり、ベッドが広くなった。
　　 e. 彼のマンションは、リビングが驚くほど広くなっている。

上の各例の5通りの文は、それぞれ、変化の「なる」構文の5通りの用法に想定される意味を表すものとして解釈することができる。これに対して、(61)および(62)の文の述部を「狭くなる」および「広くなる」に概ね対応すると考えられる「狭まる」や「広がる」という単体の動詞に置き換えた「XがVする」形式の文においては、こうした多義性が認められない。この例となる次のような各文に適切な解釈が与えられるとすれば、それらはいずれも、超自然的な解釈を求めるものも含め、名詞句Xの指示対象が現実的に変化したことを表すものと考えられる。

(63) a. 自宅の改装工事をして、リビングが狭まった。
　　 b. 町中に引っ越して、家の庭が狭まった。
　　 c. 金魚が大きくなって、水槽が狭まってしまった。
　　 d. 最近どうも、ベッドが狭まってきた。
　　 e. このアパートは、キッチンが驚くほど狭まっている。

(64) a. 自宅の改装工事をして、リビングが広がった。
　　 b. 田舎に引っ越して、家の庭が広がった。
　　 c. 金魚が半分死んでしまい、水槽がすっかり広がった。
　　 d. 妻と別々に寝るようになり、ベッドが広がった。
　　 e. 彼のマンションは、リビングが驚くほど広がっている。

同様に、集合的変化用法の例に想定される「ハンバーグがパサパサになっている」を「パサつく」で言い替えたり、体験的変化用法の意味を意図する「100kgのバーベルが軽くなってきた」を「軽量化してきた」と言い替えたり、また仮想的変化用法の例となる「(ハイヒールは)ヒールが高くなっている」を「高まっている」によって表したり、ということは不可能であろう。

　ここに挙げた現象を通じ、変化の「なる」構文に指摘される多義性は、単独の動詞が述語となる文においては認められないことがわかる。このことから、変化の「なる」構文に認められる5通りの用法の展開は、形容詞類と動詞「なる」によって述部を形成する「XがYくなる」および「XがYになる」という表現形式のもとでのみ生じるものと考えられる。

### 3.3.2　変化の「なる」構文の多義性に関わる形容詞の意味機能

　先に示されたように、変化の「なる」構文の表現においては、動詞単体の述部による表現には生じない多義性が認められる。これを支える大きな要因の1つと考えられるのが、問題となる構文の述部においてYの項に用いら

れる形容詞類の柔軟な意味機能である。日本語の形容詞について入念な記述を行い、理論的な側面にまで踏み込んで論じる重要な文献としては、西尾（1972）、近年の研究では八亀（2008）などが挙げられるが、ここでは問題となる構文の多義性を支える形容詞の性質に関し本書が注目する点を特に強調するものとして、北原（2010）、深田（2004）、また熊倉（2011）に示される形容詞観を軸として確認を行いたい。なお、ここで参照する先行研究においては、変化の「なる」構文のYの項に用いられ得る名詞やオノマトペ由来の表現など、純粋な形容詞以外の語彙項目については考察の対象とされていないが、本書では上記のような各種の表現を形容詞に準ずるものとして扱うため、これらについても基本的にここで確認される形容詞と同様の機能を持つものと考えることとする。

### 3.3.2.1　日本語形容詞の「二面性」

　はじめに、日本語学の観点による北原（2010）の形容詞観について確認したい。まず、北原（2010）では日本語の形容詞に3通りの分類が立てられている。この3分類とは、「事物の性質・状態」を表すという「属性形容詞」（「青い」・「早い」・「広い」・「大きい」・「激しい」など）、「事物に対する人の気持ち」を表すという「情意形容詞」（「欲しい」・「懐かしい」・「悲しい」・「楽しい」・「つらい」など）、そして「感覚器官によって認識される感覚」を表すという「感覚形容詞」（「まぶしい」・「うるさい」・「くさい」・「おいしい」・「熱い」など）の3つであり、これらの意味的な位置づけに関しては「事物の性質・状態を表す属性形容詞、事物に対する人の気持ちを表す情意形容詞、その外界と人の内側とを表す形容詞の中間に感覚形容詞がある」とされている（北原 2010：31）[13]。

　上記のような基本的な分類を前提にしたうえで、さらに北原（2010）は、「主観」と「客観」という概念を導入し、形容詞の意味には客観的な意味と主観的な意味の両面性を想定すべきことを指摘している。まず、北原（2010）における主観および客観の定義とは次のようなものである。

主観＝外界の事物・現象を認識し、思惟・行為・判断などを担う意識の働き。また、その働きをする主体。

客観＝主観の認識作用の対象となるもの。また、主観の認識から独立して存在する外界の事物。

北原（2010：32）

　主観と客観の観点から形容詞の表現の種類について捉え直すと、基本的に、事物の性質や状態について述べる属性形容詞は客観的な意味を表す「客観的表現」であり、対して、外界に対する主体の意識を述べる情意形容詞は主観的な意味を表す「主観的表現」である、と考えられることになる。ただし、実際の言語運用において形容詞が表す意味とは、こうした2通りの分類によって単純に、一律に切り分けられるものではなく、例として、典型的には主体の内面を述べるはずの情意形容詞が対象の属性に関する意味を表すことも起こり得る[14]。このことについて具体的に示す例が、「こわい」および「さびしい」という情意形容詞を用いた（65）と（66）のような表現の対である（北原 2010：38-40参照）。

(65) a.　ヘビがこわい人
　　 b.　夜がさびしい人

(66) a.　（毒性があって）こわいヘビ
　　 b.　（雨が降っている暗い夜の）さびしい道

(65a, b) において、「こわい」および「さびしい」という形容詞が表すのは、いずれも言及される「人」の心理であり、これらは「主観的」な意味を表すものと言える。これに対し、(66a, b) においては、これらの形容詞は「ヘビ」や「道」の性質や状況を表していると言え、これらは「客観的」な意味

を表すものと考えることができる。こうした例に示される通り、この種の形容詞は本質的に、主観的な意味と客観的な意味の両面を担うものである。また同様に、属性形容詞や感覚形容詞の意味の背景にも、客体としての対象に備わる客観的属性と、対象に対する主体の主観的な認識作用が、共存していると考えられる。こうしたことをふまえ、北原（2010）は日本語の形容詞に関し、属性形容詞、情意形容詞、感覚形容詞のいずれにも、主観的意味と客観的意味の「二面性」が伴う、という見方を示している。

　本書が第2章で採用した形容詞の分類では、北原（2010）が情意形容詞と呼ぶタイプと感覚形容詞と呼ぶタイプを1つにまとめ、これを感情・感覚形容詞としていた。こうした違いはあるものの、形容詞の意味に「主観的な意味」と「客観的な意味」という2つの顔が認められ、またそれぞれの形容詞の意味はこうした2つの顔の間で連続的に位置づけられる、という見方については、本書も北原（2010）と同様の立場をとる。なお、ここで参照したような形容詞の性質については、日本語形容詞の研究において現在も頻繁に参照され、議論の礎とされることが多い西尾（1972）などにも言及が認められる。例として西尾（1972）は「主観をはなれた、まったく客観的な性質などは、すくなくとも単語のあらわす意味の世界にはあり得ないであろう」と指摘している（西尾 1972：176）。これに通じる見方は国語学や日本語学において多くの研究者に示されてきたものと言えるが、本書ではこうした点を特に強調して形容詞を論じる北原（2010）を参照した。

　ここで注意しておくべきとして、哲学や心理学、言語学などにおいて「主観的」および「客観的」という概念に与えられる定義は一様とは言えず、これらをどのような意味で用いるかということについては時に混乱も認められる。本書においては、ここで参照した北原（2010）の説明をふまえ、「ある事物に対する主体の感じ方」を表すものとして用いられると思われる表現を「主観的表現」、対して「ある事物の性質や状態に対する規定」を表すものとして用いられると思われる表現を「客観的表現」と考えることとする。なお、上にも示された通り、ある形容詞によって表される意味が「主観的」である

か「客観的」であるかを規定するには、言語使用の場面を考慮しつつ文や発話の中での用いられ方に目を向けることが必要である。このため、単独の語としての形容詞それぞれを「主観的な意味を表すもの」および「客観的な意味を表すもの」として厳密に、機械的に分類することは現実的にはほぼ不可能であると考えられる。

### 3.3.2.2　日本語形容詞の「主客未分」の意味世界

次に、認知言語学的立場から英語の形容詞との対照を通じて日本語形容詞の意味的特徴について論じる深田（2004）の見方を確認する。深田（2004）は、特に日本語の形容詞の意味には「対象の性質にかかわる客体的な側面だけではなく、その対象を知覚・認識するという主体的な側面も重ね合わせられている」（深田 2004：118）としたうえで、日英語間でのそうした「重ね合わせ」の程度の違いについて検討を行っている。

まず深田（2004）は、例として「悲しい歌」のような表現においては「悲しい」という形容詞が対象である「歌」の性質を表しているとも、歌に対しての主体の認識を表しているとも考えられる、と述べたうえで、形容詞にはこのように、客体にかかわる意味的側面である「客体的意味」と、主体にかかわる意味的側面である「主体的意味」とが並存することを指摘している（深田 2004：119）。これと基本的に同様の見方を示すと考えられるものとして、形容詞の本質的な性質に関し「話し手の評価的な関わり」を挙げる八亀（2008）の論を概観すると、八亀（2008）は例として「この部屋広いね」という文に関し、ここで言及される「広い」という特性は問題とされる部屋に「客観的にそなわっている特徴としてさしだされる」と同時に、「話し手のなかの何らかの基準との比較」を通じても捉えられているとし、後者は言及対象に対して表現主体が下す評価を述べたものである、と指摘している（八亀 2008：31-36）。深田（2004）の見方は、八亀（2008）にも示されるような形容詞の一般的な性質を認知言語学的観点から基礎づけるものと言えるのではなかろうか。

上記のような2通りの意味は英語の形容詞にも認められ、例として日本語の「悲しい」に対応する英語の"sad"にも同様のことが見て取れる。ただし、多様な形容詞の用法を見比べていくと、日本語の場合は主体の情意を表すことも客体の状態を表すことも問題なく可能となる形容詞が多いのに対し、英語の場合は2通りの意味のいずれを表すかということが語レベルでより強く規定される傾向にある[15]。言い換えれば、日本語の形容詞は英語に比べ、主体の情意を述べるのに用いることも客体の状態を述べるのに用いることも可能となるものがより多く認められる。つまり、深田（2004）の言によると、日本語においては「主客未分な意味」を表す形容詞が多い、ということとなる（深田 2004：127）。さらに、日本語においては英語と比べ、形容詞の拡張的な用法と見なされる転移修飾の表現がより幅広く、柔軟に用いられるという特徴も認められる[16]。こうしたことからも、主体的意味と客体的意味が明確に分化されず、いわば両者が融合した形で1つの形容詞に取り込まれるという在り様は、日本語形容詞の意味的機能を特徴づけるものと考えられる[17]。

### 3.3.2.3　日本語形容詞における「話者の感性の発露」

　上述の通り、北原（2010）や深田（2004）では、形容詞には「主観的」および「客観的」な意味、あるいは「主体的」および「客体的」な意味という2つが同居する点、また、日本語形容詞においてはそれらが融合する度合いが強い点に特徴が指摘されている。こうした特徴は、八亀（2008）にも述べられるように、日本語の形容詞が基本的に話者の「評価」として事物の状態や性質を表すものであることに起因するものと考えられる。こうした見方に関わるものとして、ここではさらに文学論・言語文化論の観点から日本語について論じる熊倉（2011）の形容詞観について参照しておきたい。

　熊倉（2011）は、日本語の形容詞とは「対象を感覚的に捉えた結果その反応として述べる感覚表現」としたうえで、これらは「話者の感性の発露」（熊倉 2011：54-55）であり、また、話者の感性を生かした「日本人の感覚

表現」(熊倉 2011：134-135) である、としている。例として、「うれしい」や「かなしい」のように、いわゆる「シク活用」に分類され感情や感覚に関する意味を表すと考えられる形容詞に対し、「長い」や「白い」のような形容詞は一般的に事物の性質や状態を表すものとして属性形容詞に分類される。しかしながら熊倉 (2011) によると、これらの形容詞も対象となる事物に対して発話主体が「長い」や「白い」と感じたことを表す「主観」の表現である、ということになる (熊倉 2011：54-56 参照)。こうした見方を土台に、さらに熊倉 (2011) は英語の "hot" と "cold" が天候について述べるのにも料理について述べるのにも用いられる「属性」の表現であるのに対し、日本語においてはこれらに対応するものとして、天候に関しては「暑い」と「寒い」、料理について述べる場合には「熱い」と「冷たい」という別の形容詞が用いられることを挙げ、この現象は日本語形容詞に「話者の感性」としての皮膚感覚が生きていることを表すものである、という見方を示している (熊倉 2011：134-135)。

参考に、熊倉 (2011) の主張を生態心理学的な発想に結びつけると、「形容詞述語文の背後には知覚者としての話し手が存在する」(本多 2005：27) ということになるだろう。本多 (2005) では、ほとんどの形容詞の意味構造に「その形容詞の表す属性の持ち主となる事物が関わる行為ないし過程が存在している」とされ、こうした行為や過程は「探索活動」として説明される (本多 2005：50-51)[18]。ただ、上記の本多 (2005) の見方は日英語の形容詞の区別を意図して示されるものではなく、形容詞一般に認められる性質として述べられたものである。この点を考慮すると、熊倉 (2011) の指摘は日英語形容詞の「決定的な違い」を明らかにするものと言うよりは、その「傾向の差異」を示すものと考えるべきと思われる。とは言え、熊倉 (2011) の論を「日本語形容詞の意味には人間の捉え方や内面的反応が特に強く反映される」というものと捉えるならば、こうした見方は深田 (2004) の見方とも調和するものとなる。そして、この見方をふまえて言うと、北原 (2010) や深田 (2004) が日本語の形容詞に対して指摘する「二面的」あるいは「主客

未分」な意味としての特徴は、日本語形容詞が「話者の感性」の表示を根本とすることによるものと考えられる。

#### 3.3.2.4 形容詞の意味機能と変化の「なる」構文の多義性

　以上をふまえ、ここで確認した事柄について簡単にまとめておく。まず、形容詞の意味には主観的および客観的なものとしての「二面性」が認められ（北原 2010）、またこうした二面的な意味は形容詞ごとに明確に分離されるものではなく、それぞれの形容詞が「主客未分」の状態で備えるものと考えられる（深田 2004）。こうした意味的特徴は特に日本語の形容詞に顕著なものと言えるが、これは「話者の感性」を反映するという日本語形容詞の性質に求められるものである（熊倉 2011）。本書では、以上のような日本語形容詞の特徴が変化の「なる」構文の多義性に大きな影響を与えていると考える。改めて確認しておくと、変化の「なる」構文においては、言及対象となる事物を客体的に捉え、その状態や性質が何らかの意味で推移する有様を述べるもの（用法①・②・③）、事物との相互的な関わりに基づいて得られる印象や実感の推移を述べるもの（用法④）、また、事物の在り様を自身の心内に生じた虚構的な推移の認識と結びつけて述べるもの（用法⑤）、といった複数のタイプの用法が認められ、これらに何らかの意味での「変化」として捉えられる要素は対象の側に生じたものか、主体の内面に生じたものか、という点でそれぞれ異なるものと言える。これらが同じ言語形式で述べられる背後では、話者の内面に関する意味の描出を基点としながらも、そうした内面的意味を客体的な対象に広く柔軟に結びつける、という日本語形容詞の意味機能が大きな役割を果たしていると考えられる。

### 3.3.3　変化の「なる」構文の多義性に関わる動詞「なる」の意味機能

　前述の通り、変化の「なる」構文に多様な意味が認められる背後には、日本語形容詞の柔軟な意味機能の影響が指摘される。ただし、いわゆる形容詞

述語文が、問題とされる対象を何らかの基準と比較し、そこで得られた評価を言及対象に結びつけて述べる状態的な表現であるのに対し、変化の「なる」構文の各用法の表現は、問題とされる対象の状態や対象に対する感じ方、あるいは対象の特徴的性質といった異なるレベルの内容を、いずれも何らかの意味での動的な認識を通じて捉え、それぞれの内容について共通の言語的要素を用いて言語化するものである。このため、変化の「なる」構文の5用法の意味と関連性について検討するうえで、各用法に共通する動的な認識、すなわち状態移行に関する意味を無視することはできない。言うまでもなく、この点において影響力を示すのが、変化の意味を表す最も基本的な動詞と言える「なる」である。

　先に当節の3.3.1で、変化の意味を表す動詞単体によって述部を形成する形式の文においては、変化の「なる」構文に認められるような多義性が生じないことを確認した。この理由として考えられるのが、「縮む」や「狭まる」、「広がる」などの変化自動詞は、単体で文の述部に用いられた際には、名詞句Xの指示対象による自律的な動きそのものを表す、という働きを示すことである。動詞が担うこのような意味機能により、前掲の(62)や(63)に挙げられるような文においては、名詞句Xの指示対象が動作主の意味役割を持つ特定の個体的対象に限定される。このため、これらの文に認められる解釈は「名詞句が示す対象自体が時間経過に沿って現実的な意味で状態変化を生じた」という内容に限られることになる。こうしたことから、動詞単体で述部を形成する表現においては、複数の対象間の性質の違いや対象への実感、対象が持つ特徴的な性質など、「なる」構文の「拡張的」な用法に認められる意味を同じように表すことはできないと考えられる。

　上に見たような変化自動詞に対して、「なる」にはこれらと異なり、対象そのものに生じる変化の意味のみならず、複数の要素間に認められる状態や性質の違いを何らかの意味での「推移・移行」として柔軟に捉える包容力が認められる。この問題に関わる研究として、寺村（1976）および池上（1981）の重要性は改めて強調するに及ばないであろう[19]。まず、寺村

(1976) は日英語を中心に「態」の表現形式について検討する中で、英語が「する」および「される」という表現を好むのに対して、日本語は「できるかぎり「ナル」表現をとることを好む体質をもっている」ということを指摘し、前者が事象の「原因」に関心を持つのに比べ、後者は「結果」や「現在の事態そのもの」に関心を持つ表現である、という特徴づけを行っている（寺村 1976：231）。また、池上（1981）は「私たち、六月に結婚することになりました」や「電車が到着になります」のような「なる」の用法を例に挙げ、これらに示されるように日本語では「主体の意図的な働き」や「責任の可能性」を排除することが好まれること、また、その言語的方略として「なる」が用いられることを指摘している（池上 1981：198-199）。池上（1981）によると、これらにおいては「〈する〉的な出来事が〈なる〉的に捉えられて表現されている」と考えられる（池上 1981：200参照）。

　寺村（1976）および池上（1981）にも示されるように、日本語の「なる」は動作や行為の主体が示す動きの展開を捉えるのみではなく、その結果としての状態や、眼前に確認される状況の描写を可能とする柔軟性が認められる。こうした「なる」の意味的柔軟性は、日常的に用いられる「もうすぐ3時になる」や「合計300円になる」、「ためになる本」のような「なる」の多様な用法を思い浮かべれば、多くの日本語母語話者にも問題なく認められるものであろう[20]。変化の「なる」構文においては、こうした「なる」の柔軟な意味機能によって、特定の対象そのものに生じる変化の動きのみならず、複数の対象間の性質の違いや、客体的な意味では何の変化も生じていないはずの対象の性質についても、それらがあたかも言及対象の変化によってもたらされたものであるかのように描写することが可能になると考えられる。

　関連する議論として、斎藤（1992）は「薄れる」や「深まる」などの動詞と「薄くなる」や「深くなる」のような形容詞＋「なる」の表現について比較し、後者は「状態が新たに出現する」といった意味を持つものである、との見方を示している（斎藤 1992：107-113）。これを参考にすると、形容詞類と「なる」の組み合わせにより述部を形成する「XがYくなる」および

「XはYになる」形式の表現は、言及対象となる事物や状況において、比較の基準となる要素には認められない何らかの状態が確認された、という認識を柔軟に捉えて言語化するもの、と見ることができるのではなかろうか。

### 3.3.4 変化の「なる」構文における構成要素の有機的な結びつき

先に 3.2 で述べたように、変化の「なる」構文の 5 用法においては、それぞれ異なる事物や状況が共通のスキーマによって構造を与えられ、いずれも同じ「XがYくなる」および「XはYになる」という構文の単位で 5 通りの意味が実現されると考えられる。当節 3.3.1 で確認した通り、述部に単独の変化動詞を置く「XがVする」の形式の表現においては、変化の「なる」構文が示すような意味の拡がりは認められない。問題となる構文が 5 通りの意味を言語的に具現化するうえでは、Yの項の形容詞類が主客にまたがる情報を表す意味機能を備えること（3.3.2 参照）、また、動詞「なる」が対象の動きそのものの描写に限らない柔軟な意味機能を持つこと（3.3.3 参照）が鍵となっていると考えられる。重ねて確認しておくと、ここで重要となるのが、問題となる構文の表現は「異なる事物や状況」を共通のスキーマによって構造化するものと考えられる点である。つまり、問題となる各用法において「XがYくなる」や「XがYになる」の表現形式で言い表される内容は事態レベルにおいてそれぞれ異なるものであり、各用法の「なる」構文に用いられるそれぞれの語彙項目がどのような意味を表すのか、ということは、特定のスキーマを通じて構造化された「全体としての単位」に対し相対的に規定されるものと考えられる。

## 3.4 変化の「なる」構文の多義性に関わる「視点」と「フレーム」

ここまでの議論を通じ、変化の「なる」構文の 5 用法においては、用法ご

とに異なる事物や状況に関する意味が共通のスキーマによって構造化されると考えられることを述べてきた。改めて振り返っておくと、本書が想定する変化の「なる」構文のスキーマとは、《起点-経路-着点》のイメージ・スキーマから派生するものとして想定される、図3(再掲)のようなイメージ・スキーマ的図式である。

図3 変化の「なる」構文のスキーマ

また、こうしたスキーマによって構造化される様々な意味を同じ言語形式で表すことが可能になるのは、日本語の形容詞や動詞「なる」の柔軟な意味機能によることを確認した。それでは、変化の「なる」構文の各用法において、図3に示されるようなスキーマが具体的な意味を獲得するメカニズムとは、いかなるものと考えられるであろうか。当節ではこの点について「視点」および「フレーム」という考え方を援用して検討する。

### 3.4.1 各用法の概念化に関わる「視点」と「フレーム」について

変化の「なる」構文の5用法が具体的な意味を獲得する際に、各用法において比較の対象となる[X1]および[X2]の要素は、外界に存在する客体的な事物の状態・性質や、ある主体の心内に想起される実感・印象など、それぞれ存在レベルが異なるものである。このため、各用法において比較対象となる要素を見比べる際に起動される認知的な意味での「視点」は、用法ごとに異なるものと考えられる。

上述のことについて「スカートが短くなっている」という文を例に簡単に確認しておきたい。まず、この文が特定的変化用法の表現として述べられる

際には、特定のスカートがそれ自体に変化を生じ、その状態・性質を変えていく様相が、表現主体とは無関係に生じるものとして、出来事の外側の視点から観察するように眺められ、捉えられると考えられる。集合的変化用法や関係性変化用法の場合には、言及対象となるスカートがそれぞれ別の個体となる点や、スカート自体の物理的な在り様ではなく何らかの基準物に対する対応値であるという点に違いがあるものの、それらが何らかの意味で状態や性質を変える様子が出来事の外側から捉えられる点は特定的変化用法と同様と考えられる。これに対し、上の文が体験的変化用法の表現として述べられる場合には、特定のスカートの状態・性質に関する評価が、表現主体自身の状態と相対的に捉えられ、これを通じて得られた実感や印象の変化が、いわば出来事の内側の視点から体験的に捉えられると言える。さらに、同じ文を仮想的変化用法の表現として述べる際には、客体的な存在である特定のスカートに認められる状態・性質が、表現主体の心内に想起されるイメージとしての基準値と重ね合わせられ、両者の間に認められる違いが表現主体の「内」と「外」を結ぶような視点から、言うなれば内外の次元を超えて仮想的に捉えられると考えられる。このように、各用法には事態に対する「眺め方」と「捉え方」に違いが認められる。このことに注目し、本書では変化の「なる」構文の成立に関わる認知的な視点として、「観察的視点」、「体験的視点」、「仮想的視点」という3通りの視点を想定する。

　上に述べたような「視点」の考え方と関連するものとして、Langackerの認知文法において提案される「視座」(vantage point) という概念が挙げられる（なお、Langackerの文献において"vantage point"は"viewpoint"とされることもあるため（Langacker 1999a など参照）、これについては「視点」という訳語を充てるのが適当かもしれないが、ここでは本書の言う「視点」と区別するため、これを「視座」と呼んでおく）。Langacker (2008) によると、我々が何らかの事物や状況を概念化する際に生じる「見る側」(viewers) と「見られる側」(viewed) の関係は「視点構図」(viewing arrangement) として捉えられる[21]。ここにおける「見る側」とは、概念化者

（言語の発信者あるいは受信者）として言語表現に指し示される内容にアクセスする側のことを、また「見られる側」とは、言語表現によって述べられる対象となる側のことを指す。こうした視点構図を前提に、ここにおいて「見られる側」に対する「見る側」の位置取りとして規定されるのが「視座」である（Langacker 2008: 73-78, 467-470 参照）。

　本書の言う視点とは、大まかに言うと、事態の経験者である主体が事物や状況の把握に際して用いると想定される「眺めの基点」であり、その意味では Langacker の言う視座と同様のものと考えられる。ただし、池上（2004, 2005）などにも指摘されるように、Langacker による視点構図および視座の考え方は「主客対立」（池上 2005：38）の発想から「主体」と「客体」の対立関係に特に焦点を当てるものと考えられるが、変化の「なる」構文の諸用法は同じ統語構造によって客体に関する意味、主体に関する意味、主客の入り混じった意味を表すと考えられるものであり、その成り立ちとネットワークについて見通しを得るには、表現主体が事物や状況との相互作用の中で「何に目を向けて事態概念を構造化するのか」という点についてより詳細に分析することが有益に思われる。先にも確認した通り、この構文の複数の用法においては概念化の対象となる要素の存在レベルがそれぞれ異なり、いわゆる「見られる側」の要素を外界に客観的に存在する客体的対象として固定的に定めることができないためである。こうしたことを考慮し、本書では「主客合体」（池上 2000：290）あるいは「主客合一」（池上 2011：54）的な関係をも捉え得るものとして、観察的視点、体験的視点、仮想的視点という3通りの「視点」を提案する[22]。

　視点について以上のようなものとしたうえで、次に確認しておきたいのが、それぞれの視点からの「眺め」に基づいて形成される認知的な「視野」は、基盤となる視点ごとに異なると考えられることである。つまり、変化の「なる」構文においては、用法ごとに異なる視点から形成される異なる視野の中で、共通のスキーマがそれぞれ意味的に具現化され、「XがYくなる」および「XがYになる」という表現形式が用法ごとに固有の具体的な意味を獲

得するものと考えられる。本書では、変化の「なる」構文の各用法が意味構築を果たす際に基盤となる認知的な視野として枠組を「フレーム」(frame) に相当するものと見なし、各用法は、それぞれが前提とするフレームとの相対的な関係から具体的な意味を獲得するものと考える。

ここで言うフレームとは、基本的には Fillmore (1982, 1985) や Fillmore and Kay (1988)、Fillmore and Atkins (1992) などに示される「フレーム意味論」(frame semantics) の考え方を前提とするもので、概略「出来事を理解する枠となる知識構造」(大堀 2002：36) として規定されるものである。Fillmore (1982) はこれについて次のように紹介している[23]。

> By the term 'frame' I have in mind any system of concepts related in such a way that to understand any one of them you have to understand the whole structure in which it fits; when one of the things in such a structure is introduced into a text, or into a conversation, all of the others are automatically made available.
>
> （Fillmore 1982: 111）

フレームの考え方に基づく研究の例には、"weekend" という語の理解に1週間の生活サイクルに関する経験的な知識が関わっていることを論じるものや、"buy" や "sell" などの語の理解には「商業取引」に関する枠組の理解が必要となることについて論じるものなどが頻繁に挙げられる。これらにも示されるように、フレームとは場面や対立概念との相対的な関係から意味を記述する考え方に則って提案される理論的概念であり、語の意味規定や語彙の体系化に関する研究に用いられることが多いものである[24]。こうしたことを考慮すると、本書が変化の「なる」構文について考察するうえで前提とするフレームの考え方は、典型的なフレーム意味論の研究において用いられるものとは少し性格が異なると考えられるかもしれない。このことを認めたうえで、ここで意味フレームに関する Petruck (2013) の次のような説明を参

照したい。

> A semantic frame is a representation of an event, object, situation or state of affairs whose parts are identified as frame elements and whose underlying conceptual structure speakers access for both encoding and decoding purposes. Thus, the semantic frame, parts of which are indexed by words that evoke the frame (Fillmore 1985), is a cognitive structuring device used in the service of understanding.
>
> (Petruck 2013: 1)

Petruck の説明には、意味フレームとは出来事や対象物、状況や事物の状態の表象であり、その部分はフレームを構成する要素として特定され、話者が意味の構築や理解を目的にその背後にある概念構造にアクセスするものという見方が示されている。フレームに関するこうした説明をふまえると、いくぶん拡張的な解釈にはなろうが、ある事物や状況を概念化する際の基準となり、また、その概念化の在り様を言語的表示として符号化する際に用いられる認知的な枠組を1種のフレームと見なすことも可能に思われる。こうした見方から本書は、変化の「なる」構文のスキーマが具体的な意味の構築を果たすにあたり、それがいかなるレベルにおいて意味的に具現化されるのか、という規準となる認知的視野としての枠組をフレームとして扱うこととする。

なお、Langacker の認知文法においては、フレームと類似したものとして「ドメイン」(domain) という概念が用いられる。Langacker (2008) によると、フレームとドメインの概念は、Lakoff (1987) などの言う「理想化認知モデル」(Idealized Cognitive Model; ICM) も合わせて、多くの場合に相互に読み換え可能なものとされる。ただし、これらは全く同じものと考えられるわけではない。Langacker の言うドメインとは、最も大きな捉え方をするならば「経験に関してのあらゆる観念や範囲」(any kind of conception or realm of experience) を指すものであり、ここには色や空間などに関する

「基本的」（basic）なドメインに加え、感覚や感情、身体運動的な経験や知性的な概念など、広範な概念を射程に置く「非基本的」（nonbasic）なドメインも含まれる。Langacker 自身の言によると、フレームはドメインよりも限定性の高いものであり、概ね Langacker の言う非基本的ドメインを指すものとして捉えられる（Langacker 2008: 44-47）。こうした Langacker の説明をふまえると、ドメインという概念は変化の「なる」構文が意味構築を果たす枠組として捉えるにはやや範囲が広すぎるものと言え、ここでの検討にあたっては「出来事を理解する枠」として規定されるフレームの考え方を採用することが好ましいと考えられる。この点に関連し、Sullivan (2013) は Langacker の言う意味でのドメインと概念メタファー理論に想定される「認知領域」を比べ、前者にはメタファー的概念写像において問題とされるレベルの領域とはならないものも含まれることから、これについて「明らかに一般性の高いもの」とし、Langacker によるドメインの概念に有用性がないわけではないものの、メタファーについて論じるうえではより限定性の高い規定が必要である、と述べている（Sullivan 2013: 21-22）。本書はメタファーの議論を主とするものではないが、ドメインという概念に対する考え方については基本的に Sullivan (2013) と同様の見方に立つ。

　以上のように、ここでは変化の「なる」構文の成立を支える概念化の視点として、「観察的視点」、「体験的視点」、「仮想的視点」の3通りの視点を想定したうえで、こうしたそれぞれの視点に基づいて形成される意味構築の枠組をフレームと考え、「観察フレーム」、「体験フレーム」、「仮想フレーム」という3種類のフレームを立てる。以下においては、各用法が具体的な意味を獲得するうえで基盤となるフレームについて検討し、5通りの用法を基盤となるフレームの異同に基づいて3通りのサブカテゴリーに分類する。

## 3.4.2　「観察フレーム」を基盤とする用法群

　はじめに「観察フレーム」を基盤に有すると考えられる用法群について確

認する。これに該当すると考えられるのが、①・②・③の3つの用法である。

まず①の特定的変化用法について、この用法において比較対象となる［X1］と［X2］の2つの要素は、同じ特定的な対象が異なる時点で示す性質・状態である。こうした要素は、いずれも表現主体から見ると外界に存在するものと言え、これらは表現主体自身の状態とは切り離されたものとして客体的に捉えられると考えられる。このため、用法①の概念化にあたっては、表現主体は比較対象となる要素間に認められる相違を客体的に俯瞰するような視点から捉えるものと言うことができる。

次に②の集合的変化用法について、この用法において比較対象となる［X1］と［X2］の2つの要素は、用法①の場合とは異なり、複数の異なる事物や状況の状態・性質である。ただし、これらが表現主体から見て外界に存在する対象であり、また、これらの間に認められる状態や性質の相違が客体的に捉えられると考えられる点は用法①と同様である。つまり、用法②においても、表現主体は比較対象となる複数の要素および要素間に認められる相違を自身の状態とは切り離し、客体的な視点から捉えるものと考えられる。

3つめに③の関係性変化用法について検討すると、ここにおいて比較の対象となる［X1］と［X2］の要素は何らかの対象そのものに内在する属性ではなく、ある対象が別の対象との対応関係として示す状態・性質である。ここにおいては、比較対象となる要素間の対応関係の推移が、場面について述べる表現主体自身の在り様とは無関係に生じるものとして、主体とは切り離された形で捉えられる。このように、用法③においても比較対象となる複数の要素が表現主体によって客体的に捉えられ、比較されるという構図が認められる。

ここで参照された3つの用法に認められる「客体的に捉えられる複数の要素を離れたところから俯瞰する形で見比べる」というレベルでの概念化を「観察的視点」からの概念化とし、こうした概念化を実現する認知的枠組を「観察フレーム」とする。①・②・③の3つの用法は、それぞれ異なる事物や状況を指示対象とするものではあるが、いずれも観察フレームにおいて変

化の「なる」構文のスキーマを意味的に具現化するものとしてまとめられる。

　ここで第2章での検討を振り返り、用法①・②・③においては名詞句の格機能と述部アスペクトの性質において共通性が認められたことを思い起こされたい。つまり、これらの3つの用法においては意味構築の基盤となるフレームが共有されると同時に、言語的性質にも並行性が認められる。このことについて、問題となる表現における概念化の様式と言語的性質の対応性という観点から確認しておく。まず、①・②・③の3用法の名詞句は、いずれも【変化の主体】の格機能を持つものと考えられる。これに関して、観察フレームを基盤とする概念化においては俯瞰的な視点から見比べられる複数の要素が観察者の視野の中で「姿を変えていくもの」として捉えられる、ということから説明が与えられる。つまり、問題となる3用法においては、名詞句Xの指示対象は観察者としての表現主体の視野の中で何らかの動きを示す動作主体として捉えられ、このことによってXの指示対象は【変化の主体】の格を持つことになると考えられる。また、各用法の述部アスペクトには、【動きの展開】、【動きの進行】、【動きの結果】、【状態の出現】、【変化の進展】という意味がいずれも適切に表される、という性質が共通して確認された。この点について、観察フレームに基づく概念化においては比較の対象となる複数の要素間の状態や性質の違いが観察者の状態とは切り離されて観察的な視点から捉えられるため、ここでは観察対象となる要素間に読み取られる状態移行の在り方が様々な観点から捉えられる、と考えると、用法①・②・③のアスペクトの性質にも妥当な説明づけが可能となる。

　以上のように、変化の「なる」構文の用法①・②・③は、いずれも観察フレームを基盤に具体的な意味を獲得すると考えられるものである。これらの3用法の言語的性質には並行性が認められるが、このことは各用法がいずれも同じ観察的視点からの概念化に基づくものであるためと考えられる。

### 3.4.3 「体験フレーム」を基盤とする用法

2つめに、ここでは「体験フレーム」を基盤にすると考えられる用法として、④の体験的変化用法について確認する。この用法において比較の対象となる［X1］と［X2］の2つの要素とは、いずれも表現主体の心内に形成される対象に対しての実感や印象である。そして、これらの2つの要素間に読み取られる状態・性質の相違は、表現主体に変化が生じたことをきっかけに、そうした主体自身の直接的な体験として、その心内に捉えられるものである。

用法④においては、先に確認した用法①・②・③の場合とは異なり、比較対象となる要素を外部から客体的に観察することは不可能となる。ここで比較の対象となるのは、事態の経験者である主体と対象との相互作用的な関わりに支えられ、主体の内面に生じる要素である。ここに認められるような「表現主体の体験に基づいて主体の内面に生じる要素を見比べる」というレベルでの概念化の様式を「体験的視点」からの概念化とし、これを実現する認知的枠組を「体験フレーム」とする[25]。体験的変化の用法は、体験フレームを基盤に変化の「なる」構文のスキーマを意味的に具現化することで、ここに意図される具体的な意味を成立させるものと考えられる。

観察フレームを基盤とする①・②・③の用法の場合と同様に、用法④に関しても概念化の様式と言語的性質の対応性について確認しておきたい。まず、用法④の名詞句には【心的状態の対象】の格機能が確認された。この点について、体験フレームに基づく概念化においては、比較の対象となる要素が事態の経験者から切り離された自立的な動作主体として捉えられるのではなく、表現主体との相互作用を通じて捉えられるものである、ということから説明が与えられる。すなわち、用法④における名詞句Xの指示対象は、それ自体の性質や状態について問題とされるものではなく、表現主体との相対的な在り方において評価され、規定されるものとなる。この用法において名詞句Xが【心的状態の対象】の格を持つと考えられるのはこのためである。また、用法④の述部アスペクトには、述部に示される動きの意味が事態の成立

後の視点から捉えられる、という性質が指摘された。この性質は、体験フレームを基盤とする概念化において問題となる状態移行の認識が、表現主体自身に生じた何らかの変化に応じ、表現主体と関りを持つ対象に対して事後的・結果的に捉えられるものである、ということから説明づけられる。この用法の表現は、表現主体の状態と無関係に展開する対象の変化を客体的に捉えて述べるものではないため、ここにおいては変化の進行や進展の様相を捉えることが基本的に不可能となり、こうした意味を表す表現は適切になりにくい、ということになるわけである。

以上のように、変化の「なる」構文の用法④は、体験フレームにおける概念化を通じて意味構築を実現すると考えられるものである。用法④に認められる言語的性質は、体験的視点からの概念化にもたらされるものとして説明が与えられる。

### 3.4.4 「仮想フレーム」を基盤とする用法

3つめに、「仮想フレーム」に基づくと考えられる用法について確認する。このフレームを基盤に成立とすると考えられるのが⑤の仮想的変化用法である。用法⑤において比較の対象となる [X1] と [X2] の要素は、ある特定のカテゴリーを形成する成員としての対象一般に対して表現主体が想定する標準的な状態・性質と、当該のカテゴリーの成員である特定の対象の状態・性質である。ここでは、表現主体によって客体的に観察可能な特定の要素の状態・性質が、表現主体の心内に想起されるイメージ的な要素との間で見比べられ、比較されると考えられる。ここにおいて2つの要素の間で行われる「見比べ」の認知操作には、時間性の介在が認められない。

仮想的変化法の背景に想定される比較とは、観察的視点による概念化に認められた「外界に存在する複数の要素の間における比較」とは異なり、また、体験的視点からの概念化に想定されたような「ある主体の内面に存在する複数の要素の比較」とも異なるものである。この用法に認められる「ある主体

の心内に想起される要素と客体的に観察される要素を見比べる」というレベルでの概念化の様式を「仮想的視点」からの概念化とし、その実現の場となる認知的枠組を「仮想フレーム」と呼ぶこととする。用法⑤は、仮想フレームを基盤に変化の「なる」構文のスキーマを具現化し、その意味構築を実現するものと考えられる。

　用法⑤の言語的性質についても、その成立の前提となる概念化の様式を考慮することで説明が可能となる。まず、この用法の名詞句には【性質の主体】の格機能が認められた。この点に関し、仮想フレームを基盤とする概念化において変化として捉えられるのは、ある特定の対象に対して表現主体の心内に想起される標準値との間に認められる差異や相違であるが、この用法に言及される対象は、そうした違いとしての特徴的性質の「持ち主」として捉えられることから、【性質の主体】の格機能を担うことになると考えられる。また、用法⑤の述部アスペクトには、動きの結果として成立する状態の局面のみが適切に表されるという性質が認められた。この理由となるのが、仮想フレームにおける概念化は対象が現実的に状態を移行する様相を捉えるものではなく、眼前の対象とそれに想定される基準値を心内で見比べるものであり、ここには時間経過に伴う動きが関与しないため、これを捉えることは不可能となる、ということである。このように、仮想フレームを基盤とする概念化に伴う時間性不在という特徴から、用法⑤のアスペクトの性質にも説明が与えられる。

　ここに確認された通り、変化の「なる」構文の用法⑤は観察フレームにおける概念化を基盤とするものと考えられる。この用法に指摘された言語的性質は、仮想的視点からの概念化によってもたらされるものとして説明される。

### 3.4.5　概念化の様式に基づく5用法の分類

　以上のように本書は、変化の「なる」構文の各用法が具体的な意味を成立させる際に基盤となる認知的な視点として、観察的視点、体験的視点、仮想

的視点という3通りの視点を想定し、それぞれの視点に基づく認知的な視野の中で形成される概念化の枠組を、観察フレーム、体験フレーム、仮想フレームという3つのフレームとして規定する。この見方においては、変化の「なる」構文の5用法は、観察フレームを基盤とするサブカテゴリー（用法①・②・③）、体験フレームを基盤とするサブカテゴリー（用法④）、仮想フレームを基盤とするサブカテゴリー（用法⑤）に3分類することが可能となる。こうした3通りの分類は、各用法の言語的性質の異同とも対応性を示すものであり、各用法の形式的特徴と成立メカニズムの関係を矛盾なく反映するものであると考えられる。

## 3.4.6 「主観的把握」と「客観的把握」の観点について

　当節では変化の「なる」構文の5用法が意味構築を果たす「からくり」について検討してきた。ここで最後に、この問題に関連するものとして、認知言語学において展開される「事態把握の主観性・客観性」の議論について参照し、これに対する本書の立場について確認しておきたい[26]。まず、上記の議論に関する代表的な研究知見として、池上（2000, 2004, 2005, 2006, 2011）などによる「主観的把握」（subjective construal）と「客観的把握」（objective construal）の考え方について概観的に紹介する。

　池上（2011）によると、上記の2通りの「事態把握」とは、次のように規定されるものである。

　　〈主観的把握〉：話者は問題の事態の中に自らの身を置き、その事態の当事者として体験的に事態把握をする——実際には問題の事態の中に身を置いていない場合であっても、話者は自らがその事態に臨場する当事者であるかのように体験的に事態把握をする。

　　〈客観的把握〉：話者は問題の事態の外にあって、傍観者ないし観察

者として客観的に事態把握をする―実際には問題の事態の中に身を置いている場合であっても、話者は（自分の分身をその事態の中に残したまま）自らはその事態から抜け出し、事態の外から、傍観者ないし観察者として客観的に（自己の分身を含む）事態を把握する。

(池上 2011：52)

こうした規定を試みる意図として、池上（2004）では、次のような考え方が示されている。

事態把握という営みそのものは発話主体の認知的な営みであるという意味ではすべて〈主観的〉な性格のものであろうが、生成され、選択の対象となる個々の事態把握は問題の事態をどのような仕方で把握するかに関して相互に異なっているわけで、そのレベルでの異同に〈主観的〉、〈客観的〉という特徴づけを与えることが出来ないか、〈主観的〉な事態把握の仕方というものをそうでない事態把握の仕方と対比して規定することができないか、ということである。

(池上 2004：18)

そして池上（2011）では、上記のような規定に関し、主観的把握においては主体としての話者が自らの身体を介して感覚レベルで事態と関わり合い、主体あるいは主観の存在が焦点化されるのに対し、客観的把握においては主体が客体と隔離された形で関わり合い、ここにおいては主体によって関わりを受ける客体の方が焦点化される、という見方が示されている（池上 2011：52-53 参照）[27]。

池上（2006, 2011）などにおいては、上記のような「主観的把握」および「客観的把握」の発想に基づき、「好まれる言い回し」(fashions of speaking) という観点から言語ごとの特徴を明らかにするという試みの提案がなされている。この背景には、先に参照した Langacker による視点構図の発想が英語

を基準に考えられたものであり、ここにおいて「標準的」とされる事態の捉え方が日本語においては標準的とは見なされないという問題意識が横たわっている。このことを念頭に、池上（2004）では、英語においては有標的な捉え方のモードとなる主観的把握の方を事態把握のプロトタイプと見なすべきではないか、という、日本語話者の立場からの重要な投げかけがなされている（池上 2004：35-36）[28]。

本書が問題とする変化の「なる」構文において、いわば「拡張的」なものと考えられる②・③・④・⑤の用法は、認知言語学の先行研究において、いずれも何らかの意味で「主観的」（subjective）とされてきた言語表現と強い関連性を示すものと言える。このことをふまえると、これらについて、事態把握の主観性と客観性という観点から考察を行うという道筋も考えられるかもしれない。ただし、「なる」構文の5通りの用法の成立メカニズムについて明らかにするには、それぞれの用法の成立に関わる認知的方略について、より詳細に項目を立てて考察を行うことが有益に思われる。具体的な確認として、まず1つには、用法①・②・③の分類に関する問題が挙げられる。これらの3つの用法は、いずれも表現主体自身の状態とは無関係に外界で生じる何らかの変化を問題とするものと言え、それぞれある意味において客観的把握に基づいて成り立つものとして規定されると考えられる。しかしながら、これらの各用法が表す事態はそれぞれ異なるものであり、各用法の成り立ちについて明らかにするには客観的把握という概念よりもさらに細かい観点からの検討が求められる。また2つめに、主観的把握と客観的把握の規定においては、用法④と⑤の分類について十分な見通しを与えることができないと思われる。池上（2011）の「〈主観的把握〉の場合、〈話者〉は〈事態〉の中に身を置き、自らの感覚を通して〈事態〉を直接体験する」（池上 2011：59）という説明をふまえると、いずれも表現主体自身の内面的な感覚が関わると言える用法④および用法⑤は、共に主観的把握を基盤とするものと考えられる。しかしながら、これらの2つの用法を支える主観性の在り様は同一のものではなく、その詳細について示すには主観的把握とは別の観点が求め

られる。

　以上のことを考慮すると、変化の「なる」構文の5用法の成り立ちと関係について明らかにするには、「事態把握の主観性と客観性」という考え方をさらに細かく捉え直し、より具体的なレベルで検討を進めることが必要であると考えられる。補足として述べておくと、池上（2004, 2005, 2006, 2011）などに示される「主観的把握」と「客観的把握」の考え方は、認知的観点および類型論的観点からの言語研究に多くの示唆を与えるものであり、現在に至るまで多くの研究において援用されるものであって、ここに重要な学術的意義が認められることは言うまでもない。もちろん本書も、これについて問題や不備を指摘するものではないが、本書が考察対象とする変化の「なる」構文について見通しを深めるにあたっては、さらに別の観点を加えての取り組みが有益なのではないか、というのが筆者の見方である。当節における「視点」と「フレーム」の概念を用いての検討は、こうしたことをふまえ、それぞれの用法の成立メカニズムについて掘り下げた考察を行うためのものである。なお、各用法に関する具体的な掘り下げは、続く第4章以降において展開する。

## 3.5　第3章のまとめ

　本章では、言語の表現形式と「捉え方」の問題に関する本多（2013）の見方を参考としつつ、変化の「なる」構文の5用法がいかなる形で関連づけられるものかについて検討を行った。これを通じ、問題となる5通りの用法はそれぞれ異なる内容を指し示すものであるが、構文としての単位で同じスキーマを共有するものとして結ばれるものであることを確認した。改めて提示しておくと、ここに想定される共通のスキーマとは、概略、次のように図示されるものである（再掲）。

第3章 変化の「なる」構文の5用法の多義的関係　　131

図3　変化の「なる」構文のスキーマ

そして、各用法において［X1］および［X2］の項を占める要素は、それぞれ次のようなものと考えられる。

【特定的変化用法】
［X1］：時点 t における特定的な対象 X の性質・状態
［X2］：時点 t＋α における特定的な対象 X の性質・状態

【集合的変化用法】
［X1］：時点 t における連続体・集合体 X の成員や構成要素
［X2］：時点 t＋α における連続体・集合体 X の成員や構成要素

【関係性変化用法】
［X1］：時点 t において特定的な対象 X が基準に対して示す値
［X2］：時点 t＋α において特定的な対象 X が基準に対して示す値

【体験的変化用法】
［X1］：時点 t における特定的な対象 X に対しての表現主体の印
　　　　象・実感
［X2］：時点 t＋α における特定的な対象 X に対しての表現主体の
　　　　印象・実感

【仮想的変化用法】
[X1]：対象 X に想定される標準的な性質や状態
[X2]：対象 X の特定の成員に認められる性質や状態

[Y] の項に置かれる要素は、各用法とも共通して、[X1] との比較を通じての [X2] への評価を表すと考えられる。[X1] から [Y] の観点において [X2] へと至る状態・性質の推移の意味を表すと考えられるのが動詞「なる」である。ここでの検討の結果をふまえ、変化の「なる」構文は共通のスキーマに支えられる 5 通りの用法から構成された多義的な構文である、と言うことができる。

本章では上述の確認に加え、変化の「なる」構文の各用法は、それぞれが基盤とする意味構築のフレームの異同に基づき、3 種類のサブカテゴリーに分類可能であるという見方を提案した。こうした 3 通りのサブカテゴリーに基づく分類として、用法①・②・③は観察フレーム基盤の用法としてのサブカテゴリー、用法④は体験フレーム基盤の用法としてのサブカテゴリー、そして用法⑤は仮想フレーム基盤の用法としてのサブカテゴリーに分類することが可能と考えられる。

以上のことをふまえ、次章以降では変化の「なる」構文の 5 通りの用法に関し、それぞれの特徴と成り立ち、また相互の関係についての考察を進める。これは、第 1 章に示された多義的構文の研究課題 [3] に挙げられる「複数の意味の相互関係の明示」を目的とするものである（本書の 1.2.3 参照）。なお、この課題に向けては、先に課題 [2] として挙げられる「プロトタイプ的意味の認定」を行っておくことが必要である。これに関して、籾山 (2001) は「複数の意味の中で、最も重要であり、慣習化の程度・認知的際立ちが高いといった特徴を備えたものをプロトタイプ的意味に認定することになる」としており（籾山 2001：33）、また、この見方に基づく籾山・深田 (2003) には、プロトタイプ的意味の認定法の 1 つとして、言語表現の複数の用法のうち、制約がない、あるいは相対的に制約が少ない用法がプロトタ

イプ的意味として認定される、という見方が示されている（籾山・深田 2003：140-145 参照）。一般的に、「XがYくなる」および「XがYになる」という表現はどのような事柄を述べるものか、ということを問題にした場合、真っ先に想定されるのは「名詞句Xに指し示されるものが時間経過に従って元とは別のYの状態に変わる」という解釈であると思われる。上記のような解釈を求める表現は、本書で言うところの用法①にあたるものとなるが、ここまでの観察と分析をふまえて言うと用法①には表現上の制約も少ないと考えられる点から、ここではこれを変化の「なる」構文の5用法の典型的意味を表すものと位置づけることとする。これを前提に、以下においては用法①を変化の「なる」構文のプロトタイプ的用法として起点に置き、②から⑤までの各用法を派生的用法と考えて、それぞれの拡張性について検討を行う。

## 注

[1] ただし「公共的な」とは言っても、もちろんそうした「公共性」が個別の日本語話者ひとりひとりに全く同じ形で共有されているわけではなく、それぞれの話者の言語知識は個別の知識として扱われるべきものと考えられる。このことは、各用法の具体的な表現の適切性に対して話者ごとに判断の違いが認められることや、それぞれの話者に用いられる言語表現が全く同じではないことからも明らかであると思われる。本書においては、こうした個別の言語知識を可能な範囲で一般化した「集合知」的なものとして、言語表現の意味や成立メカニズムについて検討する。

[2] また Langacker（2009）では "Schemas bear the closest relation to expressions. They are templates for expressions, representing the abstracted commonality of sets of expressions parallel in certain respects. Schemas are thus are directly analogous to the expressions they characterize apart from their level of specificity." と述べられている（Langacker 2009: 2）。

[3] これらを見ると、イメージ・スキーマをめぐる Johnson の信念とも言うべき見方、すなわち「身体性」への眼差しは現在まで変わらず貫かれていると強く感じられる。

[4] 筆者自身のスポーツや武道に関する経験から言うと、イメージ・スキーマは我々の身体の用い方にも影響を与えているように感じられる。例として、ラグビーにおいてスクラムを組む際に、自軍ボールの安定的な確保を意図して相手からのプレッシャーに抗する場合の身体の使い方と、相手ボールの獲得や相手スクラムの崩壊を狙って一気に圧力を

かける場合の身体の使い方は根本的に異なる。こうした違いについて体得する際に、いわゆる力動性とバランスのイメージ・スキーマなどが大きな役割を果たすように感じられる。より単純なプレーとして、ボールを持って相手プレーヤーにぶつかるような際にも、接触の後に相手との間にわずかな隙間を作って自身に有利な体勢でボールをコントロールすることを意図する当たり方と、コンタクト後に相手に絡まれながらもさらに前進を図るような際の当たり方には違いがあり、こうした場面における身体の使い方にもイメージ・スキーマが影響しているのではないかと思われる。別の例として、武道の所作を習得する際にも、同様にイメージ・スキーマを通じての感覚の体得が意味を持つように感じられる。例えば、空手や柔術（あるいはその原型となる剣術）の稽古においては、特定の所作に特定の発声が結びつけられることがあるが、これに導かれて「あるべき呼吸の行い方」が実現されることで身体の用い方が自然に正しい在り様に方向づけられると感じられることは少なくない。そして、これにより、言葉では十分に表すことも理解することも難しいと感じられる動きの感覚が、抽象的ながら明確なイメージとして「身について」いく。こうしたことは勿論、イメージ・スキーマの実在性を客観的に証明するものではないが、筆者にはその働きを感じさせるもののように思われてならない。

5　Johnson（1987）にはさらに多種のイメージ・スキーマがリストアップされているが（Johnson 1987: 126 参照）、これらについて Clausner and Croft（1999）は再検討を行い、彼ら自身による見出しや新たなイメージ・スキーマを加えつつ、そのグループ化を試みている。鍋島（2003）は Clausner and Croft（1999）の示すイメージ・スキーマの分類を、当時において「最も合理的なもの」として評価している（鍋島 2003：337）。

6　池上（1995）では、言語の意味や文法においてイメージ・スキーマが果たす役割の重要性が強調されている。ここでは、「起点-経路-到達点」のイメージ・スキーマに基づく移動表現に関し、その概念化においては起点よりも到達点に重きが置かれるという意味での非対称性が指摘されている。例として「太郎が家から公園を通って学校に行く」のような表現に関して言うと、起点を言語化しない「学校に行く」のような表現は不自然ではないが、到達点を言語化しない「家から行く」のような表現は簡潔性の低い不自然なものとなる（池上 1995：96-97 参照）。このように、あるイメージ・スキーマの要素には、特定の言語表現を構造化するうえで、焦点化されやすい要素とそうでない要素が認められる。基本的に、ある事物や状況が「変化した」ことを表す際には、対象となる事物や状況が「元の状態から変化してどのようになったか」に焦点があてられることが多いと思われ、このため変化の「なる」構文の表現においても到達点（あるいは着点）への焦点化が重要であると言える。

7　ここにおいて「経路」を「過程」に置き換えるというのは菅井（2001）独自の提案であ

る。この点に関しては岡（2007）より、《起点-経路-着点》のイメージ・スキーマは空間に関する経験に基づくものであり、その「経路」を時間に関する概念である「過程」に置き換えることは妥当とは考えにくい、という主旨の指摘がなされている。合わせて、岡（2007）はニ格を「着点」として一次的に規定することにも否定的な見方を示している。

[8] 菅井（2001）は「ヲ」に示される対格の用法に関し、概略的な分類として［対象］、［経路］、［起点］、［時間］、［状況］の5つを挙げている。菅井（2001：112）にはこうした5通りの用法を総合した図式が示されており、またここではデ格に関する議論もなされているが、本書では菅井（2001）の基本的な発想の紹介に留める。詳細は原著を参照されたい。

[9] 山梨（2000）は、「起点-経路-到達点」のイメージ・スキーマを、何らかの事物や状況の出現を表す表現の説明に援用している。例として、「血が出ている」のような表現は出来事の結果としての「出血」という到達点を前景化するものであるが、ここにおいては出血の背景となる事柄に注目し、「どこから」にあたるような起点の要素を言語化することも可能である。これに対し、「ニキビが出てきた」のような表現では起点に関する意味は背景化され、さらに「星が出ている」のような例では起点の意味を問うこと自体が難しくなる（山梨 2000：79-80 参照）。このように、ある言語表現の意味と用法については、その基盤となるイメージ・スキーマのどの局面が前景化（あるいは背景化）するか、という観点から説明することが可能となる。

[10] 岩田（2010）は "Motion" の概念と状態変化の概念の結びつきを自明視する従来の研究に問題を提起し、より細やかな視点から検討を行うべきことを指摘している。

[11] こうしたスキーマが妥当なものとして受け入れられる場合、これは変化の「なる」構文のみに想定されるものではなく、異種の変化表現の意味にも関わるものと考えられるかもしれない。ただし、本書では他のタイプの変化表現には考察が及んでいないため、ここではこれを暫定的に変化の「なる」構文のスキーマと呼ぶこととする。

[12] すなわち、ここにおいては Taylor（2003）が英語の動詞 "climb" の意味や前置詞 "over" の意味について指摘するのと同じように、ある表現の意味は語彙項目単体としての意味の拡がりを基準として機械的に算出されるものではなく、言及対象となる事柄に関する話者の百科事典的な知識とも関連づけられ、描写される場面全体に関するものとして捉えられる、という見方が想定される。このことに関する例を参照しておくと、Taylor（2003）は "climb" の用法に関し、"The boy climbed the tree" と "The plane climbed to 30,000 feet" のような文では "climb" に指し示される動きが異なるが、こうした違いは動詞の多義性に影響されると同時に、文に指し示される場面の違いからも生

じるものであり、上記の例における 2 通りの解釈は、"climb" に想定される特定の 2 つの意味の間での選択によって成立するものではなく、言及対象となる場面についての百科事典的な知識から生じるものであると述べている（Taylor 2003: 145 参照）。これと同様に、変化の「なる」構文の 5 用法においても、それぞれの用法において各語彙項目が表す具体的な意味は、語に予め想定される意味の拡がりを前提としつつも、当該の用法に述べられる場面についての相対的な知識を参照しつつ実現されるものと考えられる。

[13] 関連する議論として、寺村（1982）は、事物の客観的属性を表すとされる形容詞のほとんどは「相対的な品定め」の表現であるとし、例として「コノ机ハ大キイ」という場合の「大キイ」や「長イ紐」という場合の「長イ」のような形容詞が「机」や「紐」の「属性」を「客観的」に述べている、という言い方をすることには「問題がある」としている（寺村 1982：167 参照）。寺村（1982）においては、上記のような形容詞（およびそれに準する要素）は「相対的性状規定」の表現とされ、対して、これらのように事物について相対的な評価を行うのではなく、問題となる事物の絶対的な性質を表す「丸い」、「四角い」や「赤い」、「黒い」などの形容詞類は「絶対的性状規定」の表現とされている。なお、寺村（1982）の「性状規定」の考え方は、いわゆる佐久間文法における「品さだめ」の表現の発想に基づくものである。

[14] こうした形容詞の性質について検討するうえで、身体的な概念としての「知覚」と精神的な概念としての「感性」の交わりについて論じる佐々木（2004, 2010）からは多くの示唆が得られる。なお、三浦編（2010）には、「感性」の観点から展開される心理学的研究の多様なアプローチが示されており、形容詞を含む言語の意味研究にとっても有益な視点が得られる。

[15] 詳細については篠原（2002）を参照。篠原（2002）は、形容詞文の主語選択においてメトニミー的認知が重要な役割を果たすことを指摘したうえで、形容詞は特定の対象に関する情報を焦点化するのみならず、問題となる状況全体に関する意味を描出する性質を持つ、という見方を示している。この問題に関しては、合わせて篠原（2008）も参照されたい。

[16] 転移修飾について、深田（2004）は「ある時点における主体の内面的あるいは心理的状態を対象に投影していくという認知プロセスを介して、主体の情意を表す言語表現が、その情意の意味を保持したまま、統語的にはその主体ではなく対象を修飾するというかたちをとる用法のことを言う」としている（深田 2004：133）。大森（2004b）は、言語が担う情報とは「私たちが経験した外界」（大森 2004b：186）に関するものである、という見方に立ち、転移修飾の表現は「本来修飾すべき語から「転移」し、意味的に無関係な語を修飾しているわけでは決してない」のであり、「語り手が描こうとしている

[17] 深田（2004）は、ここに挙げた例の他に擬人化表現や主体移動表現などにも目を向け、その日英語における違いについて詳細に考察を行っている。これらを通じて深田（2004）は、英語が我々の経験の中の客体的な側面を言語表現に重ね合わせる傾向の強い「客体志向」の言語であるのに対し、日本語は主体に関する側面を言語表現に重ね合わせる傾向の強い「主体志向」の言語であると考えられることを主張している。

[18] 仲本（2006）は本多（2005）とも通じる視点から形容詞に関する重要な議論を展開している。合わせて参照されたい。

[19] 影山（1996）はこれらに言及したうえで、「これまでの研究では、〈ナル型〉対〈スル型〉という対立は日英語の全体的な印象から述べられてきたに過ぎない」とし、両者の共通性を見極めるには動詞の意味タイプをより詳細に明らかにする必要があると主張している（影山 1996：8-10 参照）。

[20] 参考として、『デジタル版 大辞泉』の「ナル」（成る・為る）の項を参照すると、現代日本語では使用頻度の低いものも含めて、ではあるが、実に 14 通りもの意味が挙げられている。佐藤（2005）は「変化自動詞の代表」（佐藤 2005：48）と言える動詞「なる」の意味に関して、「ナルは数ある変化自動詞の中でも特に、「変化」の過程やその結果状態のあり方などに関する特定化がなされていないために、他の語彙項目にはみられない意味の広がりがみられる」とし（佐藤 2005：7）、その意味の多様性について、数多くの興味深い事例を挙げつつ、多様な視点から論じている。なお、佐藤（2005）では、「非変化」の用法を含む「なる」の意味の拡がりについて、メタファーの観点から説明が与えられている（佐藤 2005：第 1 章参照）。

[21] Langacker（2008）では "A viewing arrangement is the overall relationship between the "viewers" and the situation being "viewed". For our purpose, the viewer's are conceptualizer's who apprehend the meanings of linguistic expressions." とされている（Langacker 2008: 73）。

[22] 池上（2006, 2011）では、主体と客体の融合を示す日本語の表現として、川端康成『雪国』における「国境の長いトンネルを抜けると雪国であった」という冒頭の文が紹介されている。この文と比べると頻繁に引用されるものではないが、『雪国』においては物語の最後に置かれる「踏みこたえて目を挙げた途端、さあと音を立てて天の河が島村のなかへ流れ落ちるようであった」という一節にも、身体と環境の不可分性とも言うべき、主客の融合を思わせるような含みが感じられる。この見方が正しいとすれば、「主客合一的な捉え方」という観点が『雪国』の評価において持つ意味合いは、さらに重要性を

増すように思われる。

[23] このことに関して Fillmore は "We can say that, in the process of using a language, a speaker 'applies' a frame to a situation, and shows that he intends this frame to be applied by using words recognized as grounded in such a frame." と述べている（Fillmore 1982: 120）。

[24] Fillmore（1985）には "What holds such word groups together is the fact of their being motivated by, found on, and co-structured with, specific unified frameworks of knowledge, or coherent schematizations of experience, for which the general word frame can be used." との説明が見られる（Fillmore 1985: 223）。「フレーム」の考え方には、その定義が十分に厳密とは言えず、研究者ごとにその理解と規定が異なる点に課題が指摘されることもある。ただし、Bednarek（2005）は哲学・心理学から人工知能、言語学といった分野を通じてのフレームの考え方について概観したうえで、フレーム理論に指摘されるあいまいさや統一的な定義の欠如という課題を認めつつも、文と文脈、世界に対する知識、そして言語表現に対する一貫性のある理解の成立について検討する際にフレームの概念から有用な知見が得られるという見方を示している（Bednarek 2005: 690-692 参照）。鍋島（2016）の第7章では、人工知能研究から社会心理学、人類学、言語学といった分野の研究知見を横断し、フレームについて、その類似概念としての「スキーマ」や「スクリプト」の説明とも合わせ、現在までの研究の系譜と応用可能性が論じられている。

[25] こうした捉え方を支える「視点」とは、早瀬（2007, 2009, 2012）などが英語の懸垂分詞構文の背後に指摘する「内の視点」と実質的に同義のものと考えられる。

[26] 池上（2004）の第4章および第5章にも述べられている通り、「主観的把握」と「客観的把握」の考え方は、Langacker（1990b）などにおける "subjectification"（主体化）に関する議論と強く関連するものである。本書の第5章と第6章では、変化の「なる」構文の用法④および用法⑤の成立について、主体化との関連から検討を行う。

[27] 「主観的把握」と「客観的把握」に関する議論と並び、事態の捉え方と言語の関係について検討するうえで重要な概念として、山梨（2000）などによる「知覚レベルと状況レベル」、中村（2004）などによる「IモードとDモード」、鍋島（2011）などによる「SモードとOモード」などの考え方が挙げられる。この問題に関し、身体性に注目する視点から掘り下げた議論を展開する鍋島（2011）は、知覚や概念をめぐっての認知科学、言語人類学、哲学などにおける議論に広く目を向けたうえで、上記の諸概念について紹介している。なお、ここで問題となる主観性・客観性の考え方については、いわゆる西田哲学と結びつけての議論がしばしば認められるが、同様にこの議論に関連するものと考えられる発想として、市川（1985）の「直接的認識」と「間接的認識」の考え方が挙

げられる。

[28] なお、Langackerの主体化の考え方に対しては、中村（2009）などにも問題提起がなされている。中村（2009）はLangacker（1985）における視点構図の説明に対し、「私たちの認識は、いわゆる客観的に存在するものを単純に外側から観ているのではなく、観る・観られ関係に基づいてはいない。一定範囲の言語分析のために観る・観られ関係を導入することは問題ではないが、言語分析を、認識の本質に基づこうとすると、観る・観られ関係の導入では、十分ではない」と述べている（中村 2009：358）。

# 第4章　観察的レベルの用法間の拡張関係

　第3章に示された通り、変化の「なる」構文の①・②・③の3つの用法は、比較対象となる複数の要素を事態の観察者である表現主体自身の状態とは切り離して客体的に捉える、という概念化の様式を共有するものとして、いずれも観察フレームを基盤とする用法のサブカテゴリーに分類されるものと考えられる。本章では、これらの3つの用法の成立メカニズムについてさらに詳細に検討し、特定的変化用法（用法①）を起点としての集合的変化用法（用法②）および関係性変化用法（用法③）の位置づけと関係を明らかにすることを試みる。ここでの考察を通じ、特定的変化用法に想定される意味を起点とした際に、集合的変化用法は「個体と集合体のイメージ・スキーマ変換」の認知的プロセスに、また、関係性変化用法は名詞句に対する「トラジェクターとランドマークの反転によるプロファイル・シフト」としてのイメージ・スキーマ変換の認知的プロセスに動機づけられて、それぞれ拡張的に成立するものと考えられることを示す。

## 4.1　集合的変化用法の成立メカニズムと拡張性について

　当節では、特定的変化用法を起点に据えたうえで、集合的変化用法の成立メカニズムと拡張性について検討する。はじめに、考察の起点となる特定的変化用法の事例の一部（本書2.1.1参照）について改めて提示しておくと、これらは次のようなものであった。

(1) a. 水洗いすると、ウールのスカートが縮んで短くなってしまった。

(67) a. ひと月前に見つかった腫瘍が、どんどん大きくなってきている。
b. 自宅の改装工事をしてリビングが広くなったが、その影響でキッチンは狭くなってしまった。
c. 煙草への風当たりが厳しくなり、外出先で喫煙場所を見つけるのが難しくなってきた。
d. 子供につきあっての間食が増えたせいか、妻の顔が丸くなってきた気がする。

(68) a. 子供の頃はあまり異性として意識したことがなかったが、10年ぶりに会った小学校の同級生の女子がすっかりかわいくなっていた。
b. 近年のルール改定で、攻撃側に有利に笛が吹かれるようになり、ラグビーがますますおもしろくなってきた。
c. 自宅でタバコを吸うようになって、部屋がヤニ臭くなってしまった。
d. 昨夜の味噌汁が煮詰まってしょっぱくなってきた。

(69) a. 定期健診の結果、腫瘍が巨大になっていることがわかった。
b. 丸顔だった娘が、大きくなるにつれてだんだん面長になってきた。
c. ハンバーグが焦げついて真っ黒になってしまった。
d. 20代の頃はムキムキだった夫が、30歳を過ぎてムチムチになってきた。

また、この用法の事態概念は、次のような要素に具現化されるものであった（本書 3.2.1 参照）。

【集合的変化用法の構成要素】
　［X1］：時点 t における連続体・集合体 X の成員や構成要素
　［X2］：時点 t＋α における連続体・集合体 X の成員や構成要素
　［Y ］：［X1］との比較を通じての［X2］への評価

次に、集合的変化用法の事例（本書 2.1.2 参照）の一部と事態概念の具現化要素（本書 3.2.2 参照）を再掲しておく。まず、この用法の事例として挙げられた表現とは、次のようなものである。

（1）b.　最近、本校では女子生徒のスカートがどんどん短くなってきている。

（70）a.　学年が上がるにつれて息子の食欲はどんどん旺盛になり、年を追うごとに弁当箱が大きくなっていく。
　　 b.　田舎に引っ越してきて、家の庭が前よりずっと広くなった。
　　 c.　志望者の増加に伴い、この大学はここ数年、入試問題が難しくなっている。
　　 d.　空気抵抗の考慮から、最近は自動車の車体が丸っこくなってきた。

（71）a.　昔は赤か黒かの地味なものしかなかったが、最近はランドセルがずいぶんかわいくなっている。
　　 b.　この作家は新作が出るたびに小説がおもしろくなっていく。
　　 c.　加齢に伴ってか、父の靴下が度合いを増して臭くなってきた。
　　 d.　妻のつくる味噌汁がだんだん塩辛くなってきた。

（72）a.　学年が上がるにつれて、息子の弁当箱が巨大になっていく。
　　 b.　この車は、モデルチェンジでヘッドライトが丸形になった。
　　 c.　不祥事からのイメージ刷新のため、大学のシンボルカラーが黒か

　　　　ら白になった。
　　d.　2000 年頃からファッションモデルが過度にスリムになっていることが問題視されている。

そして、この用法の事態概念は次のような要素に構成されると考えられるものであった。

【集合的変化用法の構成要素】
　［X1］：時点 t における連続体・集合体 X の成員や構成要素
　［X2］：時点 t＋α における連続体・集合体 X の成員や構成要素
　［Y］：［X1］との比較を通じての［X2］への評価

これらに確認される通り、特定的変化用法と集合的変化用法では名詞句 X に想定される指示対象のタイプに相違が認められる。前者では X の項の名詞句に言語化される対象が特定の個別的な対象であるのに対し、後者において名詞句 X に示されるのは、連続体や集合体の成員や構成要素としての対象である。また、このことに伴い、2 つの用法においては形容詞類＋「なる」が表す内容についても、具体的に生じる出来事のレベルにおいては異なるものとなっている。

### 4.1.1　集合的変化用法の名詞句における「役割解釈」

　特定的変化用法と集合的変化用法の間に認められる名詞句に指し示される内容の違いは、Sweetser（1997）がメンタル・スペース理論の考え方を前提に英語の変化述語の主観的意味について論じるうえで用いる、主語名詞句に対する「値解釈」（individual reading）と「役割解釈」（role reading）の観点から説明することが可能と考えられる[1]。この見方に基づいて言うと、変化の「なる」構文の集合的変化用法においては、ガ格に示される名詞句の指示

対象が「役割」として捉えられているということになる。

　値解釈と役割解釈の考え方について、Sweetser（1997）の説明を通じて確認しておく。まず、(73) の例文を参照されたい[2]。

(73)　　Higginbottom's paper keeps getting longer every year![3]
　　　　（Higginbottom の論文は年々長くなっていく！）

(Sweetser 1997: 118, 筆者訳)

Sweetser（1997）によると、(73) の文には 2 通りの解釈が可能である。1 つは、この文の主語にあたる "Higginbottom's paper" の指示対象を「特定の個別的な対象」、すなわち改訂によって書き換えられる同じ 1 つの論文として捉える解釈で、この捉え方において (73) は「特定の論文に加筆修正が行われた結果、その論文が元の状態よりも長くなっていく」ということを表すものとなる。この場合、"Higginbottom's paper" は特定的な個体としての解釈を受けており、述部 "getting longer" は特定の論文に生じた状態・性質の変化を述べると考えられることになる。これに対し、"Higginbottom's paper" によって指示される対象を「異なる複数の対象」、つまり、同じ著者の手による別個の何本かの論文として捉え、(73) の文は「同じ著者による複数の論文において、時間的に後に書かれたものの方が、前に書かれたものよりも長くなっている」ということを述べる、という解釈も認められる。この解釈においては "Higginbottom's paper" は役割としての解釈を受け、この際に述部の "getting longer" が述べるのは主語名詞句に指示される複数の対象の間に認められる状態や性質の違いであるとされる（Sweetser 1997: 118）。Sweetser（1997）では、例として、次のような表現にも役割解釈の読みが想定可能とされている。

(74) a.　　Your apartment keeps getting bigger/（smaller） every time I visit.
　　　　　（君のアパートは、訪ねるたびに {大きく／（小さく）} なるね。）

b. The situation gets better/worse/crazier everitime I call her.
（彼女に電話するたびに、状況は｛よく／悪く／おかしく｝なっていく。）

c. His lovers keep getting taller.
（彼の恋人は、次々に背が高くなっていく。）

(Sweetser 1997: 119, 筆者訳)

　参考として、Sweetser（1997）が「役割解釈」とする名詞句の解釈については、西山（1988, 2003）などが、これとは別の説明を与えている。西山（2003）によると、名詞句は特定の対象を指示する機能を持つ「指示的名詞句」と、そうした機能を持たない「非指示的名詞句」に区別される。非指示的名詞句はさらに、「太郎は学生だ」という際の「学生」のように、その属性を主語の指示対象に帰する働きを持つものである「叙述名詞句」と、「委員長は田中だ」という際の「委員長」のように、「誰が委員長か」という問いへの答えを指定する働きを持つようなものとして規定される「変項名詞句」に分類されるが、メンタル・スペース理論で役割解釈の名詞句とされるものは、西山（2003）の見方においては変項名詞句に概ね該当すると考えられるものである。西山（2003）の説明によると、例として「大統領が変わった」という文には「大統領の容貌や性格が変わった」という解釈と「大統領がある個人から別の個人に変わった」という解釈が両立するが、前者は「大統領」を指示的名詞句として解釈する「変貌読み」であり、後者は「大統領」を変項名詞句として解釈する「入れ替わりの読み」とされる。役割解釈をとる名詞句と変項名詞句は、「概念的には極めて近」いものの「単なる術語上の言い換え以上に大きな違いがある」（西山 2003：149）とされ、両者を対照して検討することは名詞句の働きと解釈について詳細に明らかにするうえで重要な課題と思われる。実際のところ、今井・西山（2012）の第 4 章および第 5 章や西山編（2013）などには、この視点が本書で問題とする以外の言語現象について論じるうえでも有益な視点を与えてくれることが示され

ている。これらを見ても、名詞句の解釈について詳細に検討することの意義と必要性は言うに及ばないと考えられる。ただし、ここでの考察にあたっては、用法②の名詞句を役割解釈の例として扱うことに問題はないと考え、本書はSweetser（1997）の論を参照している。

なお、西山（2003：147, 183-184 注39）は、メンタル・スペース理論の規定では役割解釈について「役割そのものの属性」（上の例でいうと「大統領の職制」など）を表すものとして誤解を与えかねないため、その規定には注意が必要であることを指摘している。この指摘は重要であり、注意を払う必要が認められるものであるが、この点はSweetser（1997: 118）による説明の妥当性に（少なくとも本書の議論との兼ね合いにおいては）直接的には影響しないと考えられるため、ここでは問題としない。また西山（2003）は、メンタル・スペース理論における値と役割という概念装置は、コピュラ文の規定を目指すうえでは「本質的なものではない」としたうえで、指示的名詞句および変項名詞句の考え方に妥当性を主張しているが（西山 2003：166）、ただし、このことは役割や値の考え方がコピュラ文以外の意味解釈においても有効でない、ということを主張するものではないとも述べており（西山 2003：185, 注50）、この点をふまえると本書が問題とする現象の考察において役割解釈という考え方を用いることが直ちに問題となるわけではないと考えられる。

さて、ここで改めて集合的変化用法の表現について参照すると、その例として挙げられる文においてガ格名詞句に指し示されているのは、いずれも当該の名詞句が表すカテゴリーの成員である別個の複数の対象であり、ここで述部に用いられる形容詞が表しているのは、こうした別個の対象間の状態や性質の違いである。これらの表現によって表される内容は、(73)のような表現においてSweetser（1997）が指摘する役割解釈の読みと同種のものと考えられる。Sweetser（1997）は、(72)や(73)に示されるような文において役割解釈の読みを可能にしているのは "get {longer/bigger/better}" のような「迂言的」な変化述語（periphrastic change predicates）である、と述べ、

これらを「単一的」な変化述語（monolexemic change predicates）に置き換えた（75）のような表現には役割解釈の読みが生じないことを指摘している。

(75) a. Higginbottom's paper keeps lengthening every year!
（Higginbottom の論文は年を追うごとに長くなる！）
　　b. Your apartment keeps growing/（shrinking）every time I visit.
（君のアパートは、訪れるたびに｛広くなる／狭くなる｝ね。）
　　c. The situation improves/worsens/deteriorates every time I call her.
（彼女に電話するたび、状況は｛よく／悪く／ひどく｝なる。）
　　d. His lovers keep growing.
（彼の恋人はどんどん大きくなっている。）

(Sweetser 1997: 119, 筆者訳)

これらの文においては、通常、主語名詞句に指示される単一の対象そのものに、動詞に示されるような変化が生じた、という読みしか認められない。そして日本語においても、ここで問題となる集合的変化の意味を表そうとする際には、形容詞類＋「なる」による迂言的な述部を用いることが求められる。このことを示す例として、変化の意味を表す動詞を用いた単一的変化述語による次のような文には、いずれも集合的変化用法としての読みは想定不可能になると思われる。

(76) a. #(最近、本校では) 女子生徒のスカートがどんどん縮んできている。
　　b. #(空気抵抗を考慮した設計が普及し) 自動車の車体がまるまってきた。
　　c. #(土地の安いところに引っ越すごとに) 家の庭が広がっていく。
　　d. #(肉が変わったのか、最近この店の) ハンバーグがパサついている。

上のような文に理解可能な解釈を想定するとすれば、それらはいずれも、ガ格名詞句に指示される単一的な対象が、述部に示されるような変化を生じた、というものになると思われる[4]。この点からも、変化の「なる」構文の集合的変化用法には、Sweetser（1997）の言う役割解釈の変化表現と同様の性質が認められる。

以上より、本書では集合的変化の用法について、名詞句Xの指示対象を「役割」として解釈し、言語化することによって成立する表現と考える。ここでいう役割としての解釈とは、名詞句に指し示される対象を「集合体」としてのカテゴリーレベルで捉えるものと考えることができる。

### 4.1.2　役割解釈と「イメージ・スキーマ変換」

迂言的変化述語を用いた英語の変化表現における値解釈と役割解釈の関係について、Sweetser（1997）は、「イメージ・スキーマ変換」（imageschema transformation）の考え方から説明づけを行っている。この見方においては、役割解釈の変化表現とは、単一的な変化事態の認識に関わる中心的なイメージ・スキーマを基盤に、イメージ・スキーマ変換の認知的プロセスを通じて拡張的に成立するものであるとされる。これに従うと、問題とされる英語表現と同様の性質を持つと思われる変化の「なる」構文の用法②もまた、用法①からのイメージ・スキーマ変換を通じて成立する拡張的な用法と考えられることになる。

イメージ・スキーマ変換とは、あるイメージ・スキーマによって解釈される事態を別のイメージ・スキーマによって捉え直す、という認知的プロセスとして規定されるものである。イメージ・スキーマ変換を反映する1つの例として、次のような文における前置詞 "over" の意味の拡がりが挙げられる。

(77) a.　Sam walked over the hill.
　　　　（サムは丘を越えて歩いて行った。）

b. Sam lives over the hill.
   (サムは丘を越えたところに住んでいる。)

(Lakoff 1987: 440, 筆者訳)

上の例のうち、(77a) において "over" が表しているのは、文の主語である "Sam" が歩いて移動する際にたどった「経路」(path) の意味である。これに対し、(77b) で "over" が表しているのは、ある地点を基準に "Sam" が住んでいる場所を特定する際に喚起される移動イメージの「到達点」("end-point" あるいは "end of path") であると考えられる。Lakoff (1987) では、上記のような "over" の 2 通りの意味の間には、「経路のスキーマ」と「経路の終点のスキーマ」の間のイメージ・スキーマ変換が認められる、とされている (Lakoff 1987: 441-442)[5]。そして Lakoff (1987) によると、種々のイメージ・スキーマは相互に関連し合うものであり、これらの関係性に基づくイメージ・スキーマ変換が、意味の放射状カテゴリー (radial categories) の形成において重要な役割を担い、我々の言語に認められる多義性の少なからぬ部分に影響を与えている (Lakoff 1987: 440)。

Sweetser (1997) は、上記のような言語表現の意味拡張に示されるイメージ・スキーマ変換と同様の認知的プロセスが、ここで問題となる変化表現の意味拡張にも関与している、という見方を示している。Sweetser (1997) によると、変化述語の「基本的スキーマ」(basic schema) とは、ある特定の指示対象としての事物が、時間経過に従って、何らかの変化のパラメータを前提に、述部に示される状態変化を示すものとされる。一方、役割解釈を求める変化表現においては、ある表現の指示対象として「ひとまとめ」に捉えられる複数の事物間の相違や差異の認識に上記のスキーマが投射され、ここで意図される意味を表す表現が成立するものと考えられる。なお、変化述語の意味において迂言的変化述語を用いるものにのみ役割解釈としての読みが可能となる理由について、Sweetser (1997) は類像性 (iconicity) の観点から説明を行っている。変化述語の値解釈においては、指示対象となる単一的

第4章　観察的レベルの用法間の拡張関係　　151

な事物が状態を変えていく様相が「単一的イベント」（single event）として捉えられ、単一の述語によって言い表されるのに対し、役割解釈においては、単一の指示対象に生じた単一的な変化の事態が言語表現の基盤になっているわけではなく、その背後には複数の対象に生じた複数の事態が想定される。迂言的変化述語を用いた表現では、こうした複合的な変化事態を連続的に捉える様相が類像的に反映され、役割解釈としての読みが許容されるというわけである（Sweetser 1997: 125-127, 133 参照）。

　変化表現の値解釈と役割解釈の間の意味拡張と強く関連すると思われるイメージ・スキーマ変換のタイプとして、Sweetser（1997）が提示しているものではないが、次のような動詞や前置詞の意味拡張に関する例が挙げられる。

(78) a.　The fans spilled out over the field.
　　　　（ファンがフィールド中に広がった。）
　　b.　The wine spilled out over the table.
　　　　（ワインがこぼれてテーブル中に広がった。）
　　　　　　　　　　　　　　　　　　　　　　（Lakoff 1987: 441, 筆者訳）

(79) a.　There are guards posted along the road.
　　　　（道に沿って守衛が配置されている。）
　　b.　There is a fence along the road.
　　　　（道に沿ってフェンスが張られている。）
　　　　　　　　　　　　　　　　　　　　　　（Lakoff 1987: 442, 筆者訳）

　まず、(78) の例に用いられる "spill" という動詞の意味に注目すると、(78a) においては別個の複数の人間の動きが表されているのに対し、(78b) においては、これが不可算の連続的対象として捉えられる液体の動きを表している。こうした意味拡張の背後には、「複数個体（multiplex）と集合体（mass）のイメージ・スキーマ変換」が関与しているとされる[6]。また、

(79) の例における前置詞 "along" の意味について、(79a) では別個の複数の対象の配列が問題となっているのに対し、(79b) で表されているのは一次元の連続的な対象の配置であると言える。この意味拡張は、「複数個体 (multiplex) と一次元のトラジェクター (one-dimensional trajector) のイメージ・スキーマ変換」に動機づけられるものとされる (Lakoff 1987: 441-442)。

さらに、日本語の例に目を向けると、山梨 (2000) が上掲のようなイメージ・スキーマ変換に基づくと考えられる (80) および (81) のような例を挙げ、これらの成立に関わる認知の働きについて論じている (各例の提示順序は上記の Lakoff の例の場合と逆となるが、ここでの引用においては原著に提示される順序に従う)。

(80) a.　泥水がプールに流れ込んでいった。
　　 b.　デモ隊が会場に流れ込んでいった。

(山梨 2000：166-167)

(81) a.　あの学生は授業中ずっと居眠りをしていた。
　　 b.　あの学生は授業中ずっとくしゃみをしていた。

(山梨 2000：166-167)

まず、(80) の例は (78) のような英語の例と共通性を持つものと考えられる。山梨 (2000) はこれらについて、客観的な世界観を前提にする場合、「流れ込む」のような述語は不可算的な連続体を表す語との共起が想定されるものであり、非連続的な集合体を表す語とは共起しないと考えられるが、非連続的な個体の集合も、認知主体が対象から「ズームアウト」し、距離を置いて眺めた場合には不可算的な連続体として把握することが可能になる、とし、(80b) の表現の成立にこうしたものとしてのイメージ・スキーマ変換による動機づけを指摘している。さらに、(81) の例は (79) の例と類似

する性質を持つものと思われる。ここにおいては、一次元上に間隔を置いて連なる存在が、イメージ・スキーマ変換を通じて一次元の連続体としての軌道を示すものと把握されることにより、現実的には間断なく続いているわけではない「くしゃみ」が「授業中ずっと」続く、といった描写を許すことになる。山梨（2000）の説明によると、(80b) や (81b) のような表現は「認知主体の主観的な把握のモード」を反映するものと考えられる（山梨 2000：164-168 参照）。

　上掲の (78) から (81) のような例に示されるイメージ・スキーマの変換とは、「単一的・非連続的な個体としての要素」と「集合的・連続的にひとまとまりのものとして捉えられる複数の要素」が、それぞれの要素に対する捉え方の細密度の再調整により、同じようなものとして認識されることを示すものと考えられる。例として、(78) の文に述べられる内容に関して言うと、ここでは (78a)「個体としては1人1人が別の人間として区別される要素（ファン）」が、集合体として全体的に捉えられることにより、(78b)「境界線のないひとまとまりの要素（ワイン）」と同様の形で空間を占めるものと見なされる。

　改めての確認となるが、当節で問題としている変化の「なる」構文の用法①と用法②とは、それぞれ次のような文に例示されるものであり、前者は名詞句に対する値解釈を前提とするもの、そして後者は役割解釈を想定するものと考えられる（各例のaの文は用法①の表現、bの文は用法②の表現に相当）。

(82) a.　水洗いすると、ウールのスカートが縮んで短くなってしまった。
　　 b.　最近、本校では女子生徒のスカートがどんどん短くなってきている。

(83) a.　自宅の改装工事をしてリビングが広くなったが、その影響でキッチンは狭くなってしまった。

  b. 田舎に引っ越してきて、家の庭が前よりずっと広くなった。

(84) a. 自宅でタバコを吸うようになって、部屋がヤニ臭くなってしまった。
  b. 加齢に伴ってか、父の靴下が度合いを増して臭くなってきた。

(85) a. 定期健診の結果、腫瘍が巨大になっていることがわかった。
  b. 学年が上がるにつれて息子の食欲はどんどん旺盛になり、年を追うごとに弁当箱が大きくなっていく。

　そして、これらの2通りの用法においては、(78) から (81) の例の対に認められるのと同じように、「単一的・非連続的な個体としての要素」と「集合的・連続的にひとまとまりのものとして捉えられる複数の要素」の間に捉え方の再調整が生じることにより、それぞれにおいて指し示される「特定の個体に生じる状態の変化」と「構成要素が変わることにより集合体全体に生じる変化」が、同じ表現を許容するものと考えることができる。すなわち、(78a) において、実際には問題となる空間に「点在」していると考えられる「ファン（人間）」の空間的配置の輪郭全体が集合的に捉えられ、ひとまとまりの「こぼれたワイン」と同じように「広がっている」と解釈されるのと同様に、あるいは (79a) の「守衛」の連続的な配置が「フェンス」と同様に「道に沿って」ひと続きに存在するものと解釈されるのと同様に、(82b) においては、実際には個体レベルで変化しているわけではない「スカート」が集合的・連続的に捉えられることで、その総体としての在り方において「短くなった」と表されていると考えられる。なお、次のように名詞句 X の位置に唯一的な対象や固有名詞に示される対象を置く文に対しては、この用法に想定される意味の解釈は与えられない。

(86) a. #高校入学時に買った娘の制服のスカートがすっかり短くなって

いる。
b. #2年前から使っているノートパソコンがだんだん薄くなってきた。
c. #去年の誕生日にプレゼントした父の靴下がずいぶん臭くなった。
d. #巨漢として有名だったあの力士も引退してすっかりスリムになった。

　このことは、(86) の例で名詞句に示されるような特定の対象には集合的な解釈を適用する余地がないことから、自明のこととして説明される。
　このように、特定的変化用法と集合的変化用法それぞれの用法における名詞句の捉え方の間には、"spill" および「流れ込む」の例における「複数個体」と「集合体」の間でのイメージ・スキーマ変換、あるいは、"along" や「授業中ずっと」の例における「複数個体」と「一次元のトラジェクター」の間でのイメージ・スキーマ変換と類似した、個体としての対象に認められる変化と、それぞれ別個の複数の対象をひとまとめに視野に入れた際に捉えられる変化の間での、捉え方の再調整に基づく解釈の違いが認められる。こうしたことをふまえ、本書は基本的に Sweetser (1997) の発想を支持する立場から、変化の「なる」構文の集合的変化用法は特定的変化用法からのイメージ・スキーマ変換を経て成立するものと考える[7]。ここでは集合的変化用法に想定される上記のような拡張プロセスについて、手短に「個体と集合体のイメージ・スキーマ変換」と呼ぶこととする。なお、ここで問題とする現象に関しては、変化の「なる」構文の集合的変化用法で問題となるのは「XがYくなる」および「XがYになる」の形式におけるXの項の名詞句がイメージ・スキーマ変換を通じて解釈される、ということであり、この用法は特定的変化用法に対し、名詞句の解釈において異なるのみである、という指摘が生じるかもしれない。しかしながら、集合的変化用法の表現は、特定的変化用法の表現に対し、Yの項の形容詞と動詞「なる」によって述部に示される事柄の意味合いも異なっていることに注意が必要である。この点について、次の例（再掲）を通じて改めて確認しておく。

(1) a. 水洗いすると、ウールのスカートが縮んで短くなってしまった。
　　b. 最近、本校では女子生徒のスカートがどんどん短くなってきている。

　特定的変化用法の例である (1a) において「短くなる」という句によって表されるのは、「時間経過に沿って事物そのものが示す状態の変化」であり、対して集合的変化用法の例 (1b) で同形式の句が表すのは、「時間的に（あるいは順序において）後に参照される事物の状態・性質」である。前者においては言及対象そのものに何らかの意味での「動き」が認められるが、後者においては言及対象となる特定の事物そのものの在り方には何の動きも認められない。このように、集合的変化用法においては名詞句が役割としての意味を表すのと同時に、「Ｙくなる」および「Ｙになる」という表現によって描写される内容にも特定的変化用法とは異なる意味が想定されると言える。このことから、集合的変化用法は特定的変化用法に対し、構文としての単位で拡張的な性質を示すものと考えられる、というのが本書の見方である。

### 4.1.3　集合的変化用法の拡張プロセスについてのまとめ

　当節で確認したように、変化の「なる」構文の集合的変化用法の表現は、Sweetser (1997) の言う役割解釈の変化表現と同様の意味的性質を持つ表現と思われる。こうした解釈は、特定的な個体としての対象の変化を捉える際に用いられるイメージ・スキーマが、集合的なレベルにおいて複数の対象間に認められる「違い」に投射されることで可能になると考えられる。本書はこれをイメージ・スキーマ変換として捉え、集合的変化用法について、特定的変化用法を起点にイメージ・スキーマ変換によって拡張したものと考えたうえで、この拡張プロセスを「個体と集合体のイメージ・スキーマ変換」とする。

## 4.2　関係性変化用法の成立メカニズムと拡張性について

　当節では、前節と同様に特定的変化用法を変化の「なる」構文の意味拡張の起点に置いたうえで、関係性変化用法の位置づけについて検討を行う。まず、この用法の事例の一部を改めて示しておくと、次のようなものが挙げられる（本書 2.1.3 参照）。

(1)c.　娘は急に背が伸び、ひと月前はぴったりだったスカートが短くなった。

(87)a.　妻は出産後にふくよかになり、持っている服がどれも小さくなった。
　　b.　金魚が大きくなって、水槽が狭くなってしまった。
　　c.　朝顔のつるがずいぶん長く伸びて、支柱が短くなってしまった。

(88)a.　幼い息子は成長が早く、買って半年で早くもズボンがつんつるてんになった。
　　b.　祖母は最近めっきり老けて、お気に入りだったピンクのセーターがすっかり派手になってしまった。
　　c.　妻は結婚後にふくよかになり、着慣れたセーターがピチピチになってきた。

　また、これらにおいて事態概念を具現化する要素とは、次のように示されるものである（本書 3.2.3 参照）。

　【関係性変化用法の構成要素】
　　［X1］：時点 t において特定的な対象 X が基準に対して示す値
　　［X2］：時点 t＋α において特定的な対象 X が基準に対して示す値

［Ｙ］：［X1］との比較を通じての［X2］への評価

ここに認められる通り、関係性変化用法においては言及対象となる名詞句Xの指示対象そのものに現実的な意味での変化が生じていることが述べられるわけではない。ここでは、Xの指示対象を何らかの基準物と対照した際に、それらの間に異なる時点において相対的な関係性の変化が生じていることが言い表される。

## 4.2.1　関係性変化用法の名詞句における「tr/lm 反転」

ここでは、関係性変化用法の表現において、現実的には変化を被っていないはずの対象が表現上は変化の主体として言語化される仕組みについて検討する。通常、時間経過に沿って何らかの対象に状態や性質の変化が生じる場合には、特定的変化用法の表現に示されるように、変化を生じる対象そのものに焦点を当てて述べることが一般的であると考えられる。しかしながら、関係性変化用法の表現が言語化される際には、本来であれば焦点を当てられるべき「変化する対象」は背景に追いやられ、その代わりに現実的には変化を被っていないはずの別の対象に焦点が当てられると考えられる。すなわち、ここにおいては、変化事態の描写にあたって前景化されるべき典型的な対象と、通常であれば背景に置かれるべき対象の間に、反転とも言うべき配置転換が生じていると言うことができる。本書では、こうした2つの要素の間の置換は、Langackerの認知文法において提唱される「トラジェクター」（trajectory、略号として「tr」）と「ランドマーク」（landmark、略号として「lm」）の反転にあたるものと考える。

トラジェクターおよびランドマークとは、知覚心理学における「図」（Figure）と「地」（Ground）の概念に由来する「プロファイル」（profile）と「ベース」（base）という考え方を前提に提案されるものである[8]。まず、認知文法においては、言語の意味は表現の背後にある認知的な領域（domain）に照らして得られるものと考えられる[9]。そして、ある認知領域の意味構造は、問題となる概念の全体と、その中で特に焦点化される部分に分けられる。ここで言う「概念の全体」と「焦点化される部分」が、それぞれベースとプロファイルに相当する要素である。

　これらについて説明する際にしばしば引き合いに出されるのが、「円」と「弧」の関係、あるいは「直角三角形」と「斜辺」の関係である。例えば、「弧」という語の意味について規定するには、「円」の概念を前提とし、その一部に焦点を当てることが必要となる。また同様に、「斜辺」の意味について規定するには、直角三角形の形状を前提に、これを形成する特定の部分の焦点化が求められる。こうした例において、問題となる要素に関わる概念全体を表す「円」や「直角三角形」がベースに相当するものであり、対して、その中で際立ちの高い部分として焦点化される「弧」や「斜辺」がプロファイルに相当するものである[10]。なお、ある認知領域において特定の要素がプロファイルとして焦点化される場合、こうした要素は「プロファイルされる」と表現される。そして、ある概念について規定する際には、何らかの事物の間の関係が問題となるような場合において、プロファイルされる要素が2つ（あるいはそれ以上）存在することも認められる。このように複数のプロファイルが想定される際に、その中で最も際立ちの高い要素がトラジェクター、そして、トラジェクターとは区別される、相対的に際立ちの低い要素がランドマークにあたるものである。

　トラジェクターとランドマークの関係について、Langacker（1987）は例として "ABOVE" と "BELOW" による「上下関係」に示されるような物体の位置関係の規定を例に説明している。例えば "X is above Y" と "Y is below X" のような2通りの文の意味を引き合いに出すと、前者においてはYの要素をランドマーク（参照点）としてXの要素の位置が特定され、対して後者においてはXの要素をランドマークとしてYの要素の位置が特定される。ここにおいて、それぞれの文の主語として生起する要素は、複数の要素の関係性を規定するうえで相対的に際立ちの高いものとして焦点化され

る「図」にあたる要素であり、トラジェクターとして規定されるものである (Langacker 1987: 219)。この現象については、例として "The lamp is above the table."（ランプはテーブルの上にある。）および "The table is below the lamp."（テーブルはランプの下にある。）のような2つの文を通じて具体的な見通しが得られる。これらの文によって言い表される状況は、いずれも「ランプ」と「テーブル」の位置関係であると言える。しかしながら、2つの文においては、「ランプ」と「テーブル」のいずれの要素がトラジェクターとして焦点化されるか、という違いにより、いずれの要素に注目して状況を言い表しているか、という点において異なるものと考えられる。ここにも示されるように、ある状況について言語的に表現するうえで何をトラジェクターとして捉え、何をランドマークと見なすかという選択の問題には、問題となる状況のいかなる要素や側面に注目するか、という、人間の捉え方の在り様が反映されると考えられる点が重要である (Langacker 1987: 120-122, 183-189, 214-220, 231-248 など参照) [11]。

トラジェクターとランドマークについて以上のようなものとし、ここで問題となる変化の「なる」構文の関係性変化用法の表現を改めて参照すると、(87) および (88) の例に示されるように、この用法において述べられるのは、Xの項に示される特定の対象が別の対象との相対的関係の観点から何らかの意味で変化した、ということであると考えられる。何らかの対象に変化や動きが観察される場合、通常であれば、変化する対象そのものをトラジェクターとして焦点化し、その状態や性質の推移について言い表すことが多いと思われる。変化の「なる」構文の用法①は、まさしくこれにあたるものである。一方、用法③の例となる表現においては、通常であれば焦点化されるべき「変化した対象」が背景化され、反対に背景的な要素となるはずの「変化認識の基準となる対象」が前景化される形で言語化されていると言うことができる。本書はこの現象について、トラジェクターとランドマークの反転の認知に動機づけられるものと考える。

変化の「なる」構文の関係性変化用法は、現実的には変化しない対象が変

化を受けたかのように言い表すものと言え、見ようによっては「XがYくなる」および「XがYになる」という言語形式に担われるべき意味を捉え損ねたような表現であると思われるかもしれない。しかしながら、ここにおいては比較の対象となる複数の要素がtr/lm反転の認知を通じて捉えられ、それらの関係性に関する意味が表されていると考えることで、この用法が妥当な意味を表すものとして成立する仕組みに説明が与えられる[12]。なお、関係性変化用法の言語化にあたっては、こうしたトラジェクターとランドマークの双方を視野に入れ、その関係性の変化を捉えることが求められるため、この用法の表現を産出する表現主体とは、発話や文に述べられる事態の経験者、すなわち、例として (1c) の「娘」、(87a) の「妻」、(88a) の「息子」とは別の第三者ということになる。そして、こうした第三者としての表現主体によって捉えることができるのは、「使用者」（ランドマーク）と「使用物」（トラジェクター）の間に視覚的知覚を通じて観察される（物理的な）対応関係のみとなる。こうしたことから、関係性変化の用法において言及対象となり得るのは、ランドマークとしての対象に生じた変化に基づいて2つの要素の間に生じた、第三者から観察可能な相対的関係の変化に限定される。このことに関し、関係性変化用法においては次のような表現をこのままの形で述べることができず、こうした内容を述べるには伝聞や推定などの意味を表す語彙項目が求められたことを思い起こされたい（本書2.1.3参照）。

(12) a. #夫は子供がかわいくなってきた。
　　 b. #娘は英文学がおもしろくなってきた。
　　 c. #妻は甘いものがおいしくなってきた。
　　 d. #母は父の靴下が臭くなってきた。

(13) a. 夫は子供がかわいくなってきたらしい。
　　 b. 娘は英文学がおもしろくなってきたようだ。
　　 c. 妻は甘いものがおいしくなってきたとのことだ。

d.　母は、父の靴下が臭くなってきたそうだ。

これらにおいては、ランドマークである「夫」や「娘」にとっての「子供に対する感情」(12a) や「英文学への評価」(12b) といった内面的な事柄に関する変化は、第三者から観察的に捉えることができない。関係性変化用法の表現に認められた前述のような特徴は、この用法の成立に求められる「第三者から観察可能な tr/lm 間の相対的関係性の変化」という要件に基づくものとして説明される。

### 4.2.2　tr/lm 反転によるプロファイル・シフトのイメージ・スキーマ変換

　本書は、変化の「なる」構文の関係性変化用法における tr/lm 変換を通じての意味拡張について、より大きな観点からは「1つのイメージスキーマの焦点化する部分を変えるという認知プロセス」(深田・仲本 2008：169) として説明される「プロファイル・シフト」(profile shift) に基づいて成立するものであると考える。まず、こうした見方に関連するものとして、山梨 (2000) における「プロファイル・シフトと文法化」に関する議論について参照しておきたい。

　山梨 (2000) は、例として次のような表現において、身体部位を表す表現が場所や空間の意味を表すようになる現象について、文法化の観点から検討し、その動機にプロファイル・シフトの認知を指摘している。

(89) a.　父が息子の尻を叩いた。
　　 b.　あの男は女性の尻ばかり追いかけている。

(山梨 2000：101-102)

(90) a.　突然、生徒が手を挙げた。

b. 右手には山が、左手には海が見える。

(山梨 2000：101-102)

(89a) および (90a) の例において、「尻」や「手」という身体部位詞は、いずれも文字通りの身体部位を表す意味で用いられている。一方、山梨 (2000) によると、(89b) および (90b) においてこれらが表しているのは、身体における「尻」の位置と向きに結びつけられる「後ろ」といった意味 (89b) や、「右手」あるいは「左手」の「方向」という意味 (90b) である[13]。

このように、人間の身体部位に関する表現が、それとの近接性、あるいは隣接性を通じて捉えられる空間関係や方向性などに関する意味を生じるメカニズムについて、山梨 (2000) は、身体の領域から隣接する空間的領域へとプロファイル・シフトが生じることによって成り立つものとして説明している (山梨 2000：99-103)。プロファイル・シフトとは、ここに示されるように、ある対象から別の対象へと認知的な意味での焦点が移行することを指すものであり、言語表現の文法化を動機づけるプロセスの1つと考えられるものである。以上をふまえつつ、次のような例を通じ、身体部位詞「脇」のプロファイル・シフトについて確認したい。

(91) a. 彼は相撲で脇を痛めた。
b. 彼はバスタオルを脇に挟んだ。
c. 彼はトラックを脇に止めた。
d. 男は会場の脇の方に追いやられた。

(山梨 2000：102-103)

(91a) において、「脇」は文字通りの身体部位を表している。これに対し、(91b)、(91c) では、「脇」は身体部位に隣接する空間、さらにより拡張された空間領域をプロファイルするものとなっている。さらに (91d) において

は、「脇」は特定の空間領域の部分をプロファイルしていると考えられる。このように、身体部位名詞「脇」においては、(89) の「手」や (90) の「尻」よりもプロファイル・シフトによる拡張性が活性化していると考えられる。

　山梨 (2000) が論じる上記のような現象に関連し、Matsumoto (1999) および松本 (2000) は、Heine et al. (1991)、Rubba (1994) などを参照しつつ、日本語の「脇」と英語の "side/beside" を視野に入れ、身体部位名詞の拡張プロセスについて考察を行っている[14]。ここにおいては、次のような4段階のプロセスが提案されている。

(92) a. 　body part 　　　　　（身体部位＝名詞）
　　　b. 　object part 　　　　（物体部分＝名詞）
　　　c. 　(projected) space 　（隣接空間＝名詞）
　　　d. 　spatial relationship （空間関係＝接置詞）

　　　　　　　　　　　　　（Matsumoto 1999: 22 参照, 括弧内日本語筆者）

(92) は、身体部位名詞が物体部分名詞へ、さらに隣接空間を表す名詞への拡張を経て、最終的に空間関係を表す接置詞にまで意味を拡張する経過を示すものである。まず、第1段階では、身体部位名詞は「ベース」となる身体の中の特定の部分を指し示す。次に、第2段階として、問題となる身体部位詞は何らかの物体をベースとし、その特定の部分について、第1段階に指し示されるのと同様の位置的関係を保つ形でプロファイルするようになる。第3段階においては、身体部位詞は物体に隣接する空間をプロファイルし、空間的位置に関する意味を表す名詞となる。そして第4段階では、プロファイル・シフトが生じ、第3段階で空間的位置を表していた名詞は、ここにおいて想定された空間的関係をプロファイルするようになる。「脇」を例に言うと、身体部位名詞から物体部分名詞に拡張した用法が「脇道」のような表現、さらに隣接空間を表す名詞に拡張した用法としては「テレビの脇」のような

表現が身体部位名詞「脇」の拡張を表している。なお、英語の"side"はさらに意味拡張し、空間関係を表す用法として"beside"を持つが、「脇」の場合はこの用法を獲得するところまでは拡張していないとされる。

　上に示されたような意味拡張プロセスにおいて注目すべきは、身体部位名詞の意味拡張の第4段階では物体に隣接する空間がトラジェクターとして選ばれ、これを表す表現がそれ自体のランドマークとなる物体との「関係」をプロファイルすると考えられる点である（Matsumoto 1999: 22 参照）[15]。こうした見方を参考にすると、変化の「なる」構文の関係性変化用法についても、「ある事態について捉えるうえでの焦点が、もともと焦点化されるべき要素から別の隣接的な要素へと移行し、そのうえで両者の関係性がプロファイルされるようになる」というメカニズムが認められ、プロファイル・シフトを反映するものと見ることが可能になると考えられる。

　上記のことについて、この用法の例となる次のような表現（再掲）を通じて確認したい。

（1）c.　娘は急に背が伸び、ひと月前はぴったりだったスカートが短くなった。

（93）　妻は出産後にふくよかになり、持っている服がどれも小さくなった。

（94）　幼い息子は成長が早く、買って半年で早くもズボンがつんつるてんになった。

これらの例においては、時間経過に沿って何らかの対象が変化していく状況について描写するうえで、現実的な意味での変化主体である（1c）「娘」、（93）「妻」、（94）「息子」に隣接する、実際には変化を生じない対象としての（1c）「スカート」、（93）「服」、（94）「ズボン」が前景化され、問題とな

る事態の言語化がなされていると考えられる。ここで注目すべきは、上記の例において「現実的に変化を被った対象」は背景化されてはいるものの、言語化される内容の前提として、描写の対象となる場面の構成に関わっていると考えられる点である。というのも、当然のことではあるが、上記のような表現の産出は名詞句 X に指し示される対象のみを視野に入れたのでは成り立たない。ここで名詞句に言及される対象そのものには何の変化も生じていないためである。つまり関係性変化の用法では、まず衣類や道具などの「使用者」に生じた変化をもとに、名詞句 X の指示対象である衣類や道具などが変化を生じたかのように捉えられ、こうした状況が tr/lm 反転を通じて衣類や道具などの対象の側の変化として言語化されて、結果的には両者の関係性の変化がプロファイルされると考えられる。このように、関係性変化用法においては、ある対象と別の対象との関係性に関する意味が表されると考えられるが、この現象は Matsumoto (1999) が身体部位詞の意味拡張の第 4 段階に指摘するのと同様の、プロファイル・シフトの反映として捉えることができる。

　以上のように、変化の「なる」構文の関係性変化用法においては、ある特定の対象が時間経過に従って状態・性質を変えていくという事態に関する知識をもとに、tr/lm 反転を通じて現実的には変化していない対象に焦点を当てての言語化がなされ、その結果、プロファイル・シフトによって 2 つの対象間の関係性に関する意味が表されることになると考えられる。こうしたプロファイル・シフトとは、イメージ・スキーマ変換の 1 つと見なされるものである[16]。これをふまえ、ここでは関係性変化用法の拡張メカニズムについて、「tr/lm 反転によるイメージ・スキーマ変換」とする。

　ここで合わせて、問題となる用法の表現性について触れておきたい。本書の 4.2.1 に示されたように、ある状況について述べるうえでのトラジェクターとランドマークの選択には、問題となる状況のどのような側面に焦点を当てるか、という捉え方の在り様が反映されると考えられる。そして、特定的変化用法のような「字義的」な変化の表現を起点に考えた場合、tr/lm の

第 4 章　観察的レベルの用法間の拡張関係　　167

反転に基づくと考えられる関係性変化の用法には、現実的な意味では変化を生じていない対象に「敢えて注目する」という捉え方に特徴が指摘される。ここで興味深いのが、この用法には、トラジェクターとランドマークが反転することにより特有の表現効果が生じるように思われる点である。例として、次のような文について確認したい。

(95) a.　妻は毎日ゴロゴロ過ごしているうちに、1年前に買ったスカートが {小さく／ピチピチに} なってしまった。
  b.　夫は病気で食事がとれなくなって、元気だった頃に着ていた服が {大きく／ブカブカに} なってしまった。

(95a) の例では、現実的には変化していない「スカート」が体に対して相対的に小さくなったと述べられることで、妻が1年前と比べてずいぶん太ったという状況が目に浮かぶように描き出されると思われる。また、これとは反対に (95b) では、「服」が体に対して相対的に大きくなったという状況が述べられることで、夫が病気のせいですっかり痩せてしまったという状況が鮮明に伝えられるのではなかろうか。このように、関係性変化用法の表現においては、状態移行の認識基準となる「変化していない対象」が焦点化されることで、それとの関係から「変化した対象」の状態がありありと描き出されるような効果が生じるように思われる。このような場合には、問題となる表現の解釈にメトニミー的な認知も影響していると思われるが、こうした表現効果を求め、関係性変化用法の表現は、表現主体が意図的に作り出した tr/lm 反転を反映する場合もあると考えられる。

## 4.2.3　関係性変化用法の拡張プロセスについてのまとめ

以上のように、ここでは変化の「なる」構文の関係性変化用法の成立メカニズムについて検討した。これを通じ、問題となる用法は、ある特定的な対

象が時間経過に従って状態を変えていく場面において、こうした対象と近接的な関係にある別の対象に焦点を当てて言語化し、その関係性の推移を表すものと考えられることが確認された。本書はこれについて、特定的対象の実際の変化に対し、tr/lm 反転に基づくプロファイル・シフトとしてのイメージ・スキーマ変換を通じて成り立つものと捉え、関係性変化の用法について、特定的変化用法を起点に、tr/lm 反転によるイメージ・スキーマ変換を通じて拡張するものと考える。関係性変化用法は特定的変化用法と同様に観察フレームにおいて意味構築をなすものと考えられるが、特定的変化用法においては変化の「なる」構文のスキーマが特定的な個体としての対象の状態が推移する様相を捉えるのに用いられるのに対し、関係性変化用法においてはこのスキーマが投射される部分にシフトが生じ、ある対象と別の対象の関係性の推移を捉えるのに用いられると考えられる。

## 4.3 第4章のまとめ

本章では、変化の「なる」構文の複数の用法のうち、観察フレームにおいて意味構築を果たすと考えられる①・②・③の3つの用法を対象に、①の特定的変化用法を当該構文のプロトタイプ的用法としたうえで、各用法の関係について検討を行った。ここでの検討結果をまとめると、まず、②の集合的変化用法の表現は Sweetser（1997）が言う役割解釈の変化表現にあたるものと考えられ、その拡張には、特定的変化用法においては特定の対象の現実的な変化を構造化するのに用いられていたスキーマ構造が、ある集合体の成員となる複数の対象間に認められる違いを構造化するのに用いられる、という仕組みが認められる。本書はこれについて、特定的個体と集合体のイメージ・スキーマ変換として規定する。また、③の関係性変化用法の表現は、tr/lm 反転を通じ、実際に変化した対象と隣接する対象を前景化して述べるものと考えられる。ここにおいては変化の「なる」構文のスキーマが、変化した対象と隣接する対象の間に認められる関係性を構造化するのに用いられる

と言え、ここにはプロファイル・シフトが認められる。本書はこれを、tr/lm反転によるイメージ・スキーマ変換として規定する。このように、変化の「なる」構文の集合的変化用法および関係性変化用法は、特定的変化用法を起点に据えて考えた場合、いずれも何らかの意味でのイメージ・スキーマ変換の認知的プロセスを通じて拡張的に成立するものと考えることができる。以上をふまえ、本章で考察対象とした3通りの用法の拡張関係について、ここでは次のように図示しておく。

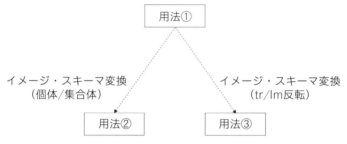

図4　観察フレームを基盤とする用法間の拡張関係

## 注

[1] 坂原（1990：31-33, 2012：18-19）の指摘をふまえると、Sweetser（1997）が「役割解釈」とする解釈について、より正確には「値変化の役割解釈」とすべきと考えられる。なお、この現象について Fauconnier and Turner（2002）においては「圧縮」（compression）という考え方による説明が与えられている。

[2] 括弧内の和訳は本書の筆者による。なお、以下において英語の例文に付される和訳は、特にことわりがない限り、いずれも同様に筆者によるものとする。

[3] 筆者は以前に、大神（2015b）の査読において、(73)の例に示される"Higginbottom"は誤りで、正しくは"Higginbotham"とすべきである、という指摘を頂いたことがある。しかしながら、この例文はSweetser（1997）からそのまま引用しているものであるため、ここでは原著に従ってこの通りとする。

[4] こうした解釈によって指示される事態は自然には想起しにくいが、論理的には、例として「女子生徒のスカートが気温や湿度の影響で物理的に縮む」(76a)、「スクラップ作業によって自動車のボディ部分が潰されて丸くなっていく」(76b)、「元の敷地の周辺を庭として整備することで庭の面積が拡張していく」(76c)、「熱の入れすぎでハンバーグ

が適度な水分を失う」(76d)、などのような解釈が想定されると思われる。

5 これについて Lakoff (1987: 442) は "Path focus ↔ end-point focus" という形式のイメージ・スキーマ変換として示している。なお、本多 (2013) は、この現象を説明するためにイメージ・スキーマ変換のような「特別な道具立て」は必要ない、と述べている。本多 (2013) の考え方では、"over" によって「到達点」を表す (77b) のような表現は、「モノの存在を知るための行為として「出会い」があり、そして「出会い」を可能にする行為として「動き」がある」、ということから自然に説明づけられるものということになる (本多 2013：166-169 参照)。

6 関連する例として、Langacker (1990a) は、通常は不可算の対象として扱われるワインなどの飲み物が可算名詞としての扱いを受けて表される現象について、「プロファイルと意味スコープの変換」(shift in profiling and scope of prediction) という考え方によって説明している (Langacker 1990a: 69-74)。

7 本書の見方は、変化の「なる」構文の特定的変化用法と集合的変化用法が文単位で表す意味を考えた際、両者における名詞句の意味の違いはイメージ・スキーマ変換によって説明することが可能ではないか、ということである。つまり、本書は名詞句の値解釈と役割解釈の問題がすべてイメージ・スキーマ変換によって説明されるということを主張するものではない。

8 Langacker (1987: 120) は、人間の認知においては「図」と「地」の構造の認識が本質的に重要な働きを担うことを指摘し、認知文法では言語の文法や意味の構造について記述する際に、この図地概念を拡張的に用いることを述べている。心理学における図と地の考え方については乾編 (1995) などから簡潔な説明が得られる。認知言語学における図地概念の応用については、本書が問題とする言語現象との関連に注目しながら、第6章でより詳しく確認する。

9 本書の第3章で確認した通り (3.4 参照)、Langacker の認知文法で用いられるドメインという概念は、フレームと同様に概念的な領域を指すものであり、フレームよりも大きな範囲をカバーするものと見られる。

10 Langacker (1987: 184) は、例として、「円」と「弧」の概念について正しく規定するには、こうした2つの概念の相互関係について適切に理解していることが必要であると説明している。このように、ベースとプロファイルの関係を視野に入れておくことは、ある概念について適切に規定し、理解するうえで重要と考えられる。

11 図地反転と tr/lm 反転の考え方は、しばしば混同して扱われるものと言えるが、これらの間には区別が必要である。ここで考察対象とする関係性変化用法の表現に述べられる場面においては、名詞句 X に指示される対象と、その変化の認識の基準となる対象

（使用者）は、ごちらも明確な境界を伴い、いずれも知覚・認識の対象として注意を向けられる要素と考えられるため、こうした2つの要素はともに図（あるいはプロファイル）の要素として捉えられるものと考えられる。このことを考慮すると、この種の表現は図地反転の認知に基づくものというより、いずれも図として捉えられる2つの要素の間における焦点化の際立ちの違いをもとに成り立つものと考えるのが妥当である。

[12] 関係性変化用法の表現は、複数の対象間の相対的関係性が問題とされるという点において、体験的変化用法との共通性が認められるものである。ただし、関係性変化用法と体験的変化用法の成立には、表現主体と対象の関わり方および事態の捉え方において相違が認められるというのが本書の立場である。この点については第5章で改めて検討を行うこととする。

[13] (89b) に示される「尻を追いかける」という表現には、プロファイル・シフトによる身体部位から隣接空間への意味拡張の問題のみならず、身体部位の機能やジェンダーの観点などにも関わる興味深い性質が認められる。というのも、「尻を追いかける」という表現においての「尻」には、空間や位置に関する意味に加え、女性の身体の生物的・社会的な在り方を前提としての特有のコノテーションが伴うと考えられる。このことは、「あの女は男性の尻ばかり追いかけている」という表現に不自然さ、あるいは有標性が感じられることからも示される。通常は「尻を追いかける」者として想定されるのは男性であり、「追いかけられる」者には女性が想定されるのが自然であろう。実際のところ、WEB検索で「女の尻を追いかける」と「男の尻を追いかける」の例を収集してみると、明らかに前者に多くの実例が見つかる。さらに、「尻を追いかける」と「背中を追いかける」の印象の違いに注目されたい。「背中」は「尻」と同様に、身体構造と隣接空間の関係から「後ろ」の意味を表すものと考えられるが（複数の辞書にも「背」および「背中」にこの語義が与えられている）、「尻を追う」という表現が「下心を持って女性に言い寄る」といった意味を表し、「軽薄」あるいは「下心」などの否定的な印象を伴うように感じられるのに対して、「背中を追う」という表現は「目標となる姿を目指して努力する」というような意味を表し、「向上」や「敬意」のような肯定的な印象を伴うように思われる。このように、人間の身体部位に関してプロファイル・シフトを経て生じると考えられる意味拡張においては、基本的に同じような事柄を表すと考えられる表現の間においても、焦点化される身体部位の選択によって述べられる内容の意味合いや評価性に影響が生じると思われる。大神 (2018b) はこの点に目を向けつつ、日本語における「尻」と「背中」の慣用表現について論じている。

[14] 身体部位名詞の意味変化および文法化の問題について、Matsumoto (1999) は「頭」、「面」、「首」、「目」などに関する日本語の様々な身体部位名詞を取り上げ、アフリカ言

語やオセアニア言語、メソアメリカ言語にも視野を広げつつ、包括的な観点から考察を行っている。Matsumoto (1999) は、日本語においては英語に比べ、ここで論じられるような意味拡張を示す身体部位名詞が格段に多いことを指摘している（Matsumoto 1999: 23）。

[15] Heine et al. (1991) では、ここに示される第4段階の用法は「空間関係」ではなく、「空間」そのものを表す、とされている（Heine et al. 1991: 65-68 参照）。本書ではMatsumoto (1999) および松本 (2000) の見方を支持する立場をとっている。

[16] Lakoff (1987) も、プロファイル・シフトという用語こそ使っていないものの、あるイメージ・スキーマに関する焦点化要素の移行を通じての意味拡張についてイメージ・スキーマ変換の考え方によって説明している。例として Lakoff (1987) では、本書の4.1.2に示された (77) のような例について、「経路のイメージ・スキーマ」を基に、これに並行して存在する「経路の終点のイメージ・スキーマ」に焦点が当てられることで成立するものという見方を示している（Lakoff 1987: 440-441）。

# 第5章　体験的レベルの用法の拡張性

　本章では、体験フレームに基づく用法のサブカテゴリーに分類される④体験的変化用法の表現の拡張性について検討する[1]。本書3.5での確認をふまえ、ここにおいても①の特定的変化用法を変化の「なる」構文のプロトタイプ的用法として起点に置き、これとの兼ね合いから特定的変化用法がいかなる拡張プロセスを通じて成り立つものかについて考察を行う。ここでの考察を通じ、変化の「なる」構文の体験的変化用法は、表現主体にとっての「見たまま・感じたまま」の経験世界を言語化するものであり、これらは特定のタイプの「主体化」の認知的プロセスによって成立すると考えられることが示される。

## 5.1　体験的変化用法の成立メカニズムと拡張性について

　具体的な考察に先立ち、ここで体験的変化用法の事例と事態概念の具現化モデルについて改めて確認しておく。まず、変化の「なる」構文の体験的変化用法の表現とは、次のような例に示されるものであった（本書2.1.4参照）。

（1）d.　　半年ぶりに着てみると、お気に入りのスカートが短くなっている。

(96) a. 夏休み明けに久々に着てみると、サイズが変わるはずのない制服が大きくなっている。
　　 b. トレーニングを重ねるうちに、最初は持ち上がらなかった100kgのバーベルが軽くなってきた。
　　 c. 妻に逃げられて1人で寝るようになってから、2人で使っていたベッドがすっかり広くなってしまった。
　　 d. 基礎学習を重ねてから改めて取り組んでみると、以前は歯が立たなかった英検の過去問がすっかり易しくなっている。

(97) a. もともとは子供が苦手だったが、最近は小さい子がかわいくなってきた。
　　 b. いろんな作品を読むうちに、英米文学の古典がおもしろくなってきた。
　　 c. 妻の薄口の食事に慣れたせいか、久々に食べると母の料理が辛くなっている。
　　 d. 煙草をやめて少し経ち、ヤニのにおいのついた自分の部屋が臭くなってきた。

(98) a. 夏休み明けに久々に着てみると、どうも制服が窮屈になっている。
　　 b. 体が大きくなったのか、最近どうもベッドが手狭になってきた。
　　 c. 以前は歯が立たなかった英検の過去問が、基礎学習を重ねて改めて取り組んでみると、すっかり簡単になっている。

この用法においては、次のような要素によって事態概念が具現化されるものと考えられる（本書3.2.4参照）。

【体験的変化用法の構成要素】
[X1]：時点 t における特定的な対象 X に対しての表現主体の印
　　　象・実感
[X2]：時点 t＋α における特定的な対象 X に対しての表現主体の
　　　印象・実感
[Y]：[X1] との比較を通じての [X2] への評価

ここにも示される通り、体験的変化用法においては言及対象となる名詞句 X の指示対象に現実的な変化が生じているわけではなく、対象に対する経験主体の印象や実感のみを通じて事態の描写がなされる点が特徴的と言える。

## 5.2 体験的変化用法に対する「図地反転」の見方とその問題点

　変化の「なる」構文の体験的変化用法は、ある主体が変化したことにより、それと関わる対象に相対的に変化が生じたように感じられることを述べる表現であり、ここにおける「実際に変化した要素」と「変化したかのように感じられる要素」の間には、ある意味での反転が生じていると考えられるかもしれない。実際のところ、Sweetser (1996) は変化の「なる」構文の体験的変化用法に対応すると思われる英語の変化表現について、その成立基盤に図地反転の認知を指摘し、これについて「図地反転基盤の主観的変化」(figure-ground-reversing subjective change) を表す表現としている。ここでは Sweetser (1996) の考察について参照したうえで、その妥当性と、本書の考察課題への適用可能性について検討する。これを通じ、Sweetser (1996) に示される図地反転観は本書とは異なるものであり、これを援用して変化の「なる」構文の成り立ちに適切な説明を与えることは妥当ではないと考えられることを確認する。

　まず、Sweetser (1996) の言う図地反転基盤の主観的変化の表現とは、例として (99) のようなものである。

(99) a. <u>The students get younger</u> every year.
（学生たちが年々若くなっていく。）
b. <u>Shakespeare just gets better</u> every time I read him.
（シェイクスピアは読むたびによくなっていく。）

(Sweetser 1996: 76, 筆者訳)

（99）の各文には「名詞句の指示対象に現実的な変化が生じた」という意味での解釈に加え、それぞれ（100）のような解釈も想定可能とされる。

(100) a. 毎年顔ぶれの変わる、同じ年齢層の学生を教える教員が、自身の加齢に伴い、学生との年齢の隔たりが大きくなることで、学生が若くなっていくように見えること
b. 文学について学び理解を深めることで、シェイクスピアの素晴らしさが増していくように感じられること

（100a）および（100b）の解釈は、（99a）および（99b）の文あるいは発話を産出する表現主体自身に何らかの変化が生じたことにより、これらにおける名詞句の指示対象の見え方、あるいは感じ方が変化したように感じられることを表すものと言える。Sweetser（1996）は、（99）の例に対する（100）の解釈について、これらは「場面や評価尺度における客観的な変化が、図地反転の主観的変化の例において評価対象の変化として再解釈される」ことを示すものとしている[2]。すなわち、ここにおいては通常であれば図となるべき要素である「客観的な変化」が地として背景化され、逆に地となるべき要素である「主観的な変化」が図として前景化していると考えられ、このように見ると（100）のような解釈は1種の図地反転現象を反映するものとして捉えられる、というのがSweetser（1996）の主張である。

上記を念頭に変化の「なる」構文の体験的変化用法の表現を改めて参照すると、その各例に述べられる内容は、日英語の違いこそあれ、（99a, b）に

対して与えられる（100a, b）の解釈と同じような意味を表すものと言える。このことをふまえると、前述のSweetser（1996）の見方が妥当であるとすれば、本書が問題とする変化の「なる」構文の用法④についても図地反転基盤の主観的変化の表現として説明を与えることができると考えられるかもしれない。しかしながら、問題となる表現の成り立ちについて「ある言語表現を産出する際に表現主体は事態をどのように捉えているか」という観点から検討すると、Sweetser（1996）の説明には問題が感じられる。このことに関して確認しておきたいのが、Sweetser（1996）が（99a）の文を（101）のような文と図地反転の関係にあると述べている点である。

(99) a. 　The students get younger every year.

(101) 　　I get older than the students every year.
　　　　（私は年々、学生たちより老いていく。）

(Sweetser 1996: 77, 筆者訳)

図地反転とは「客観的な外部世界の対象としては同じ図形」でも「どの部分を前景（Figure：図）とし、どの部分を背景（Ground：地）とするかによって、捉え方が変わってくる」ことに注目した考え方であるが（河上編著1996：6-8参照）、このことを確認したうえで、（99a）において表現主体の視野に捉えられているのは名詞句の指示対象（あるいはその見え方や感じ方の推移）のみである点に注目されたい。要するに、ここでは表現主体の姿やその変化が主体自身の視野に捉えられているとは考えられないわけである[3]。このことは、問題となるタイプの表現に関して、Sweetser（1996）が「我々は自分たち自身が対象評価の仕方に関して変化したことについて気づいていない」と説明していることにも示されている[4]。これに対して、話者である"I"を主語とする（101）のような表現においては、表現主体は（99a）の表現を産出する際には捉えていないと考えられる「自身の姿」を改めて視野に

取り込むことが求められる。つまり、(99a) と (101) では、それぞれ「表現主体の視野に捉えられるもの」としての感覚刺激が異なると考えられるのである。そして、(99a) のような表現、つまり Sweetser (1996) の言う図地反転基盤の主観的変化の表現が産出される場面においては、表現主体は Sweetser (1996) に想定されるものとしての図と地の両方を自身の視野に捉えているとは言えず、そのため、ここにおいて表現主体の視野の中で図と地の反転は起こり得ないということになる[5]。

　Sweetser (1996) の図と地の考え方は Talmy (1996) などに依拠するものと見られ (Sweetser 1996: 77 参照)、これらに示される意味での図と地の規定に対応するものではある。ただし、Talmy による図と地の考え方が知覚心理学における図地観とは異なるものであり、これが心理学的な裏づけを欠くということは、本多 (2004, 2005) にも指摘される通りである[6]。図地反転という考え方が、ゲシュタルト心理学の研究者らにより、刺激と感覚の 1 対 1 対応を前提とする「恒常仮定」あるいは「恒常仮説」(constancy hypothesis) への反証の 1 つとして提案されたものであることをふまえると、図地反転という現象について適切に理解するうえで重要なことは「同一の感覚刺激」から「異なる知覚経験が生じる」という点であると言える。この点を考慮すると、上記の通り「異なる感覚刺激」にもたらされる「異なる知覚経験」を図地反転の認知の反映と考える Sweetser (1996) の見方は、知覚者にとっての感覚刺激の在り方に注目する知覚心理学においての図地反転観からは反れたものということになる。

　以上のように、変化の「なる」構文の体験的用法の成立が図地反転の認知に基づいている、という見方をとった場合、この用法の成立における認知的なメカニズムを適切に捉えることができなくなってしまう。本書は問題となる言語表現の成り立ちに関し、その背後にある「表現主体にとっての事物や状況の捉え方」との兼ね合いから説明づけることを意図するものであるため、これらを図地反転の認知によって説明する Sweetser (1996) の考え方に依拠する立場はとらない。

ここで、第4章において考察対象とした関係性変化用法について思い起こされたい。関係性変化用法の表現は、その成立基盤に tr/lm 反転の認知的プロセスが想定されるものであった。ここにおいてトラジェクターとランドマークとして規定される要素は、いずれも表現主体の視野に捉えられるものであり、これらを仮に図と地として捉え直すとすれば、この用法に関しては図地反転現象に支えられて成り立つものと見ることも可能である。しかしながら、本書は当節で確認したような事情から、体験的変化用法の背後に図地反転の認知を認めることは適切ではないと考える。

## 5.3　体験的変化用法における「見たまま・感じたまま」の世界の描写

　前節で述べたように、本書では体験的変化の用法は図地反転に基づくものとは見なされない。それでは、その認知的基盤はどのように規定されるものであろうか。本書は問題となる用法について、表現主体にとっての「見たまま・感じたまま」の体験世界を直接的に描写するものと考える。当節では体験的変化用法の成立を支える認知的メカニズムについて理解を深めるため、上述の「見たまま・感じたまま」の体験世界を述べるものと考えられる空間移動や時間経過に関する表現に視野を広げて検討する。

### 5.3.1　移動表現における「主体の動き」と「眺め」の描写

　前述の目的に従い、ここでは「Xに近づく」および「Xが近づく」という形式によって空間移動に関する意味を表す移動表現の成り立ちについて検討し、これらと変化の「なる」構文の用法④の関連について確認を行う。まず、次のような表現を参照されたい。

(102) a.　京都駅に近づいてきた。

b.　動物園に近づいていく。

(103)a.　京都駅が近づいてきた。
　　　b.　動物園が近づいてくる。

（102a, b）と（103a, b）のような表現は、いずれも話者が目的地に向かって移動する状況について述べるものと言え、出来事としては同様の事態をそれぞれ異なる捉え方に基づいて言語化したものと考えられる。このうち、前者においては「目的地に向かう表現主体の動き」に焦点が当てられ、主体が目的地点である「京都駅」や「動物園」に接近していることが表されている。これに対して、後者においては現実的には位置変化を生じていないはずの「京都駅」や「動物園」が移動表現の主語として置かれ、これらが主体に接近しているかのような描写の仕方がとられている[7]。この種の表現について、標準的な言語能力を有する日本語母語話者であれば、これらが「ある主体が目的地に向かって移動を行うことに伴い、その視野の中では目的地が接近してくるように見える」という、移動する主体にとっての眺望の変化を直接的に言い表す形で言語化したものということは自然に理解されるものと思われる。生態心理学の用語に従って言うと、こうした文は「グローバル・フロー」を言い表すものと考えられることになる。こうした移動表現が、本書の言う「見たまま・感じたまま」の体験世界を述べる表現の例となるものである[8]。なお、問題となるタイプの表現に述べられる内容について「眺望の変化」という言い方をしたが、ある主体が移動の過程において自身の居所と目的地との距離が縮まってきた状況を述べる際には、「京都駅」や「動物園」のような目的地を視野に捉えているわけではないものの推論的な状況把握に基づいて「目的地が近づいてきた」という言い方をすることもある。このように、ここで言う「眺望」とは文字通りの視覚的な意味での「眺め」や「見え」のみを表すものではなく、比喩的な意味での眺望も含むものである。

　日本語母語話者に意見を聞いてみると、(103)のように「目的地の接近」

を述べる形式の表現に対しては、(102)のような「主体の移動」を述べる表現と比べると不自然さを感じる、と指摘する評価者も認められないわけではない。ただし、筆者が意見を聞いた母語話者のほとんどが当該の表現について問題なく理解でき、使用できる、としており、また筆者にとってもこうした表現は日常的に用いられる自然な表現に感じられる。さらに参考として、WEBやコーパスで検索を行ってみると、ここで問題とするタイプの表現にも次のような実例を得ることができる[9]。

(104) a. のんびり車窓を眺めていると田本駅が近づいてきた。
(http://kawa-kamogawa.hatenablog.com/entry/2016/08/25/230840) [10]
b. 長い距離を自転車で走ってきて、学校が近づいてくると、ついつい油断してしまいます。
(http://www2.toyota.ed.jp/weblog/index.php?id=c_kamigo&date=20190423) [11]
c. 通勤するときも、会社のある駅が近づいてくると「今日も何かつまらない意地悪をされるのだろうか？」と心臓がドキドキして痛いくらいでした。
(『筑波ウェブコーパス』収録事例)
d. 降りるバス停が近づいたら、降車ボタンを押して乗務員までお知らせください。
(『筑波ウェブコーパス』収録事例)

こうしたことをふまえ、本書は(103)のように移動主体の眺望を述べるような移動表現を特に問題のある表現とは考えない。

表現主体の空間移動に関する状況について(102)と(103)のような2通りの表現が可能となる現象に関し、重要なことは、ここでは移動体である表現主体が位置変化を生じることで主体と対象（目的地点）との相対的な配置関係に変化が生じており、2通りの表現においてはこうした相対的関係性が異なる視点から捉えられていると考えられることである。より具体的に言う

と、まず（102）のような表現においては、表現主体は自身の視野に物理的に捉えることが不可能なはずの「自分自身の姿」を仮想的に想起するような形で捉えていると考えられる。ここにあっては、移動者である主体の動きが言語的に示されているため、本書ではこの種の表現を「主体移動型」の移動表現と呼ぶこととする。他方、（103）や（104）に示されるような表現においては、表現主体は自身の姿を視野に入れることなく、自身の目に映る「景色」の移り変わりを見えたままに言い表していると言える。このように、事態の経験主体の眺望を述べる形式で主体の移動を表す表現については、上述の主体移動型に対し「眺望描写型」の移動表現と呼ぶこととする。

### 5.3.2 移動概念に基づく時間メタファーの表現について

前節で確認した移動と知覚の関係についてさらに理解を深めるため、当節では（102）と（103）のような移動表現の対と同様の関係にあると考えられる時間表現について検討を行う[12]。ここでは、先に参照した移動表現と同様に「Xに近づく」および「Xが近づく」の形式をとる次のような時間表現に目を向けたい。

(105) a. クリスマスに近づいてきた。
　　　b. 入試の日に近づいていく。

(106) a. クリスマスが近づいてきた。
　　　b. 入試の日が近づいてくる。

（105）や（106）に示される表現は、いずれも時間経過に関する事柄を表すものと考えられる。本書は本多（2011a, b）に依拠する立場から、上のような表現について、それぞれ（102）および（103）のような移動表現を基盤に成立するものと考える。つまり、（105）のタイプの時間表現は主体移動型の

第 5 章 体験的レベルの用法の拡張性　　183

移動表現を基盤とするもの、また、(106) のタイプの時間表現は眺望描写型の時間表現を基盤とするものと考えられることになる。

　上掲の (105a, b) および (106a, b) のような文は、英語の時間メタファーに関する先行研究において、それぞれ "Moving Ego" と "Moving Time" に区別されるタイプのメタファーにあたるものと思われる。(107a) は "Moving Ego"、(107b) は "Moving Time" の例である。

(107) a.　　We are approaching Christmas.
　　　　　（クリスマスに近づいていく。）
　　　b.　　Chrstmas is approaching.
　　　　　（クリスマスが近づいてくる。）

(107) に示されるような時空間メタファーの表現は、Lakoff and Johnson (1980) にはじまる概念メタファー理論の観点から活発に議論が展開されてきたものである (Lakoff 1993, Lakoff and Johnson 1980, Lakoff and Johnson 1999 など参照)。認知意味論の分野での現在の時空間メタファー研究においては、概念メタファー理論の立場による研究の発展的修正版というべき Moore (2001, 2004, 2006, 2011, 2014, 2017) などのメタファー観が広く支持されている。Moore の時空間メタファー観においては、(107a) のようなタイプの表現は「主体の動き」を経験的基盤とする「Moving Ego メタファー」の例とされ、対して (107b) のようなタイプの表現は「時間の動き」を経験的基盤とする「Moving Time メタファー」の例とされる[13]。

　Lakoff and Johnson による概念メタファー理論的見方を発展的に修正したものと言える Moore の時空間メタファー観においては、(107a) のタイプの表現の基盤には (108a) のような移動表現が、そして、(107b) のタイプの表現の基盤には (108b) のような移動表現が、いわば自明のものとして想定されてきた。

(108) a. We are approaching Kyoto.
　　　　（京都に近づいていく。）
　　 b. The bus is approaching.
　　　　（バスが近づいてくる。）

　ここで注目すべきは、この見方においては（107a）の時間表現の基盤に「主体自身の動き」が想定され、対して（107b）の基盤には「主体自身とは異なる対象の動き」が想定されている点である。こうした見方に対し、本多（2011b）は、従来の時空間メタファー研究においては時間を移動体であると捉えるべき根拠が何ら示されていないことを指摘し、（107b）の基盤に（108b）のような移動事態を想定することに問題を提起している。そのうえで本多（2011b）は、（107a）および（107b）のような時間表現の経験的基盤には、それぞれ（109a）および（109b）に示されるような移動事態を想定すべきであると主張している。

(109) a. We are approaching Kyoto.
　　 b. Kyoto is approaching.
　　　　（京都が近づいてくる。）

　本多（2011b）の見方を日本語の分析に応用すると、（107a, b）のような時間表現の経験的基盤には、それぞれ（102a, b）および（103a, b）のタイプの移動表現が想定されることとなる[14]。
　本多（2011b）に指摘される通り、従来の時空間メタファー観においては、時間メタファー表現の見かけ上のふるまいに基づき、その経験的基盤の規定が提案されているように思われ、ここでは（107b）に示される場面の認識に（108b）に示される事態が結びつくメカニズムについて適切な説明が与えられていないと見ることができる。一方、本多（2011b）においては、人間の目から物理的に知覚することができない時間や時間的イベントといった

第5章　体験的レベルの用法の拡張性　　　185

　対象が「動いた」と捉えられる理由について、空間移動に関する我々の経験と自然に結びつける形で説明が与えられている。参考として、次のような文学作品における描写は、本多（2011a, b）に示される時間概念と移動経験の対応づけに妥当性が認められることを示唆するものと思われる。

　　鏡の底には夕景色が流れていて、つまり写るものと写す映画の二重
　　写しのように動くのだった。…あの夕景色の流れは、さては時の流
　　れの象徴であったかと、彼はふとそんなことを呟いた。
　　　　　　　　　　　　（川端康成『雪国』（新潮社　日本文学全集 35））

　上の引用は、物語において、登場人物である男性が列車に乗って車窓から外の風景を眺めている場面を描くものである。ここにおいて、移動主体である登場人物の目には窓から見える風景が「流れ」ているように見えることが示されているが、この風景の「流れ」は言うまでもなく列車に運ばれる人物の動きに伴って生じる錯覚としての「流れ」である。そして、ここで問題となる人物は、自身の目に捉えられる景色の「流れ」を時間経過の認識と重ね合わせている。ここに示される時間認識は、まさに本多（2011a, b）が主張する時空間概念の対応性に相当するものと考えられる。
　このように、本多（2011a, b）の提案を採用することで、従来の認知意味論的な時間メタファー観では明確に説明されてこなかった現象の認知的な動機づけについて見通しを与えることが可能となる。本書は、問題となる時間表現の経験的基盤について本多（2011a, b）の見方に依拠する立場をとり、ここでは（102）と（103）の関係が（105）と（106）の間にも想定されるべき、という見方をとる。

(102) a.　京都駅に近づいてきた。
　　　b.　動物園に近づいていく。

(103) a. 京都駅が近づいてきた。
   b. 動物園が近づいてくる。

(105) a. クリスマスに近づいてきた。
   b. 入試の日に近づいていく。

(106) a. クリスマスが近づいてきた。
   b. 入試の日が近づいてくる。

　この立場から、ここでは (105) のような「Xに近づく」の形式の表現を「主体移動型」の時間メタファー、対して、(106) のような「Xが近づく」の形式の表現を「眺望描写型」の時間メタファーと呼ぶこととする[15]。

　時空間メタファーに関して述べる際に本書が言う「眺望」とは、視知覚を通じて得られる字義的な意味での「眺め」ではなく、時間的な切迫感などとして捉えられる比喩的な意味での眺めである。そして、ここで示した時空間メタファー観に従うと、(106) のような眺望描写型の時間メタファーは (103) のような移動表現と同様に、事態の経験者にとっての「見たまま・感じたまま」の世界を直接的に述べるものと考えられる。なお、日本語においては「Xに近づく」の形式による主体移動型の時間メタファーは適切性が低いものとされることもあり、こうした見方に立つと (105) のような表現は自然な日本語表現として認められず、ここで示した本書の見方には問題があると指摘されるかもしれない。ただし、大神 (2016a) および大神 (2017) は、WEB検索を通じて得られた言語事例および日本語母語話者による被験者調査の結果などをふまえ、眺望描写型の表現と比べると生起頻度においては劣るものの、日本語においても条件次第で主体移動型時間メタファーが問題なく使用され得ることを示している。つまり、主体移動型の時間表現は日本語においても状況に応じて適切に成立し得るものということになる。これをふまえると、日本語の時間メタファーに「Xに近づく」と「Xが近づく」

の2通りの表現形式を想定し、両者の関係について「対象（目的地）に向かう主体の動きを異なる視点から捉えて述べるもの」とする本書の見方には特に問題が生じないと考えられる。

### 5.3.3　眺望描写型の移動表現／時間表現と体験的変化用法の共通性

　ここまでに確認してきた通り、「Xが近づく」という形式による次のような移動表現と時間表現は、移動者として場面に位置づけられる表現主体の「眺め」や「見え」をそのまま述べる眺望描写型の表現と考えられるものである。

(103) a.　京都駅が近づいてきた。
　　　b.　動物園が近づいてくる。

(106) a.　クリスマスが近づいてきた。
　　　b.　入試の日が近づいてくる。

これらにおいては、「目的地が近づく」という、表現主体にとっての眺めの変化を述べる形式で、事態の経験者である表現主体が、空間内あるいは時間軸上で目的地点に対して位置を変化させる過程（すなわち移動の動き）に関する意味が表されている。すなわち、これらの表現は、言及対象となる出来事を客観的事実に沿った論理的な形で言い表す表現ではなく、表現主体にとっての「見たまま・感じたまま」の体験的な世界をそのまま描写する形で言語化すると考えられるものである。
　そして、上記に示されるような「見たまま・感じたまま」の体験世界の描写という特徴が、まさに「なる」構文の体験的変化用法の成立を特徴づけるものと考えられる。このことについて、この用法の例として挙げられた次のような文を通じて確認しておきたい。

( 1 )d. 半年ぶりに着てみると、お気に入りのスカートが短くなっている。

( 97 )a. もともとは子供が苦手だったが、最近は小さい子がかわいくなってきた。

( 98 )a. 夏休み明けに久々に着てみると、どうも制服が窮屈になっている。

　この種の表現の成立には、事態の経験者である表現主体に生じた「身体サイズの変化」や「内面的な変化」が関わっていると考えられる。しかしながら、これらにおいては表現主体自身に生じているはずの「現実的な変化」は問題とされていない。上記のような表現の産出にあたり、表現主体が自身に変化が生じたことを理解しているにせよ、そうではないにせよ、ここに示されるのは表現主体にとっての世界の見え方としての「そのように感じられる」という実感および印象のみと言える。ここにおいて、表現主体に生じた変化が問題とされない点は、(103)のような移動表現や(106)のような時間表現において表現主体が空間内や時間軸上における自身の動きを問題としないことと並行する。すなわち、「なる」構文の体験的変化用法と「Xが近づく」形式の移動表現・時間表現は、その基盤となる事柄に「主体の状態の変化」と「主体の（空間内あるいは時間軸上での）位置的変化」という違いこそ認められるものの、問題となる場面における対象との関わり方および対象の捉え方に関して共通の性質を持つものと考えることができる。こうした共通性を特徴づける言語化の様式として示されるのが、「見たまま・感じたまま」の体験世界の直接的な描写である。

　以上のように、変化の「なる」構文の体験的変化用法は、表現主体が言及対象との関わりを通じて体験的に得た認識を直接的に言語化したものとして規定することができる。この種の表現は、外界の対象に生じた現実的な意味

での状態変化を述べるものではないため、見ようによっては「非字義的」な言語表現と感じられるかもしれない。しかしながら、これらは空間移動や時間経過といった、人間にとって特に基本的な経験における認識の形成にも関わる認知的メカニズムに基づいて成立するものであり、ある意味では外界に対する我々の認識の在り様を最も率直に反映するものと見ることもできる。なお、ここで参照した移動表現、時間表現、変化表現のいずれに関しても、現実として生じる出来事を論理的な形で言い表すものではないため、そうした意味においてレトリックとしての性質も認められる。佐藤（1993）の言葉を借りれば、これらの表現には「レトリカルな視点の移動」が関与していると考えられよう（佐藤 1993：52-54 参照）。レトリックの表現性に関し、佐藤（1992b）は「ことばは事実を表現するのではなく、事実に対する私たちの見方を表現するものだ」とし、「ことばのあや」として扱われがちなレトリックは、ある意味では、事実としての状況を字義的に言い表す表現以上に「そっちょく」な表現である、と述べている（佐藤 1992b：99-105 参照）。本書の立場はこうした見方に通じるものである。

## 5.4 「見たまま・感じたまま」の体験の描写と「主体化」の考え方

ここまでの議論において確認してきた通り、本書は変化の「なる」構文の体験的変化用法を、いわゆる図地反転に基づくものとは考えない。この種の表現は、表現主体の身体や内面に現実的に生じた変化が視野の外に置かれ、表現主体が外界の対象から受け取る「見たまま」あるいは「感じたまま」の印象や実感としての変化認識が直接的に述べられる形で成立する、というのが本書の見方である。当節では、特定的変化用法を起点とした場合に体験的変化用法に想定される意味拡張のプロセスが、Langacker（1985, 1990b, 1998, 1999a）などに論じられる「主体化」（subjectification）の考え方によって説明づけられることを示す。

### 5.4.1　主体化の 2 通りの様式について

　主体化とは、もともと Langacker（1990b）などにおいて「周期的に生じる極めて重要な意味変化のタイプ」（Langacker 1990b: 5）として提案される概念であり、現在では下記のように「語彙的意味にもともと内在し、その意味で語彙的意味のもっとも深い特性を構成する概念操作の顕在化」と規定されるものである[16]。

> Subjectification is the "laying bare" of conceptual operations which are immanent in the original lexical meanings and in that sense constitute their "deepest" properties.
>
> （Langacker 1998: 88）

　主体化の発想を援用して説明される現象には様々なものが認められるが、ここでは変化の「なる」構文の用法に関わるものとして、英語の前置詞 "across" の主体化に関する 2 つのタイプについて、Langacker の説明を参照しつつ確認する。
　はじめに、主体化の 1 つめのタイプを反映する例として挙げられるのが、次のような 2 通りの表現間に見られる前置詞 "across" の意味変化である。

(110) a.　Vanessa jumped across the table.
　　　　（Vanessa はテーブルを飛び越えた。）
　　 b.　Vanessa is sitting across the table from Veronica.
　　　　（Vanessa は Veronica から見てテーブルの向こう側に座っている。）

（Langacker 1990b: 17, 筆者訳）

　上の例において、（110a）と（110b）の間には「主体性」の違いが認められ

る、とされる。Langacker（1998）の説明を参照しつつ確認しておくと、まず、(110a) のような文において "across" が表しているのは、主語名詞句の指示対象である人物 "Vanessa" が、空間上の経路の異なる地点を物理的にたどっていくという、現実的な意味での移動である。これに対して、(110b) の文で "across" が表しているのは、主語名詞句の指示対象の経路上での位置を特定する際に概念化者に想起される「心的走査」(mental scanning) としての移動である。こうした "across" の 2 つの用法に関し、(110a) に示されるような「移動主体の客体的な動き」が、(110b) に示されるような「概念化者の心的操作としての主体的な動き」として再解釈される現象が、ここで問題となる意味での主体化として説明されるものである。このように、概念化主体の心内に想起される動きが前景化する現象として説明されるタイプの主体化について、ここでは「動きの主体化」と呼ぶこととしておく[17]。

次に、主体化の 2 つめのタイプの例に挙げられるのが、次のような 2 通りの "across" の用法間に認められる意味の拡張である。

(111) a.　　Vanessa is sitting across the table from me.
　　　　　　（Vanessa は私から見てテーブルの向こうに座っている。）
　　 b.　　Vanessa is sitting across the table.
　　　　　　（Vanessa はテーブルの向こうに座っている。）

（Langacker 1990b: 20, 筆者訳）

これらの 2 通りの表現は、いずれも主語名詞句の指示対象である "Vanessa" と表現主体との空間的位置関係に関し、同じ状況を問題とするものであるが、両者においては事態を捉える表現主体のパースペクティブに違いが認められる。(111a) では、表現主体は "Vanessa" の位置を特定するうえで、現実的には自身の視野に入っていない自身の姿を客体的に捉え（自己の客体化）、これを参照点として事態の中に位置づけたうえで状況の言語化を行っている

と考えられる。ここにおいて "across" は、表現主体が想起する参照点を「目印」とし、主語に示される "Vanessa" の空間的位置を特定していると考えられる。これに対して (111b) では、表現主体は問題となる場面に自身がどのように位置づけられるかということを考慮することなく、自身の目に捉えられた状況を「見えた通り」に述べるのみである (Langacker 1990b: 20-21 参照)。すなわち、この用法においては、表現主体は言及対象となる事態の内側に入り込むような形で、自身の目に映ったままの世界を直接的に言語化していると考えられ、ここで "across" は表現主体による主体的な場面の捉え方に基づいて主語の指示対象の位置を特定していると言える。上記のような2通りの表現においては、いずれも表現主体自身が "Vanessa" の位置を特定するうえでの参照点の役割を果たしているが、(111a) では参照点としての表現主体自身の姿が客体的に捉えられて言語化されているのに対し、(111b) では参照点が表現主体と重なり、結果として主体的に捉えられ、言語化の対象とはなっていない。つまり、ここでは参照点が主体化され、"across" の意味に取り込まれていると考えられる。このように、ここで問題とするタイプの主体化とは、参照点としての表現主体の「主体的な捉え方」が前景化する現象として説明されるものである[18]。本書では、(110) の例に示される意味での主体化に対して、(111) の例に示されるタイプの主体化を「参照点の主体化」と呼ぶこととする。

　ここで確認したように、主体化と呼ばれる現象には少なくとも2つのタイプが認められる[19]。参考として、早瀬 (2012) は本書が「動きの主体化」とする表現を「客観が消えて主観のみが残る」タイプ、「参照点の主体化」とする表現を「概念化者が体験的に事態内部から語る」タイプ、として特徴づけている (早瀬 2012：48)。なお、森 (1998) は「動きの主体化」にあたるタイプについて、「客観軸」から「主観軸」への再編成と言うべき捉え方は妥当ではないことから、これについては主体化というよりも「脱客体化」という概念で捉える方が適切である、と指摘している (森 1998：187-189) [20]。森 (1998) の指摘は妥当なものと思われ、本書もこの見方を支持するもので

あるが、ここでは Langacker の用語に合わせる形で「主体化」という呼び方をそのまま用いることとしておく。

## 5.4.2 「参照点の主体化」としての体験的変化用法の拡張性

以上をふまえつつ、ここで変化の「なる」構文の体験的変化用法に改めて目を向けると、この用法の成立は「参照点の主体化」に支えられるものと考えることができる。前述の通り、本書では体験的変化用法の表現について、表現主体が「見たまま・感じたまま」に捉えた対象の変化の実感を述べるものと考えるが、この現象は、概念化者が場面を捉えるうえでの参照点として事態の内側に取り込まれ、言及対象となる事物を主体的に解釈する、という、参照点の主体化に想定されるメカニズムによって説明できるものである[21]。

改めて具体的に確認しておくと、ここで問題とする用法の背後に想定される「見たまま・感じたまま」の世界の描写とは、事態の経験主体が外界の対象との相互作用を通じて捉えた実感を自身の視点から直接的に述べる、という言語化の様式を指すものである。第3章で簡単に触れた通り、こうした言語表現は、より大きな視点からは池上（2011）などに示される「主観的把握」の反映として捉えられるものと言える。本書が問題とする「見たまま・感じたまま」の体験世界の描写とは、主観的把握に基づくと考えられる表現のうち、事態の経験者としての表現主体が、自身の述べる状況の形成そのものに直接関与すると考えられるものである。体験的変化用法の例として先に示した次のような文を通じ、この点について確認しておきたい。

(96) a. 夏休み明けに久々に着てみると、サイズが変わるはずのない制服が大きくなっている。
 b. トレーニングを重ねるうちに、最初は持ち上がらなかった100kgのバーベルが軽くなってきた。
 c. 妻に逃げられて1人で寝るようになってから、2人で使っていた

ベッドがすっかり広くなってしまった。
d. 基礎学習を重ねてから改めて取り組んでみると、以前は歯が立たなかった英検の過去問がすっかり易しくなっている。

上記のような文においては、場面の言語化にあたり、例として（96a）「体格が小さくなる」、（96b）「力が強くなる」、（96c）「ある空間内を占有する割合が小さくなる」、（96d）「学力が上がる」といった、事態の経験者である表現主体自身に関わる状態が、「制服」や「バーベル」、「ベッド」、「過去問」といった対象への評価と切り離せない形で結びついており、ここで表現主体は言語化される事柄を構成する要素の1つとなっている。こうした主体と対象との関わり合いを考慮しない限り、ここに述べられる変化は対象自体に生じた変化を表すものとして、ここで想定されるのとは異なる意味で解釈されることになる。また、上の例に述べられるような場面において、ここで表現主体に想定されているものとは逆の「体が小さくなる」、「力が弱くなる」、「ある空間を占有する割合が大きくなる」、「学力が下がる」といった変化が想定される場合には、これに従って対象に対する描写も次のように逆転することになる。

(112)a. 夏休み明けに久々に着てみると、サイズが変わるはずのない制服が小さくなっている。
b. トレーニングをさぼっていたせいか、以前は軽々と持ち上がった100kgのベンチプレスが重くなった。
c. 結婚して妻と2人で寝るようになり、1人で使っていたベッドがすっかり狭くなってしまった。
d. 以前は楽に解けていた英検の過去問が、久しぶりに取り組んでみると、すっかり難しくなっている。

こうした現象にも、主体と対象が相互作用的な関係にあることが示されると

考えられる。さらに、第2章で確認された体験的変化用法のアスペクトの性質について改めて参照したい（本書 2.3.4 参照）。

（51）a.　#社会人になってから、少しずつビールがおいしくなっている。
　　　b.　#最近だんだん 100kg のバーベルが軽くなっている。

（54）a.　?社会人になってから、少しずつビールがおいしくなっていく。
　　　b.　?トレーニングの成果か、だんだん 100kg のバーベルが軽くなっていく。

　これらの例に示されるように、体験的変化の用法においては、【動きの進行】や【変化の進展】など、事態が未来に向かって展開していく相を表そうとすると不自然となることが指摘された。ここでも重要となるのが、第2タイプの主体化においては表現主体が言及対象となる事態の形成に参与している、という点である。つまり、この用法において表現主体は、発話の時点で既に成立するものとしての事態を臨場的な視点から捉えて述べると考えられ、こうした事情から、発話時点で観察することが不可能な未確定の事態について予見するように述べることは認められにくくなる。この用法の表現が参照点の主体化に基づくものと考えると、こうした特徴についても妥当な説明が与えられると考えられる。
　以上のように、ここで問題とするタイプの表現においては、先に示された (111b) の "across" の場合と同様に、表現主体自身の状態が事態の形成に関わっていると考えられる。変化の「なる」構文の体験的変化用法とは、事態の一部として場面を形成する主体の視点から捉えられた体験を直接的に述べるものであり、参照点の主体化に相当する現象と見なされるものである。なお、Langacker の提案する主体化とは、ある主体が対象を捉えるうえでの主体性および客体性の在り様について様々な種類や程度を想定する、段階性を伴った現象である。本書が体験的変化用法に想定する体験的視点からの概

念化とは、複数の種類が想定される主体化のうちの1つにあたると考えられるものである[22]。

　以上のような見方の妥当性は、本多 (2005) による生態心理学的観点からの研究を通じても根拠が与えられるものと思われる。本多 (2005) の主張によると、本章においてここまでに提示してきたタイプの言語表現と同種のものと言える次のような表現は、いずれも揃って「エコロジカル・セルフ」(ecological self) のレベルで捉えられた話し手の表現とされるものである。

(113) a.　Kyoto is approaching.
　　　b.　Vanessa is sitting across the table.
　　　c.　The students get younger every year.

(本多 2005：34)

　エコロジカル・セルフとは、生態心理学的観点からの自己知覚論において、概略「環境の知覚を通じて知覚される自己」として規定されるものであり、「世界を知覚することは同時に自己を知覚すること」(to perceive the world is to coperceive oneself) という発想 (Gibson 1979: 141) に基づくものとされる。本多 (2005) はこの考え方に基づき、(113) の各例を、いずれもエコロジカル・セルフとしての知覚者の存在を前提に「話者・認識者にとっての状況の見え」(本多 2005：277) を記述する表現として関連づけている。つまり本多 (2005) は、「実際には動いていない対象の動き」を述べる形式の移動表現 (113a) と「実際には変化していない対象の変化」を述べる形式の変化表現 (112c) に関し、いずれも参照点の主体化を反映する表現 (113b) と共通の性質を持つものとして関連性を認めていると言え、主体移動型の移動表現および時間表現と変化の「なる」構文の用法④の表現が参照点の主体化という観点によって説明できるという見方に生態心理学の立場から裏づけを与えるものと考えられる。

　関係性変化用法の表現と体験的変化用法の表現は、変化を生じた対象と変

化認識の基準となる対象の間に、両者の相対的な関係性を基盤とする何らかの意味での「反転」が認められる、という点において共通性を持つものである。しかしながら、「XがYくなる」および「XがYになる」といった構文単位での意味の成り立ちを考慮すると、これらの2つの表現には区別を立てることが妥当と考えられる[23]。改めて強調しておくと、関係性変化用法の表現が外界の対象に生じた状態変化を客体的に捉え、捉えられた状況の中で前景化する要素と背景化する要素を反転させて言語化するものであるのに対し、体験的変化用法の表現は、外界の事物の見え方を主体的に捉え、その捉え方の基点となる表現主体自身の状態に関する意味を同時に表すものである。そして、前者が tr/lm 反転の認知を基盤に成り立つと考えられるのに対し、後者は参照点の主体化に基づいて成立するものとして規定される。こうした関係性変化用法と体験的変化用法それぞれの事態の捉え方は、各々の背後に想定される観察フレームと体験フレームに結びつけられるものである。

## 5.5　第5章のまとめ

本章では変化の「なる」構文の④体験的変化用法に焦点を当て、①の特定的変化用法を起点とした際、この用法がどのような拡張プロセスを経て成り立つと考えられるかについて検討を行った。ここでの考察を通じ、体験的変化用法の表現は、その成り立ちにおいて、現実的には移動しない対象の動きを述べるものとしての「眺望描写型」の移動表現と、こうした移動表現に基づくと考えられる時空間メタファーの表現と並行性を持つものであり、事態の経験者である表現主体の「見たまま・感じたまま」を直接的に述べるものであることを確認した。以上をふまえ、本書は変化の「なる」構文の体験的変化用法について、特定的変化用法を起点に「参照点の主体化」を経て拡張するものと規定する。本章のまとめとして、特定的変化用法と体験的変化用法の関係について次のように示しておく。

参照点の主体化

図5 体験フレームを基盤とする用法の
　　　拡張プロセス

# 注

1 大神（2014a）は、ここで問題とする変化の「なる」構文の体験的変化用法の表現を「認識的変化表現」と呼んでいる。また、大神（2014b）は、この種の表現が転喩としての性質を持つものと考えられることを指摘している。

2 原著では "The 'objective' change in the setting or in the basis of judgement is precisely what gets reinterpreted as change in the judged entity in the figure-ground reversing examples of subjective change." とされている（Sweetser 1996: 81）。

3 もちろん、体験的変化用法に述べられるような場面において、表現主体が「体重計に乗って自身が太ったことに気づいている」という場合や、「学習の積み重ねで自身の学力が上がっていることを実感している」という場合など、「自分自身が変化したことを知っている」という状況を想定することは十分に可能である。ただし、体験的変化用法の表現の成立にあたっては、こうした認識が視野の外に置かれ、表現主体の視野に捉えられた対象の見え方・感じ方のみが言語化の対象になっていることには変わりがない。つまり、表現主体が自身に変化が生じたことを把握していようがいまいが、いずれにせよ体験的変化用法の表現の言語的成立において、主体自身の姿やその変化が視野の中に置かれているとは考えられない。

4 Sweetser（1996）には "... we are not aware that we have changed in the relevant respects to alter this judgement" とある（Sweetser 1996: 77）。

5 図地反転についての規定の仕方によっては、Sweetser（1996）の見方を採用し、ここで問題となる表現に示される現象を図地反転の例と考えることも可能となるかもしれない。ただし、こうしたアプローチは「事態を言語化するうえでの表現主体の認知の仕組み」を適切に捉えるものではなく、言語表現の形式を認知に関する用語で説明するものと言え、実質的には「客観主義的」な分析アプローチということになる。もちろん、いわゆる客観主義的な言語研究アプローチが誤りというわけではないが、本書がここで目的とするのは言語的意味の成立を認知の観点から説明づけることであるため、上記のような客観主義的なアプローチはとらない。この問題については、既に同様の観点から本多（2005）によって指摘がなされている。本多（2005）は、「図地反転基盤の主観的変化」

を表す例とされる表現の産出において、表現主体は「自分自身の姿が自身の視野に含まれない位置から状況を見ている」と考えられ、そのためここで「図地反転は生じない」と述べている（本多 2005：110-111）。筆者はここで問題となる現象について、基本的に本多（2005）の考え方に依拠する立場である。この問題に関しては、さらに 5.4 の議論を参照されたい。

[6] 認知言語学における図地反転の応用に関し、Talmy の図地反転観と Langacker の図地反転観にはしばしば相違が指摘されている。本多（2004）では Langacker の認知文法における "base" と "profile" の考え方は知覚心理学における図地反転の考え方とも矛盾しないものであることが示されている。

[7] もちろん、「京都駅」や「動物園」が何らかの理由で移設され、文字通り表現主体の居所に近いところに位置取りを変える、というような特殊な状況が認められる場合には、これらの文は主語名詞句の指示対象の移動を表す表現として解釈されるものとなる。ただし、ここでの検討にあたって想定するのはこうした解釈とは異なるものである。

[8] これと同様の見方は、本多（2005, 2013）が、英語における「図地反転基盤の主観的変化表現」について論じる Sweetser（1996）への反論の中でも示している。本多（2005, 2013）は生態心理学的観点からの自己知覚に関する議論としてこの問題について論じており、本多（2013）はこの現象を通じて「世界を知覚することは、自己を知覚することである」、また「世界を語ることは、同時に自己を語ることである」、そして「言葉には視点がはりついている」、ということを確認している（本多 2013：23）。

[9] （103c）・（103d）の例は NINJAL-LWP for TWC の利用により得られたものである。

[10] 引用文については 2019 年 5 月 31 日に最終確認。

[11] 引用文については 2019 年 5 月 31 日に最終確認。

[12] ここで論じる内容は、大神（2015a, 2016a, 2016d, 2017）に基づくものである。Ogami（2018c, 2019b）および大神（2019d）は、これらの議論のさらなる発展を試みている。いわゆる時空間メタファーの研究においては、博士後期課程在籍時に指導教官の木内良行先生、早瀬尚子先生にしばしば議論に応じて頂いたことと合わせ、多くの方にお世話になった。特に、岩田彩志先生、上原聡先生、岡本雅史先生、小松原哲太さん、今野弘章先生、篠原和子先生、鈴木幸平先生、谷口一美先生、田丸歩実さん、鍋島弘治朗先生、野澤元先生、廣瀬幸生先生、本多啓先生、町田章先生、松本曜先生、森雄一先生、吉村公宏先生、Kevin Ezra Moore 先生、Mark Johonson 先生といった方々には、ご支援、ご指導、成果発表の機会や貴重な対話のお時間を頂き、研究の展開を支えて頂いた。皆様に改めてお礼を申し上げたい。

[13] より正確には、Moore は Lakoff（1993）や Lakoff and Johnson（1999）などが "Mov-

ing Time" の例とするメタファーについて、直示性を伴うものとそうでないものに分類したうえで、このうち直示性を伴うものと考えられる (106b) のタイプの表現を "Ego-centered Moving Time" として規定している。本書では、これらを簡潔に "Moving Time" と表すこととする。なお、Lakoff (1993), Lakoff and Johnson (1999) においては、(106a) のタイプのメタファーには "Moving Observer" という名称が与えられている。ここでは Moore の用語に合わせ、これらを "Moving Ego" と呼ぶこととする。Moore の考え方を参照し、日本語の時間表現を考察対象に、その利点と課題を細やかに検討する重要な先行研究として、図地反転の問題や日本語の空間表現「先（さき）」と「前（まえ）」のふるまいなどについて論じる篠原（2007）や篠原（2008）が挙げられる。谷口（2017）にも関連する議論が見られる。

[14] 本多（2011b）は Moore の研究を含む従来の認知意味論的な研究に示される時空間メタファー観を「多元論」としたうえで、本多（2011b）に提案される時空間メタファー観を「Moving Experiencer 一元論」と呼んでいる。本多（2011b）にも言及されている Casasanto and Jasmin (2012)、また Casasanto (2016) などは、この見方を支持するような移動表現を例に時空間概念の対応について論じている。大神（2016d）は、(104) と (105) のような時間表現の表現性の違いに注目し、両者には事態について伝達するうえでの意図や効果の違いが認められる可能性を指摘している。

[15] この問題に関し、松本（2007）は「Xが（やって）くる」という表現においてXの項に場所を表す語を置く表現が認められず、これを移動表現に用いることはできないことを指摘したうえで、本書の言う眺望描写型の時間メタファーを移動主体の眺めを表す表現と見なすことに否定的な立場を示している。これに対し大神（2017）は、移動表現における「近づく」と「くる」の意味的焦点の違いに注目し、時間表現としての「Xが近づく」と「Xが（やって）くる」を、それぞれ「接近の表現」と「来訪の表現」という異なるタイプの表現として区別したうえで、このうち「Xが近づく」については「表現主体の眺め」を述べるものと見なすことが妥当であるという見方を示している。また、こうした見方に基づき、大神（2019a）は、移動表現と時間表現の対応性に関する日本語母語話者の評価を提示しつつ、日本語の時空間メタファーについて説明するうえで本多（2011a, b）の見方が有効であると考えられることを論じている。なお、松本曜先生には松本（2007）の考え方に部分的修正を試みた（2017）の発表にあたり、寛容なご対応とご親身なお言葉を賜った。「研究の進展に役立つなら自著への反論は歓迎」と笑って応じてくださるご様子に、研究者とはかくあるべし、というお姿を示して頂いたように感じている。本書および筆者による上掲の研究は、松本（2007）に反論を行うというよりも、松本（2007）の視点を参考にさらなる研究の展開を意図するものである

こことをことわったうえで、松本先生には改めて心よりお礼を申し上げたい。

[16] 主体化の規定について Langacker はもともと「ある関係における客観軸から主観軸への再配置」(Langacker 1990b: 17 参照)、あるいは「もともとは客体的解釈を受けていた存在が、より主体的な解釈を受けるようになる意味変化や意味拡張」(Langacker 1991: 215 参照) といった見方を示していた。こうした見方から、Langacker (1990b) などは主体化に関し、本書の第3章でも参照した視点構図の考え方を土台に、「最適視点構図」(optimal viewing arrangement) および「自己中心的視点構図」(egocentric viewing arrangement) という視点構図の問題と結びつけての説明を行っていた。しかしながら、Langacker (1998) は Verhagen (1995) などの指摘をふまえて、主体化という現象において重要なのは「客体性の消失」という考え方であり、これについては「意味の漂白化」の現象の一種として捉えるのが妥当である、という修正案を示している。

[17] このタイプの主体化は、本書が問題とする変化構文の用法⑤の成立に関わるものと考えられる。これについては第6章で改めて検討を行う。

[18] (110b) のような表現は、参照点として捉えられる対象が純粋に客体的なものであるため、表現主体が自身の姿を客体的に捉えて心内に想起する (111a) と比べ、さらに客体性が高いものと考えられる。このように、主体化には段階性や程度差が想定され、(110b) → (111a) → (111b) の順に主体性の程度が高くなっていくと考えられる。

[19] Langacker (1990b, 1998, 1999a) などでは "across" 以外にも "be going to" や "have" における主体化、法助動詞の意味変化に認められる主体化など、多様な現象を通じて主体化の性質について見通しが与えられている。本書では、ここで言う動きの主体化と参照点の主体化の区別を明確に示すことを意図し、参照する事例を提示のもののみに絞っている。なお、Langacker の言う "subjectification" =「主体化」と Traugott (1989) などの言う "subjectification" =「主観化」の区別は本書の議論にも派生的に関わる重要な問題であるが、ここではこの問題には立ち入らない。このテーマに関する先行研究としては深田 (2001) が重要である。

[20] 池上 (2004, 2005) の提言とも深く関連する指摘である。なお、小柳 (2018) は「主観」という用語について多角的に検討し、その用いられ方および有用性について検討を行ったうえで、「主観」をめぐる認知言語学の議論の不足点、また、これを受けて心掛けるべきことについて示している。本書はこうした観点からの詳細な考察にまでは踏み込めていないが、このテーマはさらに研究を進めていくうえで重要な課題の1つである。

[21] ただし、早瀬 (2012) にも指摘される通り、主体化によって説明される現象においては常に "objective" な解釈から "subjective" な解釈への変化や拡張が認められるわけではないと考えられる。事実、子供の言葉遣いに目を向けてみると、例として自動車に乗っ

ている際に窓の外の対象が動いて見えるような場面において、年齢の低い子供が「対象がこっちに近づいてくる」という意味の"subjective"な表現を産出するのに対し、年齢の高い子供は「自分たちが対象に向かって動いているのだ」という"objective"な解釈に基づく修正を与えるようなことが見受けられる。実際の例として、筆者の長女と次女の間では、自動車で高速道路を走行している際に馬を乗せた大型トラックが前方を走っているのを見つけた次女（当時2歳5か月）が、自身の乗る自動車がトラックとの距離を縮めていく中で「おうまがきた（馬が近づいてきた）」との発言をしながら興奮するのに対し、長女（当時4歳11か月）が冷静に「うちのくるまがいってるねん（我々の方が近づいているのだ）」と指摘する、というやりとりが認められた（2013年8月、大阪府茨木市の筆者宅から兵庫県神戸市の妻の実家に向かう道中、名神高速道路にて）。こうした例から、人間の言語習得においては「主体的な表現」の方が先にくる、ということも考えられる。このことは、主観的把握をプロトタイプと考えるべき、という池上（2004）などの提案の妥当性を示唆するものと言える。以上をふまえつつも、ここでの考察においては、特定的変化用法を起点に置いたうえで体験的変化用法の位置づけを規定するものとして、いわゆる主体化の考え方を参照している。

[22] こうしたことから「体験的視点による捉え方とは即ち主体化のことである」という規定は問題となる現象について十分な説明を与えるものとはならない。体験的視点の捉え方とは、あくまでも主体化の例の1つに関し、主体性の段階的推移に関する検討を視野の外に置き、その様式を特徴づけるものである。体験的視点による捉え方に基づく表現とは、主体化の発想によって説明されるマイナーな事例の1つと言うべきものである。

[23] ここで改めて5.2での議論を思い起こされたい。(99a) と (101) の関係を図地反転の認知から説明づけることの問題は本多（2005）に指摘される通りであるが、本多（2005）はこうした問題が生じる原因として、時枝（1941）および三浦（1967 [2002] a, b）の「言語過程説」の考え方を参考としつつ、言語研究における「主体的立場」と「観察的立場」の混同を指摘している（本多 2005：274-280）。これと関連し、用法③と用法④は、言語の成立について、「観察的立場」、すなわち事態の経験主体である概念化者の認知の在り様を問題としない「客観主義的」な言語観を採用するのであれば、同種の表現ということも可能であると思われる。ただし、こうした客観主義的アプローチをとる限り、人間がどのように外界を捉え、それをどのように言語に反映させるか、という問題に適切な説明を与えることはできないと考えられる。本書は問題となる言語現象について認知との関連から説明することを目的とするものであるため、本多（2005）の言う主体的立場からのアプローチを意図している。

# 第6章 仮想的レベルの用法の拡張性

　本章では、仮想フレームに基づく用法のサブカテゴリーに分類される⑤仮想的変化用法の成立メカニズムについて検討し、①特定的変化用法を起点に据えたうえでの拡張プロセスについて明らかにすることを試みる。本章での考察を通じ、変化の「なる」構文の仮想的変化用法は、ある特定の対象に認められる特徴的な状態や性質を、問題となる対象の一般的・典型的な成員からの逸脱性として捉えるものであることを示す。この見方に基づき、ここでは仮想的変化用法について、体験的変化用法とは異なるタイプの「主体化」を通じて成立するものとして規定する。

## 6.1　仮想的変化用法の成立メカニズムと拡張性について

　はじめに仮想的用法の事例と概念化について改めて提示しておく。まず、この用法の例として提示された表現には次のようなものが挙げられる（本書2.1.5参照）。

( 1 )e.　　あの女子高の制服は、スカートがふつうよりやけに短くなっている。

(114)a.　　書写用の鉛筆は、ふつうの鉛筆とは違って芯が太くなっている。
　　 b.　　この家は、一般的な家と比べて玄関がずいぶん広くなっている。

c. 赤ちゃん用の絵本には、大人の本と違ってかどが丸くなっているものがある。
　　　d. 海外の絵本では、太陽が黄色くなっていることがある。

(115) a. この商品は、若い女性に向けてデザインがかわいくなっている。
　　　b. この店の料理は、どれも味つけが辛くなっている。
　　　c. この薬は味が甘くなっているので、子供にも飲みやすいらしい。

(116) a. このスパイクは靴底がワイドになっている。
　　　b. 海外の絵本では太陽が黄色になっていることがある。
　　　c. この車はヘッドライトが丸形になっているのが特徴だ。
　　　d. あの人は肌がツルツルになっている。

また、仮想的変化用法においては次のような構成要素により事態概念が具現化されると考えられる（本書3.2.5参照）。

　【仮想的変化用法の構成要素】
　　[X1]：対象Xに想定される標準的な性質や状態
　　[X2]：対象Xの特定の成員に認められる性質や状態
　　[Y]：[X1]との比較を通じての[X2]への評価

このように、変化の「なる」構文の仮想的変化用法は、何らかの対象に逸脱的な状態や性質が認められることを言い表すものと考えられる。この用法には、名詞句Xの指示対象そのものにはいかなる意味での変化も生じていないにもかかわらず、表現主体の心内には何らかの変化の認識が喚起され、こうした認識を投射する形で言及対象について描写する点に特徴が認められる。

## 6.2　仮想的変化用法の表現における「主観的変化」の反映

　ここで問題とする用法の成り立ちについて検討するうえで重要な先行研究として挙げられるのが、Matsumoto（1996b）による「主観的変化表現」（subjective change expression）についての研究である。当節では「主観的変化」の考え方を概観的に参照し、Matsumoto（1996b）の見方に部分的修正を提案したうえで、問題となる仮想的変化用法の成立は主観的変化の認知に支えられるものと考えられることを確認する。ここでは合わせて、Matsumoto（1996b）の主張に対する佐藤（1999, 2005）の問題提起に目を向け、これに対して主観的変化の考え方が妥当であると考えられることを述べる。

### 6.2.1　典型的状態からの逸脱としての主観的変化

　Matsumoto（1996b）は、「シテイル」形の述部をとる（117）のような日本語の文（原著ではアルファベット表記されている例文を日本語に置き換えたもの。元の例は Matsumoto 1996b: 124 参照）を取りあげ、これらを「主観的変化表現」の例として論じている。

(117) a.　その部屋は<u>丸くなっている</u>。
　　　b.　この鉛筆は<u>長くなっている</u>。

（117a）と（117b）の例はいずれも、典型的には変化の意味を表すと考えられる「〜なっている」という表現を述部に置くものであるが、ここで表されるのは主題として示される対象に生じた現実的な意味での変化ではなく、「形状」や「長さ」というような、その対象の状態や性質に関する情報である。Matsumoto（1996b）によると、この種の表現においては（117）の各文に示されるように、時間経過の意味を表す「もう」のような修飾語句が共起しない。

(118) a. ＊その部屋はもう丸くなっている。
b. ＊この鉛筆はもう長くなっている。

このことから、これらは何らかの対象が時間経過に沿って現実的に変化する様子を述べる文とは区別すべきものであるとされる（Matsumoto 1996b: 126-127）。Matsumoto（1996b）は問題となるタイプの表現について、名詞句に指し示される対象に認められる「期待値からの逸脱」を表す「テイル」形述部の表現とし、これを主観的変化表現と呼んでいる。なお、主観的変化という考え方は、国広（1985）の「痕跡的認知」の考え方への修正案として提案されるものである。痕跡的認知とは「客観的に見れば物の動きはあり得ないのに、あたかも動いたかのようにとらえている」という認知の働きを指すものとされ（国広 1985：8）、国広（1985）はこうした認知を反映する言語表現の例として、「駅前に町の主だった建物があつまっている」（位置関係の痕跡的表現）、「かごが落ちている」（形の痕跡的表現）、「道は一直線に伸びていた」（範囲の痕跡的表現）などを挙げている（国広 1985：10-13）[1]。Matsumoto（1996b）は、国広（1985）が痕跡表現として挙げる例には主観的な移動を表す表現と主観的な変化を表す表現が混在しているが、両者は異なる言語表現として区別されるべきである、と主張し、この立場から主観的変化という考え方を提案している（Matsumoto 1996b: 136-141 参照）[2]。

Matsumoto（1996b）が主観的変化表現に指摘する特徴は、基本的に、変化の「なる」構文の仮想的変化用法にも当てはまるものと言える。まず、仮想的変化用法の表現は（117）に示されるタイプの表現と同様に、専ら「シテイル」形の述部を求めるものであり、また、これらは名詞句の指示対象Xに生じた現実的な意味での状態や性質の移行を述べるものではない。さらに、仮想的変化用法の表現には時間経過の意味を表す修飾語句の共起が認められず、この点にも主観的変化表現との共通性が認められる。例として、(114-116)に挙げた仮想的変化用法の文に「もう」、「すでに」、「以前よりも」といった修飾語句を共起させてみると、(119)から(121)の各文に示

されるように、いずれも不適切な文か、あるいはここで意図する意味を表すものとは異なる意味の文になる。

(119) a. #書写用の鉛筆は{もう／すでに／以前よりも}芯が太くなっている。
　　　f. #この家は{もう／すでに／以前よりも}玄関がずいぶん広くなっている。
　　　g. #赤ちゃん用の絵本は{もう／すでに／以前よりも}かごが丸くなっているものがある。
　　　h. #外国の絵本では{もう／すでに／以前よりも}太陽が黄色くなっていることがある。

(120) a. #この商品は{もう／すでに／以前よりも}若い女性に向けてデザインがかわいくなっている。
　　　b. #この店の料理は{もう／すでに／以前よりも}味つけが辛くなっている。
　　　c. #この薬は味が{もう／すでに／以前よりも}甘くなっているので、子供にも飲みやすいらしい。

(121) a. #このスパイクは{もう／すでに／以前よりも}靴底がワイドになっている。
　　　c. #外国の絵本では{もう／すでに／以前よりも}太陽が黄色になっていることがある。
　　　d. #この車は{もう／すでに／以前よりも}ヘッドライトが丸形になっているのが特徴だ。
　　　g. #あの人は{もう／すでに／以前よりも}肌がツルツルになっている。

これらの例の各文は、言及対象に現実的な意味での変化が生じた、という意味を表すものとして解釈することは可能であるが、仮想的変化の用法に想定される意味を表すものとして解釈することはできない。このように、主観的変化表現に指摘される時間性不在の性質は、変化の「なる」構文の仮想的変化用法にも当てはまる。

　以上のことをふまえると、問題となる用法は Matsumoto（1996b）が主観的変化表現と呼ぶタイプの表現と性質を共有するものであり、いわゆる主観的な変化の認知に支えられて成り立つものと考えることができる。なお、Matsumoto（1996b）に示される主観的変化表現の例は、(117) のように視覚的な知覚を通じて捉えられる事物の状態・性質に関して述べる表現であるが、変化の「なる」構文の仮想的変化用法には「広さ」などに関する評価や、「味」または「感触」など様々な知覚・感覚のモードに由来する表現が認められ、その基盤に想定されるのは視覚的知覚のみではない。また、主観的変化表現の例には「家が二軒くっついている」のように「なる」以外の動詞によるものも含まれるが、こうした表現は定義上、当然ながら変化の「なる」構文の仮想的変化用法には含まれない。

　さて、仮想的変化用法の表現が主観的な変化の認識に関わる表現と考えられることは上述の通りと思われるが、こうした主観的な変化に関する Matsumoto（1996b）の主張には部分的な修正の提案を行いたい。具体的に、Matsumoto（1996b）は主観的変化表現を事物の単純状態を述べる表現とは区別すべきとしているが（Matsumoto 1996b: 127-128）、本書はこの点について別の見方をとる。まず、Matsumoto（1996b）の見方では、単純状態の表現は通常、名詞を修飾する際には「ばかげた話」のようにタ形の表現形式をとり、ここに「シテイル」形を用いると不自然になる。このことから、主観的変化表現において「通常とは異なる状態」の意味を表すのは「シテイル」形の述部であるというのが Matsumoto（1996b）の主張である。この例として Matsumoto（1996b）は、(122a) のようなタ形述部の表現、つまり連体修飾用法の表現では、対象が実際に変化したという解釈が生じ、(121b) に表されるような

主観的変化の解釈が得られないとしている（例文の適切性判断は Matsumoto 1996b による）。

(122) a.　#丸くなった部屋　　　　（実際の変化）
　　　b.　丸くなっている部屋　　　（主観的変化）

しかしながら、この見方には疑問が感じられる。と言うのも、(122)のような句の単位での表現を問題にする限りは、確かに（122a）のようなタ形の表現は実際の変化を表すもののようにも感じられるかもしれないが、文としての単位の表現について検討してみると、例として「あの建築家は四隅が丸くなった部屋をデザインした」などのように、タ形の連体修飾の表現によっても主観的変化の意味が表されると考えられるためである。こうした表現の可能性をふまえると、いわゆる主観的変化の意味は、少なくとも言及対象となる名詞句を修飾する際にはタ形の表現形式によって表すことも可能と考えられる。そして、このことは変化の「なる」構文の仮想的変化用法の表現にも当てはまる。

(123) a.　書写の時間に芯が太くなった鉛筆で漢字の練習をした。
　　　b.　子供の1歳の誕生日に、かどが丸くなった赤ちゃん用の絵本を買った。
　　　c.　当社の商品のうち、デザインがかわいくなった家具は特に人気です。
　　　d.　小さい子供も味が甘くなった薬は嫌がらずに飲んでくれる。
　　　e.　このノートパソコンは、驚くほど薄型になった筐体が人気を呼んでいる。
　　　f.　ラグビーをしている夫はスキニージーンズを履くと筋肉でパンパンになった太腿が余計に目立つ。

(122) に挙げられるような文は、(123a)「普通の鉛筆よりも芯が太い鉛筆」や (123b)「普通の本と違ってかどが丸い絵本」というように、言及対象に指摘される特徴的な状態や性質を表す文と考えられる。ここにおいても、タ形の連体修飾により、Matsumoto (1996b) の言う主観的変化と同様の意味が表されていると解釈することができる。

以上のことをふまえると、主観的変化表現および変化の「なる」構文の仮想的変化用法の表現は、単純状態を表す表現と連続的に位置づけられる。本書では、これらは成立基盤に特有の性質を持つものの、単純状態の表現の一種に数えられるものと考える[3]。ただし、こうした見方をとるにしても、主観的変化表現および変化の「なる」構文の仮想的変化用法には形容詞言い切り形で述べることが可能な対象の状態・性質を敢えて「なっている」という表現形式で述べる、という特徴が認められ、ここに主観的、あるいは仮想的な変化の認識が関わっていることは確かであると思われる。Matsumoto (1996b: 129) にも述べられる通り、「シテイル」形の述部をとる (117a) の表現には、「その部屋は丸い」のような形容詞述語文とは異なる表現性が感じられ、こうした特徴は (114-116) のような変化の「なる」構文の用法⑤の表現にも認められると言えよう。また、このことは、Matsumoto (1996b: 129) が指摘するように (124) には主観的変化表現としての解釈が生じにくいことにも示される。

(124)　　#その部屋は四角くなっている。

主観的変化表現は、逸脱性や特徴性に焦点を当てて対象の状態や性質を述べる用法であるため、「部屋が四角い」という、一般的には当然とも言える事柄について「なっている」という形式の述部を用いる (124) は、「その部屋は四角い」のような単純な形容詞述語文に比べて不自然に感じられるというわけである[4]。このように、主観的変化表現や変化の「なる」構文の仮想的変化用法は、主観的に捉えられた変化の意味を反映するものと見なすことが

可能である。ここで強調されるべきは、Matsumoto（1996b）が主観的変化表現について「実際の変化の結果として生じているわけではない状態が、あたかも変化結果であるかのように表された表現」と述べていることである。つまり、主観的変化表現においては、その「背後」に仮想的な変化の認識が働く、という点が重要なのであり、これが単純状態の意味を表す表現の一種とみなされるものであるにしても、主観的変化という考え方の意義と効果は損なわれない[5]。

## 6.2.2　主観的変化の考え方への問題提起に対して

　Matsumoto（1996b）に提案される「主観的変化」の考え方に対しては、佐藤（1999, 2005）によって不備が指摘されている。ここでは佐藤（1999, 2005）の指摘を参照し、これに対して再検討を行うことで、主観的変化の考え方の妥当性と有効性について確認しておきたい。

　佐藤（2005）は、前掲の（124）の文に主観的変化の解釈が認められないというMatsumoto（1996b）の主張に対し、（124）と同様に「部屋」が「四角くなっている」という表現を伴いながらも基準値や期待値からの逸脱を示さない（125）のような文には「不自然さが全く感じられない」としたうえで、主観的変化の発想による説明は「ナッテイルの文すべてについて十分な説明を提供しうるものとは言えない」と指摘している（佐藤 2005：55-56）。

(125) a.　やはりその部屋は普通の部屋と同じように四角くなっている。
　　　b.　どこの文化圏でもたいてい人間の住む部屋は四角くなっている。

佐藤（2005）が述べる通り、確かに（125）の各例は自然な表現として解釈可能なものと思われ、本書はこの点について佐藤（2005）の主張に異議を唱えるものではない。しかしながら、これらが自然な文として解釈可能であることは、主観的変化の考え方の妥当性に疑義を生むものではない、というの

が本書の立場である。

　上記のように考える根拠は、まさに佐藤（2005）が示す（125a）および（125b）の例の中に認められる。ここで注目すべきは、（125a）の「やはり」および「普通の部屋と同じように」という表現、また、（125b）の「どこの文化圏でもたいてい」という表現である。（125a）と（125b）においては、これらによって生じる文脈的な効果により、言及対象となる「部屋」について述べるうえで何らかの意味での逸脱性の認識が喚起されると考えられる。言い方を変えれば、（125a）や（125b）のような文が用いられるとすれば、それは言及対象が何らかの基準値や期待値から逸脱していることを述べるような場合であると思われ、こうした文によって「ごくふつうの部屋の形状」について唐突に言及することは想定し難いように思われるのである。仮に問題となるような文が自然に用いられる状況があるとすれば、それは例として（126a）や（126b）のような状況ではなかろうか。

(126) a. 山田先生は変な形の部屋に住んでいるという噂を聞いて自宅を訪ねてみたものの、いざ先生の部屋に入ってみると、やはりその部屋は普通の部屋と同じように四角くなっている。
　　 b. どこの文化圏でもたいてい人間の住む部屋は四角くなっているものだが、親族が集まって1つの家で暮らすこの民族は、大人数で輪になって一斉に食事が囲めるように、円形の部屋で暮らしている。

（126a, b）の下線部には、「変な形」の部屋（126a）や「円形」（126b）の部屋といった、「四角い」部屋との比較基準となる別の対象について述べられている。（126）の例において波線部に述べられる「四角くなっている」とは、人間が住む部屋に認められる「ふつうの状態・性質」であるが、これらの文においてはもともと「ふつうではない状態・性質」の対象が問題となっており、そのうえで「ふつうではないことが期待されていた対象が実はふつうで

あった」ということが述べられている。つまり、ここには言及対象が逸脱的な状態・性質を持つことが期待されていたにもかかわらず、実際には問題となる対象が標準的なものであった、という意味での、ある意味で逆説的な逸脱性が認められる。このことから、(125a)や(125b)のような文を自然に用いるには、(126)の例に示されるように、言及される対象が当該の発話内で想定される期待値から逸脱したものであることを表すような文脈が求められると考えられる。

　ここで問題とする表現に関してのMatsumoto（1996b）の主張とは、「その部屋は四角くなっている」という文言にはいかなる状況においても主観的変化の解釈が生じない、というようなことではなく、上記のように逸脱性が伴いにくい状況について言い表すことを意図する文は通常であれば主観的変化表現としては用いられにくい、ということであると考えられる。そして、こうした標準的な場合とは異なり、「部屋が四角くないこと」が期待値として想定されるような場合には、期待に反して「部屋が四角いこと」に逸脱性が感じられることになり、その結果（126a）や（126b）のような文が適切に用いられるようになる。このように考えれば、ここで問題となる現象について説明づけるうえでも主観的変化の考え方には有効性が認められる。

　以上をふまえつつ、佐藤（2005）が挙げる別の事例を参照し、さらに主観的変化の発想の妥当性について確認する。佐藤（2005）は、「単純状態を表すナッテイル」の表現について「とらえられた状態に対する解釈」という観点から説明を試みているが（佐藤 2005：55）、その中で本章での議論と関わるのが、「人為」や「ある状態の原因や理由」の解釈が可能かどうか、という条件である。ここで佐藤（2005）は、(127a)や(128a)のように「人為の関与」や「原因・理由」が読み取られる表現においては「なっている」の形で単純状態を表す文が可能となるが、(127b)や(128b)のようにそれらが解釈されない表現ではこれが不可能である、とし、こうした読み取りがこれらの「ナッテイル」形表現における単純状態の意味的基盤となる、という見方を示している（例文の適性判断は佐藤 2005 による）。

(127) a. この鉛筆は<u>長くなっている</u>。
　　　b. ??あの人の足は<u>長くなっている</u>。

(128) a. （高い木の葉を食べられるように）キリンの首は<u>長くなっている</u>。
　　　b. ??あの人の首は<u>長くなっている</u>。

確かに佐藤（2005）が指摘するように、（127b）や（128b）は通常、言及対象の単純な状態を表す文として解釈するには不自然さを伴うものとなりやすいが、その理由は「人為の関与」や「原因・理由」が不在であるためというよりも、これらの例では言及される対象の逸脱性がそれほど顕著ではなく、明確に読み取られにくいためではないかと思われる。（127a）の例について言うと、鉛筆の長さには一般に共有される基準値的な長さが認められ、そうした基準から外れる対象に逸脱性を認めることは容易である。また、（128a）の例について、キリンの首は一般的な動物（哺乳類）の首の長さの期待値からすれば飛び抜けて長く、その逸脱性は容易に認識されるものと思われる。これらに対し、人間の足や首の長さには、個人差は認められるものの、ここに「他の動物と比べた場合のキリンの首」のようなレベルでの逸脱性が生じることはなかなか想定できない。要するに、日常的な範囲で人間の首や足に見られる「ふつうより長い値」は、基準値や期待値からの際立った逸脱として捉えられるほどのものではないことが多く、そのことが（127b）および（128b）の不自然さにつながっているのではないか、と考えられる。こうした表現に関して、ある人物の身体的特徴として一般的に認識されるものとは大きくかけ離れた特殊な性質や状態が認められるような場合には、例として（129）のように述べることが可能ではなかろうか。

(129) a. 首長族と呼ばれる部族の女性は、首が驚くほど<u>長くなっている</u>[6]。
　　　b. あのモデルは自分と同じ人間とは思えないほど<u>脚が長くなっている</u>[7]。

c.　ラグビーのフロントローの選手は、人並外れて首が太くなっている[8]。
　　d.　あの娘は砂時計のようにウエストが細くなっている[9]。

　これらをふまえると、ここで問題とする表現の成立には、認知レベルにおける顕著な逸脱性の読み取りが重要な役割を果たしていると考えられる。
　ここでの議論に関して補足しておくと、(128a) の文に示される「キリンの首は長くなっている」という表現は、文脈次第で実際の変化を表す文とも主観的変化の意味を表す文とも解釈され得る点に注意が必要である。例えば、動物園で幼い子供に向けて「キリンさんは首が長くなってるね」と語りかけるような場面では、キリンの姿が変化を被った過程に意識が向けられているとは考えにくく、ここにおいてはキリンに認められる特徴的な身体構造を焦点化するために「ナッテイル」形式の表現がとられるものと思われる。こうした場合、「キリンの首は長くなっている」は、主観的な変化の認識を反映する表現と見なされる。一方、佐藤 (2005) が (128a) の例で示すように、「高い木の葉を食べられるように」といった「原因・理由」への言及がなされる場合は、「キリンの首は長くなっている」は「キリンの首が何らかの理由により長くなった」という変化の結果状態を表すと思われる。キリンの首が長い理由については諸説あるものの、数千年前に生存したキリンの祖先となる生物は体が小さく首も長くなかったという説は広く認められるものであり、こうしたことをふまえるとキリンの首は進化の過程において実際に「長くなった」と言えるためである。そして、このことを考慮すれば、佐藤 (2005) が「原因・理由」を含意する「ナッテイル」の文として挙げる (127a) のような例は、単純状態を表す「ナッテイル」形式の表現にあたるものではないと考えられることになる。こうした場合には、「なっている」は何らかの目的に従って言及対象に生じた現実的な変化の結果状態を表すと考えるのが妥当であろう。
　以上のように、ここで問題とする表現にはいずれも、言及される対象に想

定される基準値からの逸脱の認知が関与していると考えられる。これをふまえ、本書は Matsumoto (1996b) による「主観的変化」の考え方を妥当なものと考える。

### 6.2.3　主観的変化の発想による仮想的変化用法の規定の妥当性

　ここまでにおける当節での検討から、Matsumoto (1996b) の主張には部分的修正を加えるべき可能性が認められるものの、問題となる言語表現の基盤に「逸脱性の読み取り」としての主観的な変化を想定することは妥当であることが示された。これをふまえ、本書は変化の「なる」構文の仮想的変化用法について、ある対象が標準的な状態や性質から逸脱した在り様を主観的に変化と捉えて言い表す表現であると考える[10]。

## 6.3　主体化の1様式としての主観的変化

　前節での確認を念頭に、当節では変化の「なる」構文の仮想的変化用法が成り立つ仕組みについて、先にも参照した主体化の考え方によって説明可能であることを確認する。以下では、まず仮想的変化の用法と特定のタイプの「主観的移動表現」(subjective motion expression) の共通点について確認したうえで、仮想的変化用法の拡張プロセスは、第5章において体験的変化用法の成立に関わるものとして取り上げた「参照点の主体化」ではなく、もう一方の「動きの主体化」として説明されることを論じる。

### 6.3.1　「視点移動の主観的移動表現」について

　ここでは主観的な移動の意味を表すとされる移動表現について参照し、その基盤に想定される認知の働きについて確認したうえで、これとの兼ね合いから変化の「なる」構文の仮想的変化用法の成り立ちについて検討する。主

観的移動表現とは、Langacker（1987, 1990a, 1999b）やTalmy（1996, 2000）、Matsumoto（1996a）、松本（1997）などに論じられるものであり、簡単に言うと「何らかの対象の移動を述べる形式の言語表現によって対象の形状や広がりなどに関する意味を表す表現」として説明されるものである[11]。これについて松本（1997）は「主語で表される物体を認識する際に、認識者の心に想起される移動がもとになって、このような表現ができる」という説を紹介している（松本 1997：207）[12]。

主観的変化表現には複数の種類が認められるが、ここでは松本（1997）の説明に基づき、Talmy（1996）が「範囲占有経路表現」（coverage path expression）と呼ぶタイプの表現について確認する。まず、松本（1997）は、範囲占有経路表現にあたる主観的な移動表現の大まかな下位分類として、「現実移動」、「仮想移動」、「視点移動」の3分類を立てたうえで、それぞれの例として次のようなものを挙げている。

(130) 特定の具体物の現実の移動（現実移動）
    a.  The road went up the hill.
    b.  私たちが進んで行くにつれて、その道は丘を登って行った。
（松本 1997：210）

(131) 任意の具体物の仮想の移動（仮想移動）
    a.  The highway enters California there.
    b.  そのハイウェイはそこでカリフォルニアに入る。
（松本 1997：210）

(132) 視点の移動（視点移動）
    a.  The mountain range goes from Canada to Mexico.
    b.  その山脈はカナダからメキシコへ至る。
（松本 1997：210）

(130) から (132) に挙げられる日英語の例では、"go" および「行く」や "enter" および「入る」のような移動表現により、道路の在り様や地理的形状など、対象の移動とは異なる意味が表されている。松本 (1997) の説明によると、これらの3種類の表現においては、それぞれの基盤として想定される移動の在り方に相違が認められる。(130) は「特定の移動物が特定の時刻に行った移動」に基づくもの、(131) は「不特定（任意）の移動物」の移動に基づくもの、そして (131) は「具体物の移動」が関わらない「視点の移動」に基づくものと考えられる（松本 1997：210）。

範囲占有経路表現の下位分類のうち、ここで注目したいのが、視点移動に基づくタイプの表現（以下では「視点移動の範囲占有経路表現」とする）である。(132) の例にも示されるように、この種の表現においては (132a) "mountain range" や (132b)「山脈」といった通行不可能な経路も言及対象となり得る。このため、これらは具体的な移動物の移動を言語化するものではなく、表現主体の心的な走査（スキャニング）に動機づけられるものであると考えられる[13]。ただし、視点移動の範囲占有経路表現は「心的走査そのもの」を述べるわけではないと考えられる点に注意が必要である。本多 (2005) の言葉を借りると、ここで問題となる心的な動きは「それ自体が視野の中に含まれているわけではない」ため、言語化の対象とはならない[14]。このことから、視点移動に基づくタイプの範囲占有経路表現とは、表現主体が心内に喚起する動きそのものを述べるものではなく、そうした主体的な動きを実際には移動しない静的な対象に重ね合わせることで、その形状や広がりを捉えて言語化するものと考えられる。

上述の見方に従えば、視点移動の範囲占有経路表現は変化の「なる」構文の用法⑤と接点を持つものと考えることができる。前者は表現主体が心内に想起する主体的な動きを通じて静的な対象の形状や広がりを捉えるもの、また、後者は表現主体が心内に想起する主体的な動きを通じて静的な対象の状態や性質を捉えるものと言え、両者の間には「現実的には移動あるいは変化しない対象を、表現主体の心内に想起される動きに基づいて解釈する」とい

う共通の性質が認められるためである。こうした見方には、主体化に関するLangackerの説明からも妥当性が与えられると考えられる。これに関して(133)の例を参照のうえ確認しておきたい。

(133) a.　An ugly scar <u>runs</u> from his elbow to his wrist.
　　　　　（醜い傷跡が彼のひじから手首へと走っている。）
　　 b.　The pitcher <u>ran</u> from the bullpen to the mound.
　　　　　（ピッチャーはブルペンからマウンドへと走った。）

(Langacker 2008: 529, 筆者訳)

Langacker（2008）は主体化に関する説明の中で、(133a) の文で動詞 "run" に示されるような空間的広がりの概念化においては、(133b) の "run" に想定される移動体の動きの追視と同様の動的な心的操作が心内に想起される、と述べており、また、Matsumono (1996b) の言う主観的変化表現は、ここに指摘されるのと同様の動態性（dinamicity）に支えられるものとしている。そして、変化の「なる」構文の仮想的変化用法には主観的変化表現と同様の成立メカニズムが想定されることから、Langackerの説明をふまえても視点移動の範囲占有経路表現と変化の「なる」構文の仮想的変化用法は「静態的な事態を動態的に捉える」という点において共通の性質を持つ表現と見なされることになる。なお、Langacker（2008）によると、(133a) のような文は言及対象が時間経過に沿って占める位置の推移を目で追って述べるものではなく、時間の経過と無関係に空間的に広がる対象の姿を捉えるものであるため、その言語化においては言及される事態の実現に関わる時間は決定的な問題とならない（Langacker 2008: 528-529）[15]。仮想的変化の用法に述べられる事態は、その実現に（少なくとも経験主体の意識に上るようなレベルでは）時間経過が伴わないが、こうした意味での時間性の不在という点においても、この用法は視点移動の範囲占有経路表現と性質を共有するものと言うことができる。

ここで、上に示されたような見方をとる際に問題となり得るのが、日本語においては視点移動の範囲占有経路表現に強い制約が伴うという点である。松本 (1997) は次のような例を通じ、この問題について言及している。

(134) a. The {mountain range/border/wire/cable} {goes/runs/%passes/*proceeds} through the center of the plain.
b. その {山脈／国境／送電線／ケーブル} は平野の真ん中を {*行く／??走る／通る／*進む}。

(松本 1997：218)

(135) a. The {wall/castle wall/fence} {goes/runs/passes/*proceeds} through the center of the field.
b. *その {(ベルリンの) 壁／城壁／フェンス} は野原の真ん中を {行く／走る／通る／進む／通っている／走っている}。

(松本 1997：219)

(134) の例から、英語においては問題となるタイプの移動表現の用法に多様な動詞が用いられるのに対し、日本語においては「通る」のような動詞を除いては不自然となるものが多く、ここに強い制約が認められることがわかる。また、(135) の例が示すように、英語ではこの用法によって通行不可能な様々な事物に関する表現も可能であるのに対し、日本語ではこうした事物の「動き」に関する表現はほぼ全て不可能となる。これらに示されるように、日本語においては英語の場合とは異なり、動作性の強い移動動詞によって通行不可能な経路に関して述べるような視点移動の範囲占有経路表現の文が認められにくいと考えられる（松本 1997：218-219 参照）。

上記のような事情をふまえると、日本語では視点の動き、すなわち心的操作によって捉えられる抽象的な動きの表現が実現されにくいように見える。そうすると、そのように存在自体が疑わしい表現を変化の「なる」構文と結

びつけ、その成立メカニズムについて検討することは適切ではない、と考えられるかもしれない。ただし、例として次のような文を参照すると、日本語にも動作性の強い移動動詞によって抽象度の高い主観的移動を言い表す表現は少なからず認められることがわかる。

(136) a. 彼の額に走る深い傷跡が事故のすさまじさを物語っている。
b. 畑の周りを走る獣除けの電線がイノシシに切られてしまった。
c. 市内の地中を走る水道管が、どこかで破裂したらしい。
d. 家の外壁が古くなってきて、あちこちに亀裂が走っている。
e. 向こうの山まで両国の軍事境界線がまっすぐに走っている。
f. この辺りの地下には活断層が走っているので、用心が必要だ。

(136) に示される各文は、話者ごとに自然さに関する評価が少しずつ異なるものも認められるが、複数の日本語母語話者から「問題なく用いることができる」とされたものである。これらはいずれも通行不可能な経路の広がりを動きのイメージを通じて表すものと考えられるが、こうした表現の可能性をふまえると、日本語における視点移動の範囲占有経路表現にも、松本(1997)が挙げるよりも豊富な例が想定可能となる[16]。特に、(136e) や (136f) の例では、言及対象となる「境界線」や「活断層」は（何らかの方法で意図的に視覚化しない限りは）視覚的に捉えられるものではないことに注意されたい。この点を考慮すると、ここで問題とする経路には、物理的に捉えることが不可能なものも含まれるということになる。もちろん、Matsumoto (1996b) に示唆される通り、日本語の場合は視点移動の範囲占有経路表現において使用可能な動詞や言及対象となる事物に強い制約が認められることは確かである。ここで本書が主張しているのは、こうした制約を伴いつつも視点移動の範囲占有経路表現は日本語において想定可能である、ということと理解されたい。

## 6.3.2 「動きの主体化」としての仮想的変化用法の拡張性

　6.3.1では、視点移動の範囲占有経路表現は日本語にも認められるものであり、ここに想定される事態の捉え方が変化の「なる」構文の仮想的変化用法にも共有されると見られることを述べた。このことを頭に置きつつ、ここで改めて第5章の5.4.1で確認した動きの主体化の考え方について振り返りたい。この例として挙げたのが次のような文である[17]。

(110) a.　Vanessa jumped <u>across</u> the table.
　　　　（Vanessa はテーブルを飛び越えた。）
　　 b.　Vanessa is sitting <u>across</u> the table from Veronica.
　　　　（Vanessa は Veronica から見てテーブルの向こう側に座っている。）

(Langacker 1990b: 17, 筆者訳)

　上の2つの文に関し、(110a)において"across"が表しているのは、主語名詞句の指示対象が空間上の経路を物理的に辿っていくという現実的な移動の意味である。一方、(110b)のような文で"across"が表すのは、主語名詞句の指示対象の位置を特定するにあたって概念化者が想起する心的操作としての移動と考えられる。そして、(110b)の"across"の意味に認められるように、話者の心的走査としての動きが前景化する現象が、本書において動きの主体化と呼ぶものにあたる。

　視点移動の範囲占有経路表現が表すのは、主体的な動きを通じて捉えられる対象の形状や広がりであり、これに対して(110b)の"across"が表しているのは主体的な動きの到達点として捉えられる対象の位置である。このように、両者の間には焦点化される局面の違いが認められる。この点に関しては、Langacker (1998：76) も、(110b) の"across"のような表現には第4章4.1.2で(77)の例を通して確認したものと同様のイメージ・スキーマ変

換が関わっていることに触れている。

(77) a.　Sam walked over the hill.
　　　　（サムは丘を越えて歩いて行った。）
　　 b.　Sam lives over the hill.
　　　　（サムは丘を越えたところに住んでいる。）

（Lakott 1987: 440, 筆者訳）

この点をふまえると、特に（110b）のようなタイプの表現については、より細かい分類を立てるのであれば「主体的な動きの終点」に焦点を当てるものということになるであろう。しかしながら、問題となる2通りのタイプの表現には、事態の経験主体によって主体的に読み取られた動きの認識を基盤にするという点に共通性が認められる。実際のところ、Langacker（1990b）は次のような表現を、本書の言う「動きの主体化」が関わる例として挙げている。

(137)　　The new highway {goes/runs/climbs} from the valley floor to the senator's mountain lodge.

Langacker（1990b：19）

このように、視点移動の範囲占有経路表現と（110b）のような表現には、その基盤に共通して「主体的な動き」が想定される。
　以上をまとめると、変化の「なる」構文の仮想的変化用法は、視点移動の範囲占有経路表現と同様に主体的な動きの認識に基づくものであり、特にそうした主体的な移動の到達点を表す（110b）のような表現と並行した性質を持つものと言える。このことから、仮想的変化用法の表現は、動きの主体化を基盤に成り立つ表現の1つと考えることができる。（110b）のような文においては空間内における主体的な動きの着点として対象の位置が表される

のに対し、変化の「なる」構文の仮想的変化用法においては、事物の状態や性質に関する主体的な動きの結果として、対象の特徴的な在り様が表されると考えられることになる[18]。

## 6.4 第6章のまとめ

本章では、変化の「なる」構文の⑤仮想的変化用法について、①特定的変化用法を起点に置いた場合、この用法がいかなる拡張プロセスに基づいて成り立つと考えられるかについて検討を行った。ここでの考察を通じ、仮想的変化用法の表現は Matsumoto（1996b）が「主観的変化表現」とするタイプの表現と同様の認知的メカニズムに支えられるものであり、さらに主観的変化表現は「視点移動に基づく範囲占有経路表現」とされるタイプの主観的移動表現と成立メカニズムを共有すること、そして、これらがいずれも動きの主体化に基づいて成り立つものと考えられることを確認した。以上をふまえ、本書は変化の「なる」構文の仮想的変化用法について、特定的変化用法を起点に「動きの主体化」を通じて成立するものと規定する。ここでの検討結果に基づき、特定的変化用法から仮想的変化用法の拡張プロセスについて次のように示しておく。

図6 仮想的レベルの用法の拡張プロセス

## 注

[1] 国広（1985）の言う痕跡的認知と同様の発想は寺村（1984）の「痕跡的解釈」にも認められる（寺村 1984：136参照）。

[2] 主観的な移動を表す表現については本章6.2.3を参照。

[3] 主観的変化表現は単純状態の意味を表すという考え方は、本多（2001）の見方とも部分的に重なるものと思われる。本多（2001：5-6）では、例として「坂井さんは食べ物の

趣味が相当変わっている」という表現を「単なる状態」の表現としたうえで、主観的変化表現はこれと同種の表現と考えられることが述べられている。また、寺村（1984：137）は、「ふとっている」や「やせている」などの表現における「シテイル」形について、「眼前の事態の、他者と比較してのありかたを描こうとする方向に傾くとき、動詞の一つのアスペクトを表すというよりも、形容詞のような性格を帯びるようになる」と述べている。この見方をふまえても、主観的変化表現は形容詞的に対象の状態（形状など）を表すもの、と考えることは妥当に思われる。

4 関連する重要な指摘として、寺村（1982：167）は「大きい机」における「大きい」のような形容詞の用法について、「その類のもののある標準を頭においてそれと比べて言うこともある」とし、この機能を「相対的性状規定」としている。寺村（1982）の言うように、形容詞言い切り形の表現にも基準値との比較の認知が伴うと考えられるが、主観的変化表現は「基準値からの逸脱性」に特に大きな注意を払うものと思われる。言い換えれば、主観的変化表現は、比較の基準として参照される「ふつうの状態」としての基準値をより強く意識し、それとの違いを際立たせる表現と考えられる。

5 定延（2008）は「ヒリヒリ型の体験」を語る言語表現の例として、「ときどき」のような頻度語や「たら」による条件文などを対象に、表現主体にとっての刺激の強さが鍵となって状態が出来事として表されるような現象について考察を行っている。定延（2008）に示される「体感度が高ければ、状態は状態であるだけでなく、デキゴトにもなる」（定延 2008：163）という説明は、本書が考察対象とする変化の「なる」構文の仮想変化用法にも当てはまるように思われる。

6 実際には、あごの引き上げと鎖骨の引き下げによって首が長く見えているというのが正しく、首そのものが長いわけではないとされる。ただし、いずれにせよ、いわゆる「首長族」の女性は一般的な人間とはかけ離れた首の長さを持つものと認識されていると言えるだろう。

7 スーパーモデルには、股下の割合が身長の5割を優に超える人も多いといわれる。例として、huffingtonpost ホームページによると、モデルの Brooke Banker は脚の割合が身長の3分の2（長さは47インチ）にもなるという（http://www.huffingtonpost.co.uk/2014/02/03/woman-longest-legs-new-york_n_4716119.html 参照）。

8 フロントローとは、最前列でスクラムを組む左右プロップ、フッカーの3つのポジションを指すものであるが、ラグビーのフロントローの選手には、首周りが50センチメートルを超える選手も少なくない。市販のビジネス用シャツ等のサイズを参考にすると、一般的な日本人の成人男性の首周りは30センチメートル台後半程度であると思われるが、このことをふまえると首回り50センチメートル以上というのが並外れた値である

ことがわかる。
9 女性のウエストの「くびれ」は、しばしば戯画的に描写されるものではあるが、19世紀のヨーロッパの絵画にはコルセットを着用して意図的に「砂時計のウエスト」を形成する女性が多く描かれる。なお、深井（2009）は、19世紀の西欧では「理想的な美しい女性」は「くびれた細いウエスト」と関連づけられ、こうした理想的な美しい女性の姿はファッションによって具現化されたことを指摘し、この時代の女性ファッションについて「女性の自然な身体とはかけ離れた服のシルエット」（深井 2009：218）を作り出した点から特徴づけている（深井 2009：第8章参照）。「砂時計のようなくびれ」が自然な女性の体型からかけ離れた姿であるとすれば、そのように「細くなったウエスト」は逸脱性の描写の典型例であると言える。
10 なお、Matsumoto（1996b）は「道はそこから広くなっている」のような文について「主観的変化と主観的移動の両方を含む」表現としている（Matsumoto 1996b: 141-143）。ちなみに、本多（2001：7）は問題となるタイプの表現を「シテイル形式」の「単なる状態」とし、これらが認識・表現者と主語の指示対象の相互作用によって生じる「〈見え〉の変化」を表現したものとしている。本多（2001）はこれを「相互作用型」と呼び、主観的変化表現の例もこの相互作用型に分類している。
11 Talmy（1996）はこの種の表現を「虚構移動」（fictive motion）と呼んでいる。
12 Matlock（2004a, 2004b, 2006）などは心理学の観点から、問題となる表現の背景に何らかの意味での移動が想定されることを認め、これらの理解においては心的なシミュレーションや視覚的なスキャニングの認知が喚起されると考えられることを報告している。なお、本多（2018）はこの話題とも関連させつつ、認知言語学と心の科学の関係、また、認知言語学が心の科学の研究に貢献する可能性について論じている。合わせて参照されたい。
13 谷口（2007）は、（106）のタイプの表現は（104）や（105）とは異なり、範囲占有経路表現の中で唯一その基盤に「移動物」の存在を認めることができないものであり、純粋に「心的操作」のみを基盤とするものと考えられることから、このタイプの表現に用いられる移動動詞は他のタイプの表現に用いられる移動動詞と異なる意味を担うものである、という見方を示している。
14 本多（2005）第11章の議論を参照。なお、これをふまえると、範囲占有経路表現は主体の心的走査を表すものである、という見方を示すLangacker（1999）などの説明には部分的に修正が必要に思われる。
15 Langackerは言語に関わる時間を2通りに区別し、ある事態を概念化するのに要する時間を「処理時間」（processing time）、言及される事態の展開に関わり、それ自体が概念

化の対象となる時間を「把捉時間」（conceived time）と呼んでいる。ここで「時間」と言う際に本書が意図しているのは把捉時間である。なお、Matsumoto (1997) によると、範囲占有経路表現のうち「現実移動」の表現においては移動の継続時間を明確に表すことができ、「仮想移動」では明確ではないながら移動の継続時間が表される（Matsumono 1997: 209-210）。

[16] 中村（2004）は、日本語においては抽象性の高い主観的移動表現が認められにくい、という松本（1996b）の主張を前提に、日本語の場合「認知主体は仮想上でも状況内にあるため、通行が不可能な経路については、主体移動表現が困難になる」という説明を与えている（中村 2004：44）。しかしながら、ここで本書が示した通り、日本語においても認知主体が状況内に置かれず、通行不可能な経路の広がりを主観的な移動として捉え、言語化する表現も可能であると考えられる。

[17] 主体的な移動の着点を表す（109b）のようなタイプの表現は、Talmy（1996）の用語では "access path expression" と呼ばれる。Matsumoto（1997）はこれに「到達経路表現」という訳語をあてている。

[18] 問題となる用法に関し、Ogami (2018a) は Langacker の言う "subjectivity" に加え、Traugott の言う "subjectivity" の観点も取り込んで考察を試みている。これによると、変化の「なる」構文の仮想的変化用法には「驚き」や「意外性」の表示といった、事態に対する話者（経験者）の信念・態度を表出する働きも認められるように思われるが、この見方が妥当であれば、問題となる用法の表現は Traugott (1989, 1999) などに論じられる語用論的な主観性も伴うものと考えられる。この見方の妥当性を示すには、当該の表現の歴史的な成り立ちも視野に入れ、さらに多角的に検討することが必要となる。

# 第7章 変化の「なる」構文の多義ネットワーク

　本章では、第3章から第6章までの議論を整理したうえで、変化の「なる」構文の5用法それぞれの関係について体系化し、問題となる構文の多義ネットワークに関する本書のモデルを提案する。これを通じ、籾山（2001）を参考としての多義研究の最終課題にあたる「複数の意味すべてを統括するモデル・枠組みの解明」を試みる。合わせて、ここでは変化の「なる」構文の意味解釈に関し、比喩表現の解釈の問題に関する議論に目を向けつつ、本書なりの見方を提示する。

## 7.1　変化の「なる」構文の5用法における拡張関係の全体像

　まず、本書が考察対象とする変化の「なる」構文の5用法について、改めて簡単に確認しておきたい。ここで問題とする構文の5通りの用法と、その具体的な表現とは、それぞれ次のような例に示されるものである。

　　①特定的変化用法
　　　例）水洗いすると、ウールのスカートが縮んで短くなってしまった。
　　②集合的変化用法
　　　例）最近、本校では女子生徒のスカートがどんどん短くなってきている。
　　③関係性変化用法
　　　例）娘は急に背が伸び、ひと月前はぴったりだったスカートが短く

なった。
④体験的変化用法

　　例）半年ぶりに着てみると、お気に入りのスカートが短くなっている。

⑤仮想的変化用法

　　例）あの女子高の制服は、スカートがふつうよりやけに短くなっている。

　第3章では、こうした5通りの用法は各々が異なる内容を指し示すものであるが、構文としての単位で共通のスキーマによって結ばれるものと考えられることを確認した（第3章3.1および3.2参照）。加えて、ここでは各用法について、それぞれが基盤とする意味構築のフレームの異同に基づき、3つのサブカテゴリーへの分類を行った。これにより、①特定的変化用法・②集合的変化用法・③関係性変化用法は観察フレーム基盤の用法としてのサブカテゴリー、④体験的変化用法は体験フレーム基盤の用法としてのサブカテゴリー、そして⑤仮想的変化用法は仮想フレーム基盤の用法としてのサブカテゴリーに分類されることを確認した（第3章3.4参照）。

　第4章から第6章においては、上記のうち用法①を起点に据え、②から⑤の用法の位置づけについて明らかにすることを試みた。まず、第4章では、用法①と同じ観察フレーム基盤の用法と考えられる用法②および③の拡張性について検討を行った。これを通じ、特定的変化用法から集合的変化用法への拡張については「個体と集合体のイメージ・スキーマ変換」によるものとして、また、特定的変化用法から関係性変化用法への拡張については「tr/lm反転に基づくプロファイル・シフトを通じてのイメージ・スキーマ変換」によるものとして規定した（第4章4.3参照）。第5章では、体験フレームを基盤に意味構築を果たすと考えられる体験的変化用法の拡張について検討し、特定的変化用法を起点に考えた場合、これが「参照点の主体化」を通じて成り立つものと規定した（第5章5.5参照）。最後に第6章では、仮想フレームに基づいて成り立つものと考えられる仮想的変化用法の拡張について検討し、この用法が特定的変化用法を起点に「動きの主体化」を経て成立す

るものと考えられることを示した（第6章6.4参照）。

以上をふまえ、変化の「なる」構文の5用法の拡張関係を図示すると、その全体像は次のようなものとしてまとめられる。

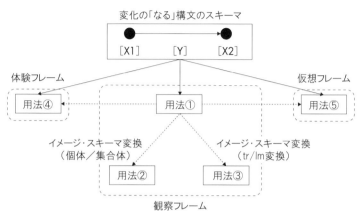

図7　変化の「なる」構文の多義ネットワーク

図4では、《起点-経路-着点》のイメージ・スキーマに基づく変化の「なる」構文のスキーマが、観察フレーム、体験フレーム、仮想フレームというそれぞれの意味構築のフレームにおいて5通りに具現化される体系が、特定的変化用法を起点として示されている。本書はこれを、変化の「なる」構文の5用法を統括するモデルとして提案する。

改めての確認にはなるが、本書の目的とは、変化の「なる」構文がどのような用法を持つかについて体系化し、それぞれの意味の成り立ちと関連性について説明を与えることである。上掲のモデルは、こうした目的に従い、問題となる構文の用法のうち言語的に最も典型性が高いものと考えられる用法①を起点に据えたうえで、②から⑤までの各用法の関係について説明づける理論的なモデルである。このため、ここで本書が示す変化の「なる」構文の多義ネットワークとは、当該構文に関する個々の日本語話者ひとりひとりの言語知識をそのままの形で反映するものとは見なされない[1]。また、これは日本語における言語習得や認知発達のプロセスを順序通り忠実に描き出すも

のとも言えないであろう[2]。しかしながら、このモデルを通じ、「XがYくなる」および「XがYになる」という同じ要素から構成される表現により様々な事態に関する意味を自然に表すことができる理由について、現代日本語の慣習的な言語化システムに反映される「事態の捉え方」と「意味構築のメカニズム」の観点から見通しを得ることができるのではないか、というのが本書の提案である。ここで重ねて強調しておきたいのが、本書においては変化の「なる」構文の5用法を、共通のイメージ・スキーマをスキーマ的に共有するものとして関連づけられるものと考える点である。つまり本書は、変化の「なる」構文の意味の拡がりに関する知識について、これらは単なる「決まりごと」として機械的に覚えることで身につけられるものではなく、根源的には身体を介して環境と関わりを持つ中で経験的に獲得されるものである、という考え方をとる。

## 7.2 変化の「なる」構文の意味解釈について

　第1章では、本書が「捉え方の意味論」の観点を重視して変化の「なる」構文の考察を行うことを確認した（第1章1.2.1参照）。図7のモデルもこの立場に従って示されるものである。こうした立場とも関連することであるが、前掲のモデルに指摘され得る課題の1つが、問題となる構文の表現に対する意味解釈の問題ではないかと思われる。すなわち、本書の提案に対しては、変化の「なる」構文の表現を解釈する際に、発話や文の解釈主体の心内でイメージ・スキーマ変換や主体化といった認知的操作が発動するとは考えにくい、という指摘が予想される。

　実際のところ、変化の「なる」構文の各用法はいずれも、母語話者間において適切な場面で用いられた際には特別な認知的負荷を求めることなく、「述べられたまま」の意味を表す表現として自然に理解されることが多いものと思われる。このことをふまえると、各用法の成立背景に複雑な認知的プロセスを想定する本書のモデルは、変化の「なる」構文の運用と解釈につい

て適切な説明を与え得るものではないと考えられるかもしれない[3]。ただ、本書は変化の「なる」構文の表現が用いられ、それがいずれかの用法の意味を表すものとして解釈される際に、図10のモデルに示されるような認知的プロセスが解釈主体に「起動」あるいは「復元」されるものと想定しているわけではなく、変化の「なる」構文の構築プロセスと解釈プロセスは非対称的なものであるという見方をとる。

　それでは、具体的な発話や文として変化の「なる」構文の表現が用いられた際、その解釈はどのようにして達成されると考えられるであろうか。この問題に関し、本書は現状において、②から⑤までの各用法を用法①に対するメトニミー的な表現、およびメタファー的な表現と位置づけることで、それぞれの意味解釈について説明づける道筋が得られるのではないかと考えている[4]。もっとも、問題となる各用法の表現は、いわゆる「メトニミーらしい表現」や「メタファーらしい表現」とは言い難く、これらを一般的な見方においてのメトニミー、あるいはメタファーの表現である、と言うと首をひねる読者も多いのではないかと思われる。この点は承知しつつも、それぞれの用法の成り立ちには見ようによってはメトニミーおよびメタファーと共通する仕組みが関わっていると考えられるのではないか、また、この点に注目することで各用法の意味解釈について見通しを得ることが可能となるのではないか、というのが本書なりの見方である。試論的な提案にはなるが、以下ではこうした発想について簡単に述べておきたい。まず、変化の「なる」構文の各用法がいかなる点においてメトニミー的、あるいはメタファー的な表現と見なされ得るかについて確認する。

## 7.2.1　メトニミーおよびメタファーの観点による各用法の位置づけ

### 7.2.1.1　集合的変化用法および関係性変化用法のメトニミー的性質

　第4章では、用法①・②・③の3つの用法を、いずれも同じ観察フレームに基づくものとしたうえで、用法①に対する用法②および用法③の位置づけ

について、それぞれ「個体と集合体のイメージ・スキーマ変換」および「tr/lm 反転のイメージ・スキーマ変換」に基づくものとして規定した。つまり、①の特定的変化用法を起点に考えた場合、②集合的変化用法および③関係性変化用法は、同一のフレーム内において転移的に成立する用法と考えることができる。メタファーとメトニミーの規定には様々な見方が並立する状況ではあるが、Croft (1993)、Langacker (1993)、西村 (2002, 2008) などに示される認知的メトニミー観、すなわち、メトニミーを「ある特定の概念的領域内における焦点化要素の転移」として捉える見方をとるならば、用法②および③は用法①に対し、同じフレーム内において意味的焦点を転移させる表現という意味において、用法としての単位でメトニミー的な関係にあるものと考えることが可能となる[5]。

さらに、集合的変化用法は言語表現として見た際にもメトニミー的な位置づけが与えられるものと思われる。というのも、例として Taylor (2003) は、ある特定の個体を提示しつつ、その個体を構成要素として持つタイプ全体に関して述べるものと解釈される "This jacket is our best selling item." (Taylor 2003: 125) のような表現を「トークンによってタイプを指し示すメトニミーの例」として挙げているが、変化の「なる」構文の集合的変化用法の表現は、ある特定の対象（例として、発話時点で参照される特定の学校の制服であるスカート）について述べる表現により、その類としての在り様（例として、特定の学校の制服として着用されるスカートのカテゴリーレベルでの状態や性質）を表すものと言え、上に示された Taylor の例と共通する性質が認められるであろう。なお、この用法の表現は「隣接性」(contiguity) の観点からメトニミーの規定を行う Peirsman and Geeraerts (2006) において「個体と集合体」(SINGLE ENTITY & COLLECTION) のメトニミーパターン (Peirsman and Geeraerts 2006: 277) の例として挙げられるタイプの表現に相当するものとも言え、この観点からもメトニミー的な表現と考えられるものである[6]。

関係性変化用法に関しては、その成立にプロファイル・シフトの認知が関

与していると考えられる点を思い起こされたい。このことについて、第4章では身体部位名詞が物体部分名詞、さらに隣接空間を表す名詞への拡張を経て、これが最終的に空間関係を表す接置詞にまで意味を拡張する経過について、Matsumoto（1999）および松本（2000）の考察に基づいて確認した（第4章4.2参照）。変化の「なる」構文の関係性変化用法には、上記の現象のうち、隣接空間を表す名詞から空間関係を表す接置詞への意味拡張を果たす際に想定されるのと同様のプロファイル・シフトが関与している、という見方を示した。Matsumoto（1999）および松本（2000）によると、この段階の意味拡張はメトニミーとして説明されるものであり、このことをふまえると関係性変化の用法にもメトニミー的な性質が認められる。加えて、先にも参照したPeirsman and Geeraerts（2006）は、「活動／出来事／プロセスとその参与者」（ACTION/EVENT/PROCESS & PARTICIPANT）の関係を表す表現および「衣類と着用者」（PIECE OF CLOTHING & PERSON）の関係を表す表現について、「接触の強度」（strength of contact）に基づいて隣接的な関係を示すメトニミーの例に挙げている（Peirsman and Geeraerts 2006: 282, 292-293）。関係性変化用法の表現は、ある事態の参与者の状態（例として、ある主体に対して相対的に位置づけられるスカートの長さ）に関する表現によって、その参与する出来事（時間経過に沿ってスカートの着用者に生じる身体的変化と、スカートの相対的値の変化）を述べるものと考えることも可能であるため、Peirsman and Geeraerts（2006）の規定に従った場合にもメトニミーとしての位置づけが可能と思われる。

### 7.2.1.2 体験的変化用法および仮想的変化用法のメタファー的性質

第5章および第6章では、①の特定的変化用法を起点に、④体験的変化用法が「参照点の主体化」を通じて拡張するものと考えられること、また、⑤仮想的変化用法が「移動の主体化」を通じて拡張するものと考えられることを確認した。これらの2つの用法は、用法②や③とは違い、用法①と異なるフレームを基盤に成り立つと考えられるものである。Croft（1993）は、あ

る概念的領域内での別の概念の焦点化に基づく表現をメトニミーと考えるのに対し、異なる概念的領域間での概念写像（domain mapping）に基づく表現をメタファーとして規定している[7]。この考え方に基づくと、変化の「なる」構文において、用法①と用法④の間には観察フレームと体験フレーム間での、また、用法①と用法⑤の間には観察フレームと仮想フレーム間での、イメージ・スキーマ的知識の領域間写像が認められると言え、これらの間にはある意味でのメタファー的な関係が認められる。

　ある1つの言語表現について説明づけるにあたり、主体化とメタファーという2通りの規定を並立させることには問題が指摘されるかもしれない。しかしながら、こうした2通りのアプローチは同じ現象の異なる側面に目を向けるものとして両立可能と考えられる。例として、Langacker（1999b）は、いわゆる主体的な移動表現について論じるにあたり、それらを説明づけるには主体性の観点のみではなく、メタファーを含めて様々な方法が可能であり、異なる説明の間にも互換性は成立するという見方を示している。また、英語の法助動詞が本動詞から義務的用法、認識的用法と拡張的な意味を獲得していくメカニズムについて、Sweetser（1990）はメタファーの観点から説明しているのに対し、Langacker（1998）などは主体化の観点から説明を行っているが、Sweetser と Langacker のそれぞれのアプローチは、同じ言語現象の異なる側面に注目したものと考えられ、主体化とメタファーという2通りの説明が並立し得ることを示すものと思われる[8]。参考として、Coulson and Oakley（2005）はメンタル・スペース理論におけるブレンディングの観点から、Fauconnier（1997）の議論を参照しつつ、本書が変化の「なる」構文の仮想的変化用法と関連づけた主体的移動表現の1種と考えられる "The blackboard runs all the way to the wall" のような文について、これらは「メタファーというと違和感を覚える話者もあるかもしれない」（... one might be hesitant to classify fictive motion as metaphor）ものの、一般的な話者からは文字通りの意味を表す表現とは解釈されないであろうことを指摘し、そのうえで、上記のような文の意味は黒板の静態的な広がりに対する解釈と抽象

的な動きの認識が写像され、融合されることによって実現すると説明している（Coulson and Oakley 2005: 1531 参照）。ここで問題とする言語現象について、複数の領域における概念の写像という観点から論じる Coulson and Oakley（2005）の見方は、仮想的変化用法をメタファー的な表現と考える本書の見方と並行する可能性を持つものと思われる[9]。

ここで示した本書の見方は、いわゆる主体化の例がすべてメタファー的拡張として再分析されるという結論を導くものではない。本書が主張しているのは、変化の「なる」構文の用法①と用法④および用法⑤の関係について考えるうえでは主体化とメタファー的拡張という 2 通りの説明が並立し得るのではないか、ということである[10]。なお、体験的変化用法および仮想的変化用法に関して補足しておくと、ここで興味深いのが、これらの用法の表現には意図的に用いられる場合があるように思われる点である。例えば、自身が図らずも太ってしまった際に体験的変化用法の表現を用いて「最近ズボンのウエストが小さくなった」とこぼすことや、動物園で子供とゾウを見るような場面で、単に「お鼻が長いね」と言うのではなく、仮想的変化用法の表現により「お鼻が長くなってるね」と語りかけるようなことは想像しやすいのではなかろうか。前者には自身の体型変化を衣類の問題に置き換えて婉曲的に表すような意味合いが、また後者には自分たちにとっての「ふつう」と異なる点を強調するような意味合いが生じるように思われる。こうした述べ方をメタファー的なものと見做すことが可能であれば、これらを敢えて用いるような発話は Steen（2008, 2010, 2015）などの言う "deliberate metaphor"（意図的なメタファー）にも通じるものと考えられ、特有のコミュニケーション効果を意図して用いられるものと見なすことも可能であると考えられる[11]。

### 7.2.1.3　変化の「なる」構文の意味解釈モデル

以上のように、フレームの内と外という観点から変化の「なる」構文の諸用法を見渡すと、特定的変化の用法に対してメトニミー的に位置づけられる

用法とメタファー的に位置づけられる用法に分類することが可能になる。この分類に沿ったモデルを、ここでは変化の「なる」構文の意味解釈モデルと考えることとし、簡単に図5のように示しておく。

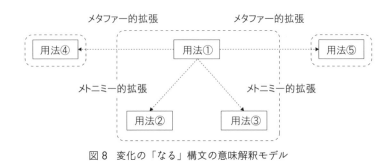

図8 変化の「なる」構文の意味解釈モデル

先に7.1に示した図7のモデルは、変化の「なる」構文の各用法に関する意味構築のメカニズムを示すことを意図するものであるのに対し、メトニミーおよびメタファーの観点による図8のモデルは、それぞれ慣習化した言語表現としての各用法の関係を表すことを意図するものである[12]。

### 7.2.2 比喩表現の意味解釈について

上掲の意味解釈モデルの想定により、変化の「なる」構文の各用法が特に大きな負荷を伴わずに解釈される仕組みについて説明を与える可能性が生じると考えられる。近年の比喩研究に関する認知心理学などの知見をふまえると、メタファーやメトニミーなどの比喩的な表現の理解には、その成立に想定される複雑な認知的操作が必ずしも求められるわけではないと考えられるためである。

この問題について、平・楠見（2011）では、比喩理解においては常に「字義通りの意味」を前提に処理が試みられる、という解釈プロセスを想定することは適切ではないとの見方が紹介されている。比喩表現の理解の問題をめぐっては、従来はいわゆる「規範的語用論モデル」（standard pragmatic model）が有力と見られてきたが、ここにおいては比喩表現に対し「常に字義通りの意味の処理が先行し、字義通りの意味の処理で言葉の意味が理解できない時のみに比喩的な意味の処理が行われる」という解釈プロセスが想定されてきた。しかしながら、こうした意味処理プロセスの可能性には、近年の実験心理学の研究成果によって否定的な根拠が示されている。ここでは、比喩的な文、特に慣習性の高い表現に対しては与えられた文脈の影響によって直接的に比喩としての理解が試みられる、ということを示唆する結果が認められているのである[13]。さらに、平・楠見（2011）は最近の脳科学の研究知見をふまえたうえで、いわゆる比喩の理解においては字義通りの表現か比喩表現か、といった処理の問題が先行するのではなく、問題となる表現に関する外的な要因に応じて「表現の親しみやすさ」や「適用可能な意味の範囲」が決定され、これに基づいて適切な処理が選択されるのではないか、という見方が示されている（平・楠見 2011：284-286）。こうした見通しをまとめると、「比喩とは言語現象として何か特別な過程や機能を介して理解されているわけではなく、文脈に応じて自動的に理解されうる、字義通りと比喩の区別は表現の処理に先立つというよりは、表現の理解による結果である」と見られることになる（平・楠見 2011：295）。また、関連する研究知見として、平・楠見（2005）は読解課題実験を通じての考察から、「慣用性の高い概念比喩は概念構造への検索性を高め、読解というオンラインの処理過程でも促進効果を持つ」と述べている（平・楠見 2005：123）。

　このように、比喩的な表現の意味解釈にあたっては、常に起点としての「字義的」な表現からの拡張プロセスを考慮することが求められるわけではないという見方がある[14]。こうした研究知見をふまえると、変化の「なる」構文の各用法をメトニミーやメタファーと共通のメカニズムを持つ比喩的な表現と捉えることができるならば、これらが日常表現としての慣習的な意味を十分に確立していることも考慮したうえで、それぞれの表現は具体的な発話や文が用いられる場面や状況に応じて直接的な意味解釈を受けると考えることが可能となる。ここにおいて、実際の言語使用にあたり、解釈主体が発

話に対して「この表現はメタファー用法である」、あるいは「これはメトニミーとしての発話である」などというように、表現の種類について特定化を行いながら解釈を進めるような処理は特に必要とはならない。ここで想定されるメトニミーやメタファーの分類は、表現の意味解釈にあたって参照されるフレーム、すなわち意味解釈の基盤となる背景的知識との兼ね合いから規定される説明上の「ラベル」として捉えられるものであり、解釈主体は問題となる発話を文脈と照らし合わせながら、意図される意味に直接的にアクセスすることが可能と考えられるためである。この点に関連することとして、談話分析の観点からフレームの機能について論じる Bednarek（2005）は、ある言語表現の意味理解にあたり、フレームは解釈主体が当該の表現に文脈に沿った一貫性のある解釈を構築する基盤としての役割を担うと述べている（Bednarek 2005: 692-703 参照）[15]。こうした見方が妥当であるとすれば、変化の「なる」構文の各用法をフレームの観点から分類することに対しては、さらに有益性が認められるのではないだろうか。

ここで本書が示した見方の妥当性を検証していくには、フレームという概念の規定を精緻化することに加え、変化の「なる」構文の5用法のうち、いずれの用法を意味的起点として想定すべきかという点についても検討を進め、用法間の拡張関係を適切に、実証的に特定していくことが必要と思われる。そのためには、子供の言語習得の実態について分析を行い、問題となる構文の複数の用法の中で最初に習得されるものはどれなのか、また、各用法の習得に一般的な順序や条件は認められるのか、ということなど、問題となる言語表現が話者の言語知識として構築されていくプロセスについて解明することが重要となろう[16]。これに向けての課題は少なくないが、心理学をはじめとする関連領域の研究知見を参照し、また適切な検証方法について検討しながら取り組みを進めていくことは、認知的観点から言語の構築と理解について解明することを目指すうえで無益ではないと思われる。

## 7.3　第7章のまとめ

　以上、本章では、まず7.1に変化の「なる」構文の5用法に想定される拡張関係の全体像を示し、これを変化の「なる」構文の多義ネットワークとして提案した（図7参照）。ここに示されたモデルは、現代日本語における当該構文の言語化システムを反映するものとして、用法①を起点とする各用法の関係を理論的に構造化することを意図したモデルである。合わせて、7.2では変化の「なる」構文の意味解釈に関するモデルとして、各用法をメトニミー的表現およびメタファー的表現として位置づける見取り図を提示した（図8参照）。このモデルは、問題となる構文の各用法が日常的な言語使用場面において滞りなく理解される仕組みについて説明を与えることを試みる、現時点での試論的なモデルである。さらに言語習得のメカニズムに関する知見を取り込みつつ検証と検討を重ねることで、変化の「なる」構文の意味解釈について見通しを深めることが今後の展望となる。

## 注

[1] 認知言語学における多義ネットワークの研究に対しては懐疑的な意見も認められる。例として山崎（2016）は「認知言語学における、多義ネットワークの研究は、今一度、何を目標に、どのような立場に立って研究を行っているのかを明らかにした上で、その研究結果が何を示しているのかを再考する必要がある」とし（山崎 2016：313）、認知言語学における多義ネットワーク研究は言語知識の解明に貢献するものではないことを指摘したうえで、言語知識の解明に寄与しない研究は認知言語学の研究となり得ないと述べている。本書が提示するネットワーク・モデルも、山崎（2016）に問題視される多くの研究と同様、日本語母語話者の言語知識を直接的に明らかにするものとは言えず、「正しい認知言語学の研究」としては認められないものかもしれない。こうしたことを考慮しつつも、本書は問題となる構文の用法の拡がりに関し、具体的な表現の形式と意味の対応性について確認しながら、理論的観点からその成立メカニズムに歩み寄ることを意図したものである。なお、山崎香緒里さんには、資料のご提供も含め、ご親身に対応して頂いた。山崎さんにお礼を申し上げると共に、今後においてもご研究知見をふまえてのご教示を頂けると幸いである。

2 本書では①の特定的変化用法を変化の「なる」構文の起点に置いているが、これは、この用法が言語獲得のプロセスにおいて最も早く習得されるものである、ということを示すものではない。本書ではこの問題の検討には何ら着手できているわけではなく、これについては今後の課題となる。大まかな見通しとして、子供の言語習得過程を観察することで、問題となる構文のプロトタイプ的な用法がどれであるのか、また、各用法の獲得プロセスはどのようになっているのかといったことについて確認する筋道が得られる可能性があるように思われる。

3 ここには崎田・岡本 (2010) の言う「主観性の帰属問題」および「主観性の理解過程の軽視」という2つの課題が関わると思われる。

4 本書における多義ネットワークのモデルと解釈モデルの考え方は、ある表現に認められる2つの意味の関係を異なる視点から捉えるものという意味において、見方によっては、文法化におけるメタファーと語用論的強化 (pragmatic strengthning) の関係を「マクロ構造」(macrostructure of grammaticalization) と「ミクロ構造」(microstructure of grammaticalization) という観点から捉える Heine et al. (1991) の考え方と部分的に通じるものと言えるかもしれない。

5 Croft (1993) は「領域内焦点化」(domain highlitening)、Langacker (1993) は「参照点構造」(reference-point construction) の発想からメトニミーを説明している。西村 (2002) はこれらを支持する立場から、「単一フレーム内における焦点移動」という能力をメトニミーの共通要因として示している。いわゆるフレームの概念を Croft の規定における領域 (domain) と基本的に同様の (あるいは部分的に互換性のある) ものと考えることは、Croft (1993, 2006) や Langacker (2008) の説明をふまえると妥当と考えられる。

6 集合的変化用法の表現を特定的変化用法の表現と比べると、これらにおいては、名詞句の解釈だけではなく、文全体で表される事柄の解釈にも違いが認められる。集合的変化用法の表現をメトニミー的な表現と考えるならば、この点にも妥当な説明が与えられると考えられる。というのも、メトニミーにおいては、ある文の構成要素と文全体が、いわば二重のメトニミーとしての関係を成立させることが頻繁に認められるためである。この例として、西村 (2002) は「お手洗いに行く」という表現に関し、ここにおいては「お手洗い」によってトイレが、表現全体によって排泄行為が、それぞれ換喩的に表されているとしている (西村 2002:290 参照)。また、Ädel (2014) はコーパスを用いて広い範囲にわたるメトニミーの分析を行い、その結果の1つとして、メトニミーは多くの場合、単一の語のレベルを超え、それを含む句などのより大きな構成要素全体としてのメトニミー的意味を持つ形で生起する、ということを指摘している (Ädel 2014: 86

参照)。変化の「なる」構文の集合的変化用法の表現にも、メトニミーに指摘される上記のような特徴が認められる。

7 Croft (1993) に示されるメタファーとメトニミーの分類法に関し、Langacker も基本的にこれと通じる見方をとるものと思われる。Langacker (2008) では、メトニミーとは「単一領域内での概念の関連」によって特徴づけられるものであり、対してメタファーとは「(起点領域と目標領域の) 2 つの領域間の抽象的な類似性」に基づくものである、という見方が示されている (Langacker 2008: 69 注 14 参照)。

8 これに関連すると思われることとして、筆者は以前に Vyvyan Evans 先生より、ある視点からはメタファーとして分析される表現が別の視点からはメトニミーとして捉えられることもあり、その位置づけは研究目的に応じて検討することが有益である、というアドバイスを受けたことがある。この見方に対しては、ある特定の表現をメタファーと見るかメトニミーと見るかは恣意的に定められる、と主張するものという捉え方がなされるかもしれないが、筆者は上記のコメントについて「何を基準に何を検討するかによって、ある表現が何に対してどのような拡張性を持つと考えられるか、ということについては複数の視点が想定され得る」ということと理解している。こうした柔軟な立場から多角的に分析を行うことで、研究対象とする言語現象についての理解を深めることが可能になると思われる。ご親身な助言を下さった Evans 先生にお礼を申し上げたい。

9 基本的には概念メタファー理論の主張を肯定的に捉えるものと言える Deignan (2005) や Croft (2009) もブレンディングの発想がメタファー研究に有用となり得る可能性に言及しており、この立場による研究には今後の発展も見込まれる。ただし、野村 (2001) が早くに指摘しているように、認知言語学において用いられてきた諸理論とブレンディングの統合をめぐっては、細部の理論的整合性や長短のバランスを見極めることが欠かせない。認知言語学とメンタル・スペース理論の統合に関しては、酒井 (2014) が「思い切り図式化して言うなら、認知言語学が言語を認知活動の出力と捉えるのに対して、メンタル・スペース理論は言語を認知活動への入力と捉える」とし、その視点の違いについて触れたうえで、両者の安直な「折衷」の妥当性に疑問を投げかけている (酒井 2014：287)。

10 深田 (2003) はイメージ・スキーマの役割に注目してメタファーと主体化の違いについて論じている。これによると、主体化においてはイメージ・スキーマの形成に関わるプロセスに焦点が当てられ、対して、メタファーにおいてはすでに体現化されたイメージ・スキーマの領域間写像に焦点が当てられる、とされる (深田 2003：346)。この見方は、ある場面について概念化し、言語化するプロセスを主体化の観点から捉え、言語化された表現の解釈をメタファーの観点から捉える、という発想に妥当性を与え得るも

のではないかと思われる。

[11] Steen（2008）は "A metaphor is used deliberately when it is expressly meant to change the addressee's perspective on the referent or topic that is the target of the metaphor, by making the addressee look at it from a different conceptual domain or space, which functions as a conceptual source" とし、メタファーはある対象に対する聞き手のパースペクティブに変容を与えるため、意図的に用いられることがあると述べている（Steen 2008: 288）。こうした意図的なメタファーについて、Steen（2010）は "One of the important points about deliberate metaphor is that it concerns a communicative property. It has to do with a certain degree of awareness on the part of language users *that* they are using metaphor as a specific means of communication" と述べ、ここに表現主体のコミュニケーション意図が反映されていると考えられることを指摘している（Steen 2010: 59）。

[12] 瀬戸（2007）は、メトニミーとメタファーに加え、多義の記述においてはシネクドキーが意味拡張の重要な要素として認められるべきことを強調している。図11のモデルではシネクドキーによる拡張用法は想定されていないが、比喩表現あるいは修辞技法の区別において、メトニミーとシネクドキーの区別はしばしば議論の対象となる。いわゆるレトリック論の問題に目を向けると、例として、「換喩」とされる表現と「転喩」とされる表現をいずれもメトニミーとして扱うべきか、といったことなど、表現や技法の分類には整理が必要な点も多いと思われる。ここでは詳細に立ち入るだけの余裕はないが、メトニミーとシネクドキーに関して言うと、本書は基本的にこれらを区別すべきものと考えている。シネクドキーの扱いに関して、近年では谷口（2003）、森（2011）、山泉（2005, 2017）などに多様な見方の可能性が示されており、研究の深化に向けてはこれらの知見を見渡しての議論が必要である。

[13] 言語学における最近の知見として、例としてNogales（2012）は、メタファーの意味とは「字義的な意味」の含意（what is implicated）として捉えられるべきものではなく、メタファーとして述べられた表現の意味そのもの（what is said）として捉えられるべきものである、と主張し、メタファー理解に関する一般的な語用論の説明に対して否定的な立場を示している。また、メトニミーに関してはCroft（1993）や西村（2002）が、メトニミーの理解は指示対象の直接的な同定という解釈プロセスを前提とするもの、という見方を示している。

[14] 心理学および脳科学の分野で得られた知見に対して専門的な観点から評価を与えることは本書の限界を超えている。ここに示した研究については、平・楠見（2005）、平・楠見（2011）などの議論を参照されたい。なお、本書はメタファー解釈における「規範的語用論モデル」の考え方には否定的な見方をとるものであるが、メタファー解釈の研究

に語用論的観点を取り込むことについての意義や必要性を否定するものではない。メタファーの成立や理解について見通しを深めるうえで、発話の場面や文脈に意識を向ける語用論の視点は言うまでもなく重要なものである。

[15] 認知言語学的観点からの研究では、例として Kövecses (2013) などがフレーム的な知識構造の働きに注目する立場から、メタファーとメトニミーの関連性について、さらに掘り下げた検討の道筋を示している。こうしたことをふまえても、フレームの概念はメタファーとメトニミーの実態と性質の詳述にあたり、これまでに考えられてきた以上に重要な役割を果たす可能性が認められる。こうした観点から、「階層的意味フレーム」の発想について論じる野澤 (2005)、フレーム意味論を「意味役割の理論」と捉えて独自の展開を示す黒田・中本・野澤 (2005) などの取り組みからは学ぶことが多いように思われる。

[16] 本書の第 5 章（5.4.2 注 84）でも述べた通り、特定的変化用法と体験的変化用法に関して言うと、本書の考察においては「拡張的」な用法として位置づけられる体験的変化用法の方が先に習得されると考えるべき事実も認められる。この見方が正しいとすれば、特定的変化用法と体験的変化用法の間には、体験的変化用法を起点に特定的変化用法がメタファー的に拡張する、という見方が想定されることになる。もっとも、これらの関係にはプロトタイプ的事例と拡張事例という見方が必ずしも認められるわけではなく、両者は双方向性の想定が可能なアナロジー的関係にある、という可能性も排除されるわけではない。こうした様々な可能性をふまえても、各用法が習得される順序や過程について明らかにすることは、難解ではあるが重要な課題と思われる。

# 第8章　結論

　本書では、名詞句 X、形容詞類 Y、動詞「なる」による述部から構成される「X が Y くなる」および「X が Y になる」という形式の表現を変化の「なる」構文とし、その用法の拡がりについて分析と考察を行ってきた。最後に本章では、各章での確認内容について振り返り、ここで導かれた結論についてまとめる。

## 8.1　本書のまとめ

　本書においての議論について概観的にひと通り振り返っておきたい。はじめに第1章では、考察対象である変化の「なる」構文について概観的に紹介し、研究を進めるうえでの本書の基本的な立場について確認した。まず、変化の「なる」構文の事例については次のような5通りを提示し、(1a) から (1e) の各例に示される用法を①から⑤に分類した。

(1) a.　水洗いすると、ウールのスカートが縮んで短くなってしまった。
　　b.　最近、本校では女子生徒のスカートがどんどん短くなってきている。
　　c.　娘は急に背が伸び、ひと月前はぴったりだったスカートが短くなった。
　　d.　半年ぶりに着てみると、お気に入りのスカートが短くなっている。

e.　あの女子高の制服は、スカートがふつうよりやけに短くなっている。

　そのうえで、本書では言語表現の意味に事物に対する人間の捉え方が反映される、という認知言語学的な意味観を採用し、問題となる言語表現を構文としての統合的な単位で捉えたうえで、その複数の意味が多義の関係にある、という見方をとることを確認した。

　第2章では「表現解釈の意味論」の観点から変化の「なる」構文の5通りの用法の意味と言語的性質について確認を行った。これを通じ、問題となる5用法は各々が構文としての単位で異なる意味を表す表現として区別されるものと考えられることを示した。ここでは、①から⑤の各用法が表す意味について確認しつつ、それぞれの用法を次のように規定した。

　①「個体レベルでの特定的な対象の変化」を表す「特定的変化」の用法
　②「集合体レベルでの複数の対象間の変化」を表す「集合的変化」の用法
　③「特定的対象と基準との関係性の変化」を表す「関係性変化」の用法
　④「特定的対象に対する主体の実感の変化」を表す「体験的変化」の用法
　⑤「特定的対象の基準値からの仮想の変化」を表す「仮想的変化」の用法

　加えて、ここでは各用法の文法的性質について確認し、それぞれの名詞句の格機能および述部アスペクトの性質について検討を行った。これらを通じ、変化の「なる」構文の5用法には、名詞句と述部の意味関係と述部の動詞に表される動きの意味的局面の捉え方において、①・②・③の用法群と、④の

用法、⑤の用法と、大きく3通りの分類が立てられることを示した。

　第3章では、変化の「なる」構文は5通りの異なる意味を持つ構文であるという見方を前提に、「捉え方の意味論」の観点から各用法の関係について考察を行った。ここでは、問題となる構文のスキーマとして「《起点-経路-着点》のイメージ・スキーマ」に基づく「変化の「なる」構文のスキーマ」を据え、5用法はそれぞれの成立背景に「事物や状況に対する同じ捉え方」としてこうしたスキーマ的知識構造を共有するものであり、この観点から多義的な関係にあるものと考えられることを確認した。さらに、こうしたスキーマ的な知識構造が概念化される際に基盤となる認知的な視野を「概念化のフレーム」と捉え、各用法においては用法ごとに異なるフレームを前提に具体的な意味が構築される、と考えたうえで、基盤となるフレームの異同から5用法の分類を行った。これを通じ、用法①・②・③は「観察フレーム」を基盤とする用法のサブカテゴリー、用法④は「体験フレーム」を基盤とする用法のサブカテゴリー、そして用法⑤は「仮想フレーム」を基盤とする用法のサブカテゴリーに分類されることを示した。こうした3分類は、第2章で確認された各用法の文法的特徴の異同とも対応するものであり、それぞれの用法の言語的性質と成立メカニズムの対応性について矛盾なく説明づけるものと考えられる。以上を通じ、ここでは変化の「なる」構文が相互に関連する5通りの意味を持つ多義構文として規定されること、また、5用法の中で用法①がプロトタイプ的用法と考えられることについて確認した。

　第4章から第6章までの各章においては、用法①を変化の「なる」構文のプロトタイプ的用法として起点に置いたうえで、②から⑤までの各用法の位置づけと拡張性について検討した。まず第4章では、観察フレームを基盤とする用法として括られる①・②・③の3つの用法に関し、それぞれの関係を考察した。1つめに、②の集合的変化用法は、Sweetser（1997）が特定の英語表現に指摘する「変化述語の役割解釈」と同様の認知的操作に基づくものと考えられることを示したうえで、その成立について、用法①から「個体と集合体のイメージ・スキーマ変換」によって拡張するものとした。2つめに、

③の関係性変化用法に関しては、名詞句の解釈にあたって「トラジェクターとランドマークの反転」の認知的操作が生じ、これに伴うプロファイル・シフトを通じてのイメージ・スキーマ変換により用法①から拡張するものとした。ここでの考察から、変化の「なる」構文の用法②および用法③は、用法①を起点に、いずれも何らかの意味でのイメージ・スキーマ変換の認知的プロセスを通じて成立するものであるという見方を提示した。

第5章では、「体験フレーム」を基盤とする用法のサブカテゴリーに分類される、④体験的変化用法の拡張性について検討した。ここにおいても、用法①をプロトタイプ的用法として起点に置き、用法④の位置づけについて考察した。これを通じ、用法④の表現は、現実的には移動しない対象を移動体として述べる形式の移動表現や、こうした移動表現に基づいてメタファー的に成立すると考えられる時間表現と、その成り立ちにおいて共通性を持つものであり、表現主体の「見たまま・感じたまま」の体験世界を直接的に述べるものという見方を示した。この見方に基づき、用法①に対しての用法④の拡張性については、「参照点の主体化」として規定した。

第6章では、「仮想フレーム」に基づく用法のサブカテゴリーに分類される、⑤仮想的変化用法の拡張性について検討した。ここでは用法⑤の成り立ちについて、ある対象に認められる特徴的な状態や性質を逸脱性として捉える認知に支えられるものであるとし、この用法がMatsumoto（1996b）の言う「主観的変化」を表すものと考えられることを確認した。そのうえで、こうした主観的変化の表現には特定のタイプの主観的移動表現との共通性が認められることを指摘したうえで、用法⑤は用法①から「動きの主体化」を経て拡張するものと考えられることを述べた。

第1章から第6章での議論をふまえ、第7章では、変化の「なる」構文に想定される拡張関係の全体像を示すものとして、変化の「なる」構文の多義ネットワークを提示した。このモデルは、用法①を起点に変化の「なる」構文の各用法の関係を構造化した理論的モデルとして示されるものである。合わせて、ここでは問題となる構文の意味解釈に関し、用法①を起点に②から

⑤の各用法をメトニミー的用法およびメタファー的用法に分類する試論的モデルを提案した。本書は現時点において、このモデルを前提に比喩理解に関する研究知見を取り込むことで、日常的な言語使用の場面において変化の「なる」構文の諸用法が用いられた際、円滑な解釈が可能となることに説明が与えられるのではないかと考えている。

## 8.2 課題と展望

　変化の「なる」構文の多義性に関する本書の分析と考察は以上である。最後に、この研究の課題と展望について概観しておきたい。

　課題の1つめには、変化の「なる」構文の各用法に関する記述と分析の詳細化が挙げられる。第2章においては、日本語学の研究知見を参照しつつ、各用法の語彙的・文法的特徴について捉えることを試みた。ただし、本書では考察対象とする構文の全体像について見渡し、用法ごとの特徴と各用法の関係について示すことに重点を置いたため、5用法それぞれの言語的特徴について詳細に論じ尽くせたというわけではない。特に、各用法における形容詞類やアスペクト表現の共起性については細やかに記述しきれなかった点も多い。こうした観点から各用法の表現の詳述を進めることは、変化の「なる」構文の表現と関連する他の日本語表現を見渡しての研究にも役立てることができると見込まれる。

　関連する研究の例を挙げておくと、筆者は現在、「あの娘は男好きのする顔をしている」や「このタオルはフワフワした手触りをしている」のように、動詞「する」によって事物の特徴的な状態や性質について言い表す構文（影山 1990, 2004, 2009, 2012；角田 1991, 2009；佐藤 2005；澤田 2003, 2012；大西 2016；Ogami 2019a, 大神 2019c など参照）の考察に手をつけている。この構文の表現は、典型的には動態的な意味を表す動詞によって対象の静態的な在り方を述べる、という点で変化の「なる」構文の仮想的変化用法と共通性を示すものと言えるが、両者の異同について明らかにすることは目下の

目標の1つである。それぞれの性質について見通しを深めていくうえで、それぞれの言語的特徴について掘り下げて分析をすることは有用となると思われる。

　もう1つ、変化の「なる」構文の各用法と異言語における対応表現との対照研究は興味深いテーマに思われる。この問題に関連する研究としては、本書の各章での考察において参照した英語の関連研究や池上（2006）の知見などに加え、日本語の「ていく」および「てくる」と韓国語の対応表現を中心的な考察対象に、異言語における事態の捉え方と言語化の異同と選好性について論じる徐（2010, 2013）などが参考となる。ここにおいても、対象とする言語表現の語彙的・文法的ふるまいを的確に捉えたうえで議論を展開することが有益となろう。これに関連することとして、池上嘉彦先生からは2019年8月に開催されたICLC15の場において、韓国語や英語、ドイツ語、スラブ系言語にまで視野を広げながら、「する」的表現と「なる」的表現についてさらに考察を深める意義と価値について貴重なお話を聞かせていただいた。まだまだ筆者には容易に手を出せる領域ではないが、こうした大きな問題に取り組むことも将来の目標としつつ、意義深いご指導をくださった池上先生に改めて心よりお礼を申し上げたい。

　2つめの課題に挙げられるのが、本書に示した理論的考察の妥当性である。第3章から第6章においては、認知言語学の分野で提案されてきた理論や発想を援用し、変化の「なる」構文の成り立ちについて考察を行った。とりわけ、イメージ・スキーマやフレーム、主体化といった理論的道具は本書の考察において重要な意味を持つものであるが、ここではこれらを拡張的に用いて応用を試みている点も多い。これは筆者が、自身の研究に合わせて安直に新たな理論的道具を「乱発」するのではなく、既存の考え方を応用することにより論が立てられないか、と考えたことによるものであるが、その適切性と考察の妥当性には異論や反論が生じることも予想される。この問題に関しては、関連する分野の研究者と対話を行いつつ、引き続き検討を行うことが必要と感じている。

最後に、3つめの課題として、変化の「なる」構文の意味解釈に関する考察を進めることが挙げられる。これに関わることとして、第7章では、用法①を起点に②から⑤の用法をメトニミー的表現およびメタファー的表現として捉える解釈モデルの可能性について論じた。ここでの提案の有効性については、本書におけるフレームの考え方が妥当なものとして認められるか、という点について見極めたうえで、さらに本書が参照した比喩理解の研究知見の妥当性についても検証しつつ、検討を重ねることが求められる。比喩理解に関する研究については、特にメタファー理解に関し、内海・鍋島（2011）や内海（2018）などに近年の研究状況が紹介されているが、こうした関連分野の知見に視野を広げながらの取り組みが必要であろう。他のアプローチに目を向けるならば、例として関連性理論の観点から考察を試みることも選択肢となり得ると思われるが、ここにおいて崎田・岡本（2010）による「発話事態認知」の提案は参考となる。なお、意味解釈の問題と合わせて重要と思われるのが、問題となる構文の用法に関わる表現性の問題である。この問題について検討するには、レトリック論の知見と発想を取り込むことが有益と考えられる。ここにおいて、佐藤（1992a, 1992b, 1993）などによるレトリック論の論考や、いわゆるレトリック現象について認知言語学的観点から論じる大森（2004a）、小松原（2016）、森（2018）など、また、特に言語表現の換喩的な性質に目を向けて論じる西村（2002, 2008, 2018b）や小松原（2015, 2018）などに学ぶ点は多い。

　以上、簡単ではあるが本書の課題と展望について確認した。ここに挙げた課題は、すぐに解決が可能というものではなく、地道な取り組みの継続や、関連する異分野の研究への依存も求められるものと思われる。異言語の表現も含め、本書で論じたものとは異なる言語現象にも視野を広げつつ、言語の形式、意味、運用の問題に目を配りながら、少しずつ歩みを進めていければと考えている。

# 参考文献

Ädel, Annelie. 2014. Metonymy in the semantic field of verbal communication: A corpus-based analysis of WORD. *Journal of Pragmatics* 67: 72-88.
天野みどり・早瀬尚子編. 2017.『構文の意味と拡がり』東京：くろしお出版.
天野みどり. 2017.「総論 日本語研究分野における構文研究」天野みどり・早瀬尚子編『構文の意味と拡がり』11-16. 東京：くろしお出版.
Bednarek, Monika A. 2005. Frames revisited: The coherence-inducing function of frames. *Journal of Pragmatics* 37: 685-705.
Barbara Lewandowska-Tomaszczyk（ed.）. 2016. *Conceptualizations of Time*. Amsterdam: John Benjamins.
Casasanto, Daniel. 2016. Temporal language and temporal thinking may not go hand in hand. In Barbara Lewandowska-Tomaszczyk（ed.）, *Conceptualizations of Time*, 67-84. Amsterdam: John Benjamins.
Casasanto, Daniel, and Kyle Jasmin. 2012. The hands of time: Temporal gestures in English speakers. *Cognitive Linguistics* 23（4）: 643-674.
Clausner, Timothy, and William Croft. 1999. Domains and image schemas. *Cognitive Linguistics* 10（1）: 1-31.
Comrie, Bernard. 1976. *Aspect: An Introduction to the Study of Verbal Aspect and Related Problems*. Cambridge: Cambridge University Press.
Correa-Beningfield, M., Kristiansen, G., Navarro-Ferrando, I., Vandeloise, C. 2005. Image schemas vs. "Complex primitives" in cross-cultural spatial cognition. In Beta Hampe（ed.）, *From Perception to Meaning: Image Schemas in Cognitive Linguistics*, 343-366. Berlin: Mouton de Gruyter.
Coulson, Seana, and Todd Oakley. 2005. Blending and coded meaning: Literal and figurative meaning in cognitive semantics. *Journal of Pragmatics* 37: 1510-1536.
Croft, William. 1993. The role of domains in the interpretation of metaphors and metonymies. *Cognitive Linguistics* 4（4）: 335-370.
Croft, William. 2001. *Radical Construction Grammar*. Oxford: Oxford University Press.
Croft, Wiiliam. 2002. The role of domains in the interpretation of metaphors and metonymies. In Ren é Dirven and Ralf Pörings（eds）, *Metaphor and Metonymy in*

*Comparison and Contrast*, 161-265. Berlin: Mouton de gruyter.
Croft, Wiiliam. 2006. On explaining metonymy: comment on Geeraerts and Piersman, "Metonymy as a prototypical category." *Cognitive Linguistics* 17（1）.317-326.
Croft, William. 2009. Connecting frames and constructions: A case study of *eat* and *feed*. *Constructions and Frames* 1: 7-28.
Deignan, Alice. 2005. *Metaphor and Cognitive Linguistics*. Amsterdam: John Benjamins.
Fauconnier, Gills. 1997. *Mappings in Thought and Language*. Cambridge: Cambridge University Press.
Fauconnier, Gilles and Mark Turner. 2002. *The Way We Think: Conceptual Blending and the Mind's Hidden Complexities*. New York: Basic Books.
Fillmore Charles, J. 1982. Frame semantics. In The Linguistic Society of Korea（ed.）, *Linguistics in the Morning Calm*, 111-138. Seoul: Hanshing Publishing.
Fillmore, Charles J. 1985. Frames and the semantics of understanding. *Quaderni di Semantica* 11: 222-254.
Fillmore, Charles J., Paul Kay and Mary C. O'conner. 1988. Regularity and idiomaticity in grammatical constructions. *Language* 64（3）: 501-538.
Fillmore, Charles J., and Beryl T. Atkins. 1992. Towards a frame-based organization of the lexicon: The semantics of RISK and its neighbors. In Lehrer, A and Kittay, E.（eds.）, *Frames, Fields, and Contrast: New Essays in Semantics and Lexical Organization*, 75-102. Hillsdale: Lawrence Erlbaum Associates.
藤井正. 1966. 「『動詞＋ている』の意味」金田一春彦編『日本語動詞のアスペクト』97-116. 東京：むぎ書房.
深田智. 2001. 「"Subjectification"とは何か」『言語科学論集』7：61-89. 京都大学.
深田智. 2003. 「イメージスキーマを介した言語意味論へのアプローチ」『日本認知言語学会論文集』3：343-356.
深田智. 2004. 「未分化な意味の分化：形容詞における主体／客体関係を中心に」『言語科学論集』10：117-147. 京都大学.
深田智・仲本康一郎. 2008. 『講座 認知言語学のフロンティア③ 概念化と意味の世界』東京：研究社.
深井晃子. 2009. 『ファッションから名画を読む』東京：PHP 研究所.
福岡伸一. 2009. 『世界はわけてもわからない』東京：講談社.
言語学研究会編. 1983. 『日本語文法・連語論』東京：むぎ書房.
Gibson, James J. 1979. *The Ecological Approach to Visual Perception*. Boston: Houghton.
Gibbs, Raymond W. 2005. The psychological status of image schemas. In Beate Hampe

(ed.), *From Perception to Meaning*, 113-136. Berlin: Mouton de Gruyter.

Gibbs, Raymond W. and Herbert L. Colston. 1995. The cognitive psychological reality of image schemas and their transformations. *Cognitive Linguistics* 6 (4): 347-378.

Goldberg, Adele. 1995. *Constructions: A Construction Grammar Approach to Argument Structure*. Chicago: University of Chicago Press.

Goldberg, Adele. 2006. *Constructions at Work*. Oxford: Oxford University Press.

江田すみれ. 2013.『「ている」「ていた」「ていない」のアスペクト 異なるジャンルのテクストにおける使用状況とその用法』東京：くろしお出版.

Hampe, Beate. 2005. Image schemas in Cognitive Linguistics: Introduction. In Beate Hampe (ed.), *From Perception to Meaning: Image Schemas in Cognitive Linguistics*, 1-12. Berlin: Mouton de Gruyter.

Hampe, Beate (ed.). 2005. *From Perception to Meaning: Image Schemas in Cognitive Linguistics*. Berlin: Mouton de Gruyter.

早瀬尚子. 2002.「英語所有格表現の諸相」西村義樹編『認知言語学 I ―事象構造―』161-186. 東京：東京大学出版会.

早瀬尚子. 2007.「英語懸垂分詞における「主観的」視点」河上誓作・谷口一美編『ことばと視点（阪大英文学会叢書4）』77-90. 東京：英宝社.

早瀬尚子. 2009.「懸垂分詞構文を動機づける「内」の視点」坪本篤朗・早瀬尚子・和田尚明編『「内」と「外」の言語学』55-97. 東京：開拓社.

早瀬尚子. 2012.「懸垂分詞構文から Langacker の視点構図に言えること」『言語文化共同研究プロジェクト 2011』39-48. 大阪大学大学院言語文化研究科.

早瀬尚子. 2017.「総論 構文論の最近の展開と今後の展望」天野みどり・早瀬尚子編『構文の意味と拡がり』3-9. 東京：くろしお出版.

Heine, Bernard, U C, and Friederike Hünnemeyer. 1991. *Grammaticalization: A Conceptual Framework*. Chicago: University of Chicago Press.

樋口万里子. 2000.「ル／タ，テイルの意味機能試論―認知文法の見地から―」『九州工業大学情報工学部紀要（人文・社会科学）』12：37-67.

樋口万里子・大橋浩. 2004.「節を越えて：思考を紡ぐ情報構造」大堀壽夫編『シリーズ認知言語学入門 6 認知コミュニケーション論』101-136. 東京：大修館書店.

本多啓. 2001.「方言文法と英文法（3）共通語の完了・進行形への展望」『駿河台大学論叢』22. 1-21.

本多啓. 2004.「認知意味論における概念化の主体の位置づけについて」『日本認知言語学会論文集』4：129-139.

本多啓. 2005.『アフォーダンスの認知意味論―生態心理学から見た文法現象―』東京：東

京大学出版会.
本多啓. 2011a.「時空間メタファーと視点―生態心理学の自己知覚論をふまえて―」『人工知能学会第 2 種研究会ことば工学研究会資料 SIG-LSE-B003: ことば工学研究会(第 37 回)』77-86.
本多啓. 2011b.「時空間メタファーの経験的基盤をめぐって」『神戸外大論叢』62（2）: 33-56. 神戸市外国語大学研究会.
本多啓. 2013.『知覚と行為の認知言語学:「私」は自分の外にある』東京：開拓社.
本多啓. 2018.「認知言語学はヒトの認知について何かを明らかにしたのだろうか？」高橋英光・野村益寛・森雄一編『認知言語学とは何か？ あの先生に聞いてみよう』201-219. 東京：くろしお出版.
市川浩. 1975.『精神としての身体』東京：勁草書房.
市川浩. 1985.「直接的認識と間接的認識」大森荘蔵・滝浦静雄・中村雄二郎・藤沢令夫・市川浩・加藤尚武・木田元・坂部恵・坂本賢三・竹市明弘・村上陽一郎編『新岩波講座 哲学 2 経験 言語 認識』205-248. 東京：岩波書店.
池上嘉彦. 1978.『意味の世界』東京：日本放送出版協会.
池上嘉彦. 1981.『「する」と「なる」の言語学』東京：大修館書店.
池上嘉彦. 1995.「言語の意味分析における《イメージ・スキーマ》」『日本語学』14（9）: 92-98. 東京：明治書院.
池上嘉彦. 2000.『日本語論への招待』東京：講談社.
池上嘉彦. 2004.「言語における〈主観性〉と〈主観性〉の言語的指標（1）」. 山梨正明他編『認知言語学論考』3: 1-49. 東京：ひつじ書房.
池上嘉彦. 2005.「言語における〈主観性〉と〈主観性〉の言語的指標（2）」. 山梨正明他編『認知言語学論考』4: 1-60. 東京：ひつじ書房.
池上嘉彦. 2006.『英語の感覚・日本語の感覚―"ことばの意味" の仕組み―』東京：日本放送出版協会.
池上嘉彦. 2007.『日本語と日本語論』東京：筑摩書房.
池上嘉彦. 2011.「日本語と主観性・主体性」澤田治美編『ひつじ意味論講座 5 主観性と主体性』49-68. 東京：ひつじ書房.
井元秀剛. 2012.「テイル形の意味構造」『言語文化共同研究プロジェクト 2011』1-10. 大阪大学大学院言語文化研究科.
乾敏郎編. 1995.『認知心理学 1 知覚と運動』東京：東京大学出版会.
伊藤健人. 2006.「日本語の項構造構文における形式と意味：各パターンとイメージ・スキーマ」『日本認知言語学会論文集』6: 128-138.
伊藤健人. 2007.「[__ガ__ ニ V]構文における二格名詞句について：構文文法的な考察」

『日本認知言語学会論文集』7：332-342.

伊藤健人. 2008.『イメージ・スキーマに基づく格パターン構文―日本語の構文モデルとして―』東京：ひつじ書房.

岩田彩志. 2010.「Motion と状態変化」影山太郎編『レキシコンフォーラム 5』27-52. 東京：ひつじ書房.

Johnson, Mark. 1987. *The Body in the Mind*. Chicago: University of Chicago Press.

Johnson, Mark. 2005. The philosophical significance of image schemas. In Beate Hampe (ed.), *From Perception to Meaning: Image Schemas in Cognitive Linguistics*, 15-33. Berlin: Mouton de Gruyter.

Johnson, Mark. 2007. *The Meaning of the Body*. Chicago: University of Chicago Press.

Johnson, Mark. 2018. *The Aesthetics of Meaning and Thought*. Chicago: University of Chicago Press.

影山太郎. 1990.「日本語と英語の語彙の対照」『日本語の語彙と意味（講座日本語と日本語教育第 7 巻）』1-26. 東京：明治書院.

影山太郎. 1996.『動詞意味論―言語と認知の接点―（日英語対象研究シリーズ（5））』東京：くろしお出版.

影山太郎. 2004.「軽動詞構文としての「青い目をしている」構文」『日本語文法』4（1）：22-37.

影山太郎. 2009.「言語の構造制約と叙述機能」『言語研究』136：1-34.

影山太郎. 2012.「属性叙述の文法的意義」影山太郎編『属性叙述の世界』3-35. 東京：くろしお出版.

影山太郎編. 2010.『レキシコンフォーラム 5』東京：ひつじ書房.

影山太郎編. 2012.『属性叙述の世界』東京：くろしお出版.

加藤重広. 2013.『日本語統語特性論』札幌：北海道大学出版会.

加藤重広. 2015.「形容動詞から見る品詞体系」『日本語文法』15（2）. 48-64.

河上誓作編著. 1996.『認知言語学の基礎』東京：研究社.

河上誓作・谷口一美監. 2007.『ことばと視点（阪大英文学会叢書 4)』東京：英宝社.

菊田千春. 2013.「テミル条件文にみられる構文変化の過程―語用論的強化と階層的構文ネットワークに基づく言語変化―」山梨正明他編『認知言語学論考』11：163-198. 東京：ひつじ書房.

金田一春彦. 1950.「国語動詞の一分類」金田一春彦編『日本語動詞のアスペクト』5-26. 東京：むぎ書房.

金田一春彦. 1955.「日本語動詞のテンスとアスペクト」金田一春彦編『日本語動詞のアスペクト』27-61. 東京：むぎ書房.

金田一春彦編. 1976.『日本語動詞のアスペクト』東京：むぎ書房.
北原保雄. 2010.『日本語の形容詞』東京：大修館書店.
小松原哲太. 2015.「換喩的発話行為―日英語における発話行為の修辞性―」山梨正明編『認知言語学論考』12：45-80. 東京：ひつじ書房.
小松原哲太. 2016.『レトリックと意味の創造性』京都：京都大学出版会.
小松原哲太. 2018.「修辞的効果を生み出すカテゴリー化―日本語における類の提喩の機能的多様性―」『認知言語学研究』3：23-39. 東京：開拓社.
Kövecses, Zoltán. 2013. The metaphor-metonymy relationship: Correlation metaphors are based on metonymy. *Metaphor and Symbol* 28: 75-88.
小柳智一. 2018.『文法変化の研究』東京：くろしお出版.
工藤真由美. 1995.『アスペクト・テンス体系とテクスト―現代日本語の時間の表現―』東京：ひつじ書房.
熊倉千之. 2011.『日本語の深層：〈話者のイマ・ココ〉を生きることば』東京：筑摩選書.
国広哲弥. 1982.『意味論の方法』東京：大修館書店.
国広哲弥. 1985.「認知と言語表現」『言語研究』88：1-19.
国広哲弥. 1994.「認知的多義論―現象素の提唱―」『言語研究』106：22-44.
黒田航・中本敬子・野澤元. 2005.「意味フレームに基づく概念分析の理論と実践」山梨正明他編『認知言語学論考』4：133-269. 東京：ひつじ書房.
Lakoff, George. 1987. *Women, Fire, and Dangerous Things: What Categories Reveal about the Mind*. Chicago: University of Chicago Press.
Lakoff, George. 1993. The contemporary theory of metaphor. In Andrew Ortony (ed.), *Metaphor and Thought*, 2nd ed., 202-251. Cambridge: Cambridge University Press.
Lakoff, George, and Mark Johnson. 1980. *Metaphors We Live By*. Chicago: University of Chicago Press.
Lakoff, George, and Mark Johnson. 1999. *Philosophy in the Flesh: The Embodied Mind and Its Challenge to Western Thought*. New York: Basic Books.
Langacker, Ronald W. 1985. Observations and speculations on subjectivity. In John Haiman (ed.), *Iconicity in Syntax*, 109-150. Amsterdam: John Benjamins.
Langacker, Ronald W. 1987. *Foundations of Cognitive Grammar*, Vol.1. Stanford: Stanford University Press.
Langacker, Ronald W. 1990a. *Concept, Image, and Symbol*. Berlin: Mouton de Gruyter.
Langacker, Ronald W. 1990b. Subjectification. *Cognitive Linguistics* 1 (1): 5-38.
Langacker, Ronald W. 1991. *Foundations of Cognitive Grammar*, Vol.2. Stanford: Stanford University Press.

Langacker, Ronald W. 1993. Reference-point constructions. *Cognitive Linguistics* 4 (1): 1-38.
Langacker, Ronald W. 1998. On subjectification and Grammaticalization. In Lean-Pierre Koenig (ed.), *Discource and Cognition: Bridging the Gap*, 71-89. Stanford: CSLI Publications.
Langacker, Ronald W. 1999a. *Grammar and Conceptualization*. Berlin: Mouton de Gruyter.
Langacker, Ronald W. 1999b. Virtual reality. *Studies in the Linguistic Sciences* Vol. 29 (2): 77-103.
Langacker, Ronald W. 2008. *Cognitive Grammar: A Basic Introduction*. Oxford: Oxford University Press.
Langacker, Ronald W. 2009. *Investigations in Cognitive Grammar*. Berlin: Mouton de Gruyter.
Mandler, Jean M. 1996. Preverbal representation and language. In Paul Bloom, Mary A. Petersen, Lynn Nadel and Merrill F. Garrett (eds.), *Language and Space*, 365-384. Cambridge, MA: MIT Press.
Mandler, Jean M. 2005. How to build a Baby III. In Beate Hampe (ed.), *From Perception to Meaning: Image Schemas in Cognitive Linguistics*, 137-164. Berlin: Mouton de Gruyter.
益岡隆志. 2013.『日本語構文意味論』東京：くろしお出版.
Matlock, Tennie. 2004a. The conceptual motivation of fictive motion. In Günter Radden and Klaus-Uwe Panther (eds.), *Studies in Linguistic Motivation*, 221-248. New York: Mouton de Gruyter.
Matlock, Tennie. 2004b. Fictive motion as cognitive simulation. *Memory & Cognition* 32 (8): 1389-1400.
Matlock, Tennie. 2006. Depicting fictive motion in drawings. In June Luchjenbroers (ed.), *Cognitive Linguistics Investigations: Across Languages, Fields and Philosophical Boundaries*, 66-85. Amsterdam: John Benjamins.
Matsumoto, Yo. 1996a. Subjective motion and English and Japanese verbs. *Cognitive Linguistics* 7: 183-226.
Matsumoto, Yo. 1996b. Subjective-change expressions in Japanese and their cognitive and linguistic bases. In Gilles Fauconnier and Eve E. Sweetser (eds.), *Spaces, Worlds, and Grammar*, 124-156. Chicago: University of Chicago Press.
松本曜. 1997.「空間移動の言語表現とその拡張」. 田中茂範・松本曜『日英語比較選書6 空間と移動の表現』126-229. 東京：研究社.

Matsumoto, Yo. 1999. On the extension of body-part nouns to object-part nouns and spatial adpositions. In Barbara A. Fox, Dan Jurafsky and Laura A. Michaelis (eds.), *Cognition and Function in Language*, 15-28. Stanford: CSLI Publications.

松本曜. 2000.「日本語における身体部位詞から物体部分詞への比喩的拡張：その性質と制約」坂原茂編『認知言語学の発展』295-324. 東京：ひつじ書房.

松本曜. 2003.「認知意味論とは何か」松本曜編『シリーズ認知言語学入門 3 認知意味論』3-16. 東京：大修館書店.

松本曜編. 2003.『シリーズ認知言語学入門 3 認知意味論』東京：大修館書店.

松本曜. 2007.「語におけるメタファー的意味の実現とその制約」山梨正明他編『認知言語学論考』6：49-93. 東京：ひつじ書房.

松本曜. 2010.「多義性とカテゴリー構造」澤田治美編『ひつじ意味論講座 1 語と文法カテゴリーの意味』23-44. 東京：ひつじ書房.

松本曜. 2018.「認知言語学の意味観はどこが独自なのだろうか？」高橋英光・野村益寛・森雄一編『認知言語学とは何か？　あの先生に聞いてみよう』45-59. 東京：くろしお出版.

三浦佳代編. 2010.『現代の認知心理学 1 知覚と感性』京都：北大路書房.

三浦つとむ. 1967［2002］a.『認識と言語の理論〈第 1 部〉』東京：勁草書房.

三浦つとむ. 1967［2002］b.『認識と言語の理論〈第 2 部〉』東京：勁草書房.

籾山洋介. 1992.「多義語の分析―空間から時間へ―」カッケンブッシュ寛子他編『日本語研究と日本語教育』185-199. 名古屋：名古屋大学出版会.

籾山洋介. 2000.「名詞『もの』の多義構造―ネットワーク・モデルによる分析―」山田進・菊池康人・籾山洋介編『日本語 意味と文法の風景―国広哲弥教授古希記念論文集―』177-191. 東京：ひつじ書房.

籾山洋介. 2001.「多義語の複数の意味を統括するモデルと比喩」山梨正明他編『認知言語学論考』1：29-58. 東京：ひつじ書房.

籾山洋介. 2008.「カテゴリーのダイナミズム―「人間」を中心に―」森雄一・西村義樹・山田進・米山三明編『ことばのダイナミズム』123-137. 東京：くろしお出版.

籾山洋介・深田智. 2003.「意味の拡張」松本曜編『シリーズ認知言語学入門 3 認知意味論』73-134. 東京：大修館書店.

Moore, Kevin E. 2001. Deixis and the FRONT/BACK opposition in temporal metaphors. In Alan Cienki, Barbara J. Luka, and Michael B. Smith (eds.), *Conceptual and Discourse Factors in Linguistic Structures*, 153-167. Stanford: CSLI Publications.

Moore, Kevin E. 2004. Ego-based and field-based frames of reference in space to time metaphors. In Michael Achard and Suzanne Kemmar (eds.), *Language, Culture, and*

*Mind*, 151-165. Stanford: CSLI Publications.

Moore, Kevin E. 2006. Space-to-time mappings and temporal concepts. *Cognitive Linguistics* 17（2）: 199-244.

Moore, Kevin E. 2011. Ego-perspective and field-based frames of reference: temporal meanings of front in Japanese, Wolof, and Aymara. *Journal of Pragmatics* 43: 759-776.

Moore, Kevin E. 2014. The two-mover hypothesis and the significance of 'direction of motion' in temporal metaphors. *Review of Cognitive Linguistics* 12: 375-409.

Moore, Kevin E. 2017. Elaborating time in space: the structure and function of space-motion metaphors of time. *Language and Cognition* 9: 191-257.

森雄一. 1998.「「主体化」をめぐって」『東京大学国語研究室創設百周年記念 国語研究論集』1155-1143.

森雄一. 2011.「隠喩と提喩の境界事例について」『成蹊國文』44：150-143.

森雄一. 2018.「レトリックはなぜ認知言語学の問題になるのだろうか？」高橋英光・野村益寛・森雄一編『認知言語学とは何か？ あの先生に聞いてみよう』89-109. 東京：くろしお出版.

森山卓郎. 1988.『日本語動詞述語文の研究』東京：明治書院.

森山卓郎. 2002.『表現を味わうための日本語文法』東京：岩波書店.

森山卓郎・梅原大輔・冨永英夫. 2015.「「属性シテイル構文」の構文文法論的考察」『認知言語学研究』1：156-175. 東京：開拓社.

村木新次郎. 2000.「「がらあき」「ひとかど」は名詞か，形容詞か」『国語学研究』39：1-11. 東北大学.

村木新次郎. 2002.「第三形容詞とその形態論」佐藤喜代治編『国語論究 10 現代日本語の研究』211-237. 東京：明治書院.

村木新次郎. 2015.「日本語の品詞をめぐって」『日本語文法』15（2）：17-32.

鍋島弘治朗. 2003.「認知言語学におけるイメージスキーマの先行研究」『日本認知言語学会論文集』3：335-338.

鍋島弘治朗. 2011.『日本語のメタファー』東京：くろしお出版.

鍋島弘治朗. 2016.『メタファーと身体性』東京：ひつじ書房.

鍋島弘治朗・楠見孝・内海彰編『メタファー研究1』東京：ひつじ書房.

仲本康一郎. 2006.「属性の意味論と活動の文脈―椅子が荷物になるとき―」『日本語・日本文化』32：39-61.

中村芳久. 2004.「主観性の言語学：主観性と文法構造・構文」中村芳久編『認知文法論Ⅱ』3-52. 東京：大修館書店.

中村芳久. 2009.『シリーズ認知言語学入門 5 認知文法論II』東京：大修館書店.
日本語記述文法研究会編. 2007.『現代日本語文法③』東京：くろしお出版.
日本語記述文法研究会編. 2009.『現代日本語文法②』東京：くろしお出版.
日本語記述文法研究会編. 2010.『現代日本語文法①』東京：くろしお出版.
西原哲雄・田中真一・早瀬尚子・小野隆啓編『現代言語理論の最前線』. 東京：開拓社.
西村義樹. 2002.「換喩と文法現象」. 西村義樹編『認知言語学I―事象構造―』285-311. 東京：東京大学出版会.
西村義樹. 2008.「換喩の認知言語学」森雄一・西村義樹・山田進・米山三明編『ことばのダイナミズム』71-88. 東京：くろしお出版.
西村義樹. 2018a.「認知言語学の文法研究」西村義樹編『シリーズ認知言語学入門 4 認知文法論I』3-24. 東京：大修館書店.
西村義樹. 2018b.「文法の中の換喩」西村義樹編『シリーズ認知言語学入門 4 認知文法論I』89-116. 東京：大修館書店.
西村義樹編. 2018.『シリーズ認知言語学入門 4 認知文法論I』東京：大修館書店.
西尾寅弥. 1972.『形容詞の意味・用法の記述的研究』(国立国語研究書報告 44) 東京：秀英出版.
西山佑司. 1988.「指示的名詞句と非指示的名詞句」『慶応義塾大学言語文化研究所紀要』20：115-136.
西山佑司. 2003.『日本語名詞句の意味論と語用論』東京：ひつじ書房.
今井邦彦・西山佑司. 2012.『ことばの意味とはなんだろう 意味論と語用論の役割』東京：岩波書店.
西山佑司編. 2013.『名詞句の世界―その意味と解釈の神秘に迫る―』東京：ひつじ書房.
仁田義雄. 2009.『日本語の文法カテゴリをめぐって（仁田義雄日本語文法著作選 第1巻）』東京：ひつじ書房.
仁田義雄. 2010.『日本語文法の記述的研究を求めて（仁田義雄日本語文法著作選 第4巻）』東京：ひつじ書房.
仁田義雄. 2016.『文と事態類型を中心に』東京：くろしお出版.
野田尚史. 1996.『「は」と「が」(新日本語文法選書 (1))』東京：くろしお出版.
野田大志. 2008.「複合動詞の構文的意味拡張に関する一考察」『日本認知言語学会論文集』8：97-107.
野田大志. 2009.「構文多義ネットワークにおける並列型および複合型複合動詞の位置づけ」『日本認知言語学会論文集』9：143-153.
野田大志. 2010.「［名詞＋他動詞連用形］型複合動詞の構文的多義性に関する一考察」『日本認知言語学会論文集』10：204-214.

Nogale, Patti D. 2012. Metaphorical content as what is said. *Journal of Pragmatics* 44: 997-1008.

野村益寛. 2001.「認知言語学の展開：理論的統合の動きを中心に」『北海道大学紀要』105：51-70.

野澤元. 2003.「イメージスキーマの実在論に向けて」『日本認知言語学会』3：339-342.

野澤元. 2005.「階層的フレーム構造に基づく意味モデルの試み」『日本認知言語学会論文集』5：336-346.

大神雄一郎. 2014a.「"認識的変化表現"の意味と認知的基盤―ある種の主観的な変化叙述における表現主体の視点の影響―」『日本認知言語学会大会論文集』14：360-372.

大神雄一郎. 2014b.「視点の切り替えと認識の相対性―"転喩"としての変化・移動・時間表現の考察―」『日本語用論学会大会発表論文集』9：285-288.

大神雄一郎. 2015a.「日本語における「外の視点」基盤の時間表現」『KLS』35：25-36.

大神雄一郎. 2015b.「スカートが短くなるとき」『認知言語学研究』1：176-201. 東京. 開拓社.

大神雄一郎. 2016a.「日本語 Moving Observer 型メタファーの適切性と表現性について」日本語用論学会メタファー研究会第1回キックオフミーティング口頭発表.

大神雄一郎. 2016b.「摂食に関する語彙による《思考》と《理解》のメタファー―メタファーにおける身体性の反映の詳細度に注目した日英対照研究―」『JELS』33：100-106.

大神雄一郎. 2016c.「身体活動語彙による知性的概念の構造化について―1つの主題を共有する複数のメタファーの"共生"の実態―」『日本認知言語学会論文集』16：350-362.

大神雄一郎. 2016d.「構文交替における語用論的要因の影響に関する考察―時間経過を表す「Xが近づく／Xに近づく」の格交替について―」『日本語用論学会大会発表論文集』11：25-32.

大神雄一郎. 2017.「「近づいてくるクリスマス」と「やってくるクリスマス」―時間メタファーにおける"接近"の表現と"来訪"の表現について―」『日本認知言語学会論文集』17：245-257.

Ogami, Yuichiro. 2018a. How subjective are fictive change expressions in Japanese? Paper presented at the Linguistics and Asian Languages 2018, Poznan, Poland, March 2018.

大神雄一郎. 2018b.「お尻と背中を追いかけて―身体部位詞「尻」と「背中」の慣用表現の考察―」『KLS』38：133-145.

Ogami, Yuichiro. 2018c. Investigation of moving-ego metaphors in Japanese. *Papers from the 18th National Conference of the Japanese Cognitive Linguistic Association*, 332-344.

Ogami, Yuichiro. 2019a. The Japanese 'X *wa* Y *o siteiru*' pattern as simple stative expressions. Paper presented at the Linguistics and Asian Languages 2019, Poznan, Poland, March 2019.

Ogami, Yuichiro. 2019b. Is time moving in Japanese? Paper presented at the Researching Metaphor: Cognitive and Other, Genova, May 2019.

大神雄一郎. 2019c.「「青い目をしている」構文再考—「男好きのする顔をしたあの娘」はどこからやってくるのか？—」『日本認知言語学会論文集』19：24-36.

大神雄一郎. 2019d.「日本語の時間移動型メタファーの言語的発現と成立基盤」鍋島弘治朗・楠見孝・内海彰編『メタファー研究2』東京：ひつじ書房.

大堀壽夫. 2002.『認知言語学』東京：東京大学出版会.

大堀壽夫編. 2004.『シリーズ認知言語学入門6 認知コミュニケーション論』東京：大修館書店.

大堀壽夫・遠藤智子. 2012.「構文的意味とは何か」澤田治美編『ひつじ意味論講座2 構文と意味』31-48. 東京：ひつじ書房.

大石亨. 2007.「日本語形容詞の意味拡張をもたらす認知機構について」『日本認知言語学会論文集』7：160-170.

大森文子. 2004a.「レトリックの語用論」. 大堀壽夫編『シリーズ認知言語学入門6 認知コミュニケーション論』137-160. 東京：大修館書店.

大森文子. 2004b.「認知・談話・レトリック」大堀壽夫編『シリーズ認知言語学入門6 認知コミュニケーション論』161-210. 東京：大修館書店.

大森荘蔵・滝浦静雄・中村雄二郎・藤沢令夫・市川浩・加藤尚武・木田元・坂部恵・坂本賢三・竹市明弘・村上陽一郎編. 2015.『新岩波講座 哲学2 経験 言語 認識』東京：岩波書店.

大西美穂. 2016.「全体-部分の談話構造と観察者：「目が青い」か「青い目をしている」か」『日本語用論学会大会発表論文集』11：193-196.

岡智之. 2001.「テイル（テアル）構文の認知言語学的分析—存在論的観点に基づくアスペクト論の展開—」『日本認知言語学会論文集』1：132-142.

岡智之. 2007.「日本語教育への認知言語学の応用：多義語、特に格助詞を中心に」『東京学芸大学紀要 総合教育科学系』57：467-481.

奥津敬一郎. 1981.「移動変化動詞構文—いわゆる spray paint hypallage について—」『国語学』127：21-33.

奥田靖雄. 1977.「アスペクトの研究をめぐって—金田一的段階—」『ことばの研究・序説』85-104. 東京：むぎ書房.

奥田靖雄. 1978.「アスペクトの研究をめぐって」『ことばの研究・序説』105-143. 東京：

むぎ書房.

奥田靖雄. 1985.『ことばの研究・序説』東京：むぎ書房.

Peirsman, Yves and Dirk Geeraerts. 2006. Metonymy as prototipical category. *Cognitive Linguistics* 17（3）: 269-316.

Petruck, Miriam R. L. 2013. *Advances in Frame Semantics*. Amsterdam: John Benjamins.

Rubba, Joe. 1994. Grammaticalization as semantic change. In William Paglica（ed.）, *Perspectives on Grammaticalization*, 81-101. Amsterdam: John Benjamins.

定延利之. 2006a.「動態表現における体験と知識」益岡隆志・野田尚史・森山卓郎編『日本語文法の新地平 1 形態・叙述内容編』51-67. 東京：くろしお出版.

定延利之. 2006b.「心内情報の帰属と管理―現代日本語共通語「ている」のエビデンシャルな性質について―」中川正之・定延利之編『シリーズ言語対照〈外から見る日本語〉言語に現れる「世間」と「世界」』. pp. 167-192. 東京：くろしお出版.

定延利之. 2008.『煩悩の文法―体験を語りたがる人びとの欲望が日本語の文法システムをゆさぶる話―』東京：筑摩書房.

斎藤倫明. 1992.『現代日本語の語構成論的研究―語における形と意味―』東京：ひつじ書房.

坂原茂. 1990.「役割，ガ・ハ，ウナギ文」日本認知科学会編『認知科学の発展』3：29-66. 東京：講談社.

坂原茂. 2012.「フランス語コピュラ文の解釈と属詞の冠詞の有無」坂原茂編『フランス語学の最前線 1』1-52. 東京：ひつじ書房.

酒井智宏. 2014.「メンタル・スペース理論と認知言語学」『東京大学言語学論集』34：277-296.

﨑田智子・岡本雅史. 2010.『講座 認知言語学のフロンティア④ 言語運用のダイナミズム：認知語用論のアプローチ』東京：研究社.

佐々木健一. 2004.『美学への招待』東京：中央公論新社.

佐々木健一. 2010.『日本的感性』東京：中央公論新社.

佐々木正人. 1994.『アフォーダンス：新しい認知の理論』東京：岩波書店.

佐々木正人. 2015.『新版 アフォーダンス』東京：岩波書店.

佐藤信夫. 1992a.『レトリック感覚』東京：講談社.

佐藤信夫. 1992b.『レトリック認識』東京：講談社.

佐藤信夫. 1993.『レトリックの記号論』東京：講談社.

佐藤琢三. 1998.「自動詞ナルと計算的推論」『国語学』192：13-24.

佐藤琢三. 1999.「ナッテイルによる単純状態の叙述」『言語研究』116：1-21.

佐藤琢三. 2005.『自動詞文と他動詞文の意味論』東京：笠間書院.

澤田治美編. 2011.『ひつじ意味論講座 5 主観性と主体性』東京：ひつじ書房.

澤田治美編. 2012.『ひつじ意味論講座 2 構文と意味』東京：ひつじ書房.

澤田浩子. 2003「所有物の属性認識」『言語』32（11）：54-60.

澤田浩子. 2012.「味覚・嗅覚・聴覚に関する事象と属性」影山太郎編『属性叙述の世界』203-220. 東京：くろしお出版.

瀬戸賢一. 2007.「メタファーと多義語の記述」楠見孝編『メタファー研究の最前線』31-61. 東京：ひつじ書房.

篠原和子. 2007.「時間のメタファーにおける図と地の問題」楠見孝編『メタファー研究の最前線』201-216. 東京：ひつじ書房.

篠原和子. 2008.「時間メタファーにおける「さき」の用法と直示的時間解釈」篠原和子・片岡邦好編『ことば・空間・身体』179-211. 東京：ひつじ書房.

篠原俊吾. 2002.「「悲しさ」「さびしさ」はどこにあるのか　形容詞文の事態把握とその中核をめぐって」西村義樹編『認知言語学 I：事象構造』261-284. 東京：東京大学出版会.

篠原俊吾. 2008.「相互作用と形容詞」森雄一・西村義樹・山田進・米山三明編『ことばのダイナミズム』89-104. 東京：くろしお出版.

篠原俊吾. 2019.『選択の言語学　ことばのオートフォーカス』東京：開拓社.

徐珉廷. 2010.「日本語話者の〈好まれる言い回し〉としての「ている／ていく」の補助的な用法―対応する韓国語の「e kata/ota」との比較を通して―」『日本認知言語学会論文集』10：248-258.

徐珉廷. 2013.『〈事態把握〉における日韓話者の認知スタンス：認知言語学の立場から見た補助動詞的な用法の「ていく／くる」と「e kata/ota」の主観性』東京：ココ出版.

Steen, Gerard. 2008. The paradox of metaphor: Why we need a three-dimensional model of metaphor. *Metaphor and Symbol* 23（4）. 213-241.

Steen, Gerard. 2010. When is metaphor deliberate? Selected papers from the Stockholm 2008 Metaphor Festival（Stockholm Studies in English）: 43-63.

Steen, Gerard. 2015. Developing, testing and interpreting Deliberate Metaphor Theory. *Journal of Pragmatics* 90: 67-72.

須田義治. 2010.『現代日本語のアスペクト論』東京：ひつじ書房.

菅井三実. 2001.「現代日本語における格の暫定的体系化」『言語表現研究（兵庫教育大学言語表現学会）』17：109-119.

菅井三実. 2005.「格の体系的意味分析と分節機能」山梨正明他編『認知言語学論考』4：95-131. 東京：ひつじ書房.

菅井三実. 2008.「現代日本語における格の体系化と認知的分節機能」『日本認知言語学会論文集』8：137-146.

杉本孝司. 1998.『意味論2』東京：くろしお出版.

Sullivan, Karen. 2013. *Frames and Constructions in Metaphoric Language*. Amsterdam: John Benjamins.

鈴木重幸. 1957.「日本語の動詞のすがた（アスペクト）について—〜スルの形と〜シテイルの形—」金田一春彦編『日本語動詞のアスペクト』63-81. 東京：むぎ書房.

Sweetser, Eve E. 1990. *From Etymology to Pragmatics*. Cambridge: Cambridge University Press.

Sweetser, Eve E. 1996. Changes in figures and changes in grounds: A note on change predicates, mental spaces and scalar norms.『認知科学』3（3）: 75-86.

Sweetser, Eve E. 1997. Role and individual interpretations of change predication. In Jan Nuyts and Eric Pederson (eds.), *Language and Conceptualization*, 116-136. Cambridge: Cambridge University Press.

平知宏・楠見孝. 2005.「概念比喩の慣用性が文章読解過程に及ぼす影響」『日本認知言語学会論文集』5：117-125.

平知宏・楠見孝. 2011.「比喩研究の動向と展望」『心理学研究』82（3）：283-299.

高橋英光・野村益寛・森雄一編『認知言語学とは何か？　あの先生に聞いてみよう』東京：くろしお出版.

高橋太郎. 1969.「すがたともくろみ」金田一春彦編『日本語動詞のアスペクト』117-153. 東京：むぎ書房.

高橋太郎. 1985.『現代日本語動詞のアスペクトとテンス』東京：秀英出版.

高橋太郎. 1994.『動詞の研究』東京：むぎ書房.

高橋太郎. 2003.『動詞 九章』東京：ひつじ書房.

高見健一・久野暲. 2006.『日本語機能的構文研究』東京：大修館書店.

高見健一・久野暲. 2014.『日本語構文の意味と機能を探る』東京：くろしお出版.

Talmy, Leonard. 1996. Fictive motion in language and 'ception'. In Paul Bloom, Mary A. Petersen, Lynn Nadal, and Merril F. Garrett (eds.), *Language and Space*, 211-276. Cambridge, MA: MIT Press.

Talmy, Leonard. 2000. *Toward a Cognitive Semantics*, Volume I: *Concept Structuring Systems*. Cambridge, MA: MIT Press.

谷口一美. 2003.『認知意味論の新展開 メタファーとメトニミー』東京：研究社.

谷口一美. 2004.「行為連鎖と構文I」中村芳久編『シリーズ認知言語学入門5 認知文法論II』53-87. 東京：大修館書店.

谷口一美. 2005.『事態概念の記号化に関する認知言語学的研究』東京：ひつじ書房.

谷口一美. 2007.「視線は走る―自動詞 run の多義性と主観的移動―」河上誓作・谷口一美編『ことばと視点（阪大英文学会叢書4）』58-73. 東京：英宝社.

谷口一美. 2017.「時間の意味論」西原哲雄・田中真一・早瀬尚子・小野隆啓編『現代言語理論の最前線』249-262. 東京：開拓社.

Taylor, John R. 2003. *Linguistic Categorization*, 3rd ed. Oxford: Oxford University Press.

寺村秀夫. 1976.「「ナル」表現と「スル」表現」『寺村秀夫論文集 II』213-232. 東京：くろしお出版.

寺村秀夫. 1982.『日本語のシンタクスと意味 I』東京：くろしお出版.

寺村秀夫. 1984.『日本語のシンタクスと意味 II』東京：くろしお出版.

寺村秀夫. 1989.「構造文型と表現文型」寺村秀夫編『講座 日本語と日本語教育』13：165-180. 東京：明治書院.

寺村秀夫. 1991.『日本語のシンタクスと意味 III』東京：大修館書店.

時枝誠記. 1941.『國語學原論』東京：岩波書店.

Traugott, Elizabeth C. 1989. On the rise of epistemic meanings in English: An example of subjectification in semantic change. *Language* 65（1）: 31-55.

Traugott, Elizabeth C. 1999. From subjectification to intersubjectification. Paper presented at the workshop on Historical Pragmatics, Fourteenth International Conference on Historical Linguistics, Vancouver, Canada.

坪本篤朗・早瀬尚子・和田尚明編. 2009.『「内」と「外」の言語学』東京：開拓社.

辻幸夫編. 2000.『ことばの認知科学事典』147-157. 東京：大修館書店.

辻幸夫編. 2003.『シリーズ認知言語学入門1 認知言語学への招待』東京：大修館書店.

角田太作. 1991［2009］.『世界の言語と日本語 改訂版―言語類型論から見た日本語―』東京：くろしお出版.

上原聡. 2002.「日本語における語彙のカテゴリー化」大堀壽夫編『認知言語学 II：カテゴリー化』81-103. 東京：東京大学出版会.

上原聡. 2005.「日本語の内的状態述語をめぐって」『日本認知言語学科論文集』5：531-546.

内海彰. 2018.「計算論的アプローチによるメタファー研究の最新動向と展望」鍋島弘治朗・楠見孝・内海彰編『メタファー研究1』137-174. 東京：ひつじ書房.

内海彰・鍋島弘治朗. 2011.「メタファーの話」『知能と情報』23（5）：686-695.

Vendler, Zeno. 1967. *Linguistics in Philosophy*, New York: Cornell University Press.

Verhagen, Arie. 1995. Subjectification, syntax and communication. In Dieter Stein and Susan M. Wright（eds.）, *Subjectivity and Subjectification*, 103-128. Cambridge: Cambridge

University Press.

八亀裕美. 2003.「形容詞の評価的意味と形容詞分類」『阪大日本語研究』15：13-40.

八亀裕美. 2008.『日本語形容詞の記述的研究―類型論的視点から―』東京：明治書院.

山田進. 1993.「語の形式と意味」『国語学』175：77-90.

山田進. 2017.『意味の研究』東京：くろしお出版.

山泉実. 2005.「シネクドキの認知意味論へ向けて―類によるシネクドキ再考―」山梨正明編『認知言語学論考』4：271-312. 東京：ひつじ書房.

山泉実. 2017.「意味拡張における説明概念としてのシネクドキの役割とメタファーとの関係」『日本語・日本文化研究』27：50-66.

山梨正明. 2000.『認知言語学原理』東京：くろしお出版.

山梨正明. 2009.『認知構文論』東京：大修館書店.

山梨正明. 2012.「認知のダイナミズムと構文現象」澤田治美編『ひつじ意味論講座2 構文と意味』1-30. 東京：ひつじ書房.

山梨正明他編. 2004.『認知言語学論考』3：東京：ひつじ書房.

山梨正明他編. 2005.『認知言語学論考』4：東京：ひつじ書房.

山梨正明他編. 2013.『認知言語学論考』11：東京：ひつじ書房.

山崎香緒里. 2016.「多義ネットワークは何を示しているのか」『東京大学言語学論集』37：303-314.

米山三明. 2002.「語彙・概念的な意味論の成立と展開」. 辻幸生編『ことばの認知科学事典』147-157. 東京：大修館書店.

吉川武時. 1973.「現代日本語動詞のアスペクトの研究」金田一春彦編『日本語動詞のアスペクト』155-327. 東京：むぎ書房.

吉村公宏編. 2003.『シリーズ認知言語学入門2 認知音韻・形態論』東京：大修館書店.

Zlatev, Jordan. 2005. What's in a schema? Bodily mimesis and the grounding of language. In Beate Hampe (ed.), *From Perception to Meaning: Image Schemas in Cognitive Linguistics*, 313-342. Berlin: Mouton de Gruyter.

# 謝　辞

　本書の出版は、多くの方のご厚意に支えられて成ったものである。これまでにお世話になった皆様に、この場をお借りしてお礼を申し上げたい。

　はじめに、大阪大学大学院言語文化研究科でご指導をくださり、博士論文の完成を支えてくださった先生方に心より感謝申し上げたい。木内良行先生と早瀬尚子先生には、博士前期課程、後期課程を通して指導教員として長きに渡るご指導を賜り、常に温かく見守っていただきながら、言語現象に誠実に向き合うこと、また論を説得的に展開することへの心がけを意識づけていただいた。博士前期課程1年次に副指導教員をご担当くださった渡邊伸治先生には、自身の目指す先をしっかりと見据え、自律的に研究活動に臨む心構えをご教示いただいた。博士論文資格審査以降に副指導教官をご担当くださった井元秀剛先生には、いつも前向きに研究に向かうご姿勢を示して頂き、短い時間ながら多くの学びを与えていただいた。言語研究に関して素人同然の状態で大学院に進学した筆者が、なんとか研究科での学修を修め、博士論文の提出および本書の刊行にこぎつけることができたのは、指導教員の先生方のご親身なご指導と温かいお心遣いに支えられてのことである。

　研究科においては、指導教員以外の先生方にも多くのご指導とご支援を賜った。杉本孝司先生には、博士後期課程での特別研究科目を通じ、意義深い学びを与えていただくとともに、肩ひじを張らずに研究を楽しむことを教えていただいた。渡辺秀樹先生、大森文子先生には、博士前期課程での演習科目に加え、大阪大学言語文化レトリック研究会においても発表と学びの機会をいただき、多くのご指導を賜った。秋田喜美先生には、未熟な筆者の研究計画に耳を傾けていただき、ご親身なご助言と励ましをいただいた。田村幸誠先生には博士論文資格審査発表会において多くの課題をご指摘いただき、

小薬哲哉先生には研究内容に関してしばしば好意的に議論に応じていただいてきた。合わせて、研究科では、浅井良策さん、大谷友也さん、小林翠さん、中尾朋子さん、高森理絵さん、濱上桂菜さんといった先輩方、同じ道に進む数少ない同期生の木山直毅さん、中西亮太さん、南澤佑樹さん、別の道に進んだ同期生の伊計拓郎さん、西村玲和さん、松岡元直さん、優秀な後輩である後藤秀貴さん、板垣浩正さん、瀬戸義隆さん、井原駿さん、三野貴志さんといった皆様にお世話になった。改めて深謝申し上げたい。

　様々な学会や研究会においても多くのご支援を賜ってきた。本書の内容に特に深く関わるものについて3つ挙げておきたい。1つめに、本書の取り組みは筆者の修士論文に端を発するものであるが、その構想や成果について発表する機会くださった関西認知言語学研究会と蛍池認知言語学研究会について。前者においては松本曜先生をはじめ参加者の皆様との貴重な議論の場をいただき、後者では河上誓作先生とご関係者の皆様から意義深いご指導とご意見を得た。これらの経験は本書の「種」となるものである。この段階においては、谷口一美先生に研究相談に応じていただき、ご親身なご指導を賜ったことも記しておきたい。2つめに、博士後期課程1年次に臨んだ日本認知言語学会第14回全国大会での口頭発表について。この発表は修士論文の内容を土台に全国規模の学会で行った初の口頭発表であったが、ここでは池上嘉彦先生、本多啓先生、徐珉廷先生、Jiří Matela 先生に意義深いご意見とご助言を頂戴し、大いに励まされた。この経験は、本書の「芽」と言えるものであろう。3つめには、日本認知言語学会の学会誌『認知言語学研究』に論文を掲載いただいたこと。この論文は修士論文で論じた内容をより大きな観点から展開することを試みたもので、堀江薫先生とNathan Hamlitschさん、そして匿名査読者の皆様のお力添えによりなんとか完成したものである。本書について、これまでの取り組みが「花」を咲かせたものと言うことが許されるならば、この論文はその「蕾」と言えよう。これらにおいてご指導、ご支援をくださった皆様に改めて心よりお礼を申し上げたい。

　加えて、日本認知言語学会、関西言語学会、日本語用論学会、日本英語学

会、日本言語学会、日本語文法学会、KLC、日本語用論学会メタファー研究会、Metaphor Festival 2016・2017・2018・2019、動的語用論研究会、Linguistics and Asian Languages 2018・2019、RaAM、「RESEARCHING METAPHOR — COGNITIVE AND OTHER」に、ICLC15では、成果発表や貴重な学びの機会をいただいた。お世話になった方々のお名前をすべて挙げる余裕はなく、特に本書に関わる研究と活動において有益なご意見やご指摘、情報や、多大なご支援をくださった方に限られてしまうが、有薗智美先生、岩田彩志先生、上原聡先生、大西美穂先生、岡久太郎さん、岡本雅史先生、小川博仁さん、木本幸憲さん、黒木邦彦先生、菅井三実先生、河野亘さん、小松原哲太先生、今野弘章先生、篠原和子先生、柴﨑礼士郎先生、鈴木幸平先生、滝浦真人先生、高橋美奈子先生、田中廣明先生、田丸歩実さん、千田俊太郎先生、辻幸夫先生、都築雅子先生、中嶌浩貴さん、中村文紀先生、鍋島弘治朗先生、西内沙恵さん、西山佑司先生、野澤元先生、野田大志先生、野中大輔先生、濱田英人先生、林智昭さん、廣瀬幸生先生、深田智先生、堀内ふみ野さん、町田章先生、宮澤泰彦先生、宮浦国江先生、籾山洋介先生、森雄一先生、森下裕三さん、八木橋宏勇先生、山崎香緒里さん、山梨正明先生、吉川正人さん、吉村公宏先生、依田悠介先生、米田信子先生、Anita Načisčiones先生、Alessandro Panunzi先生、Judit Baranyiné Kóczy先生、Britta Brugmanさん、Fu Jieさん、Geoffrey Ventalonさん、Giulia Frezza先生、Gudrun Reijnierse先生、Kevin Ezra Moore先生、Li-Chi Chen先生、Lukas Rieser先生、Ludmira A'Beckett先生、Mark Johnson先生、Martin Schäfer先生、Micaela Rossi先生、Paola Vernilloさん、Szymon Grzelak先生、Vyvyan Evans先生、Wojtek Wachowski先生、Zoltán Kövecses先生、本書とは別の研究でお世話になった皆様、また学会や研究会を裏方として支えてくださった方々と、関連する先行研究に心よりお礼を申し上げたい。もっとも、筆者の研究はここにお名前を挙げた方々から必ずしも全面的に支持を得るものというわけではない。もちろん、本書に指摘される不備や課題は、すべて筆者個人に帰されるべきものである。

言語研究とは異なる分野での、しかしながら筆者の研究に大きな関わりを持つ経験について触れておきたい。筆者が初めて仕事として文章を書く経験を得たのは、株式会社ワコールのIR・広報室に所属していた時であった。ここでの経験は認知言語学への興味にもつながっているが、社内広報に関する業務を通じて得た、自身の着想に基づいてテーマを定め、それを具体的に形にして他者に伝えるという経験は、現在の活動にも大きく影響しているように思われる。ここで仕事を教えてくださった方々に感謝申し上げたい。また、筆者の研究は、企業での業務を通じて触れることとなった彫刻家・名和晃平さんの作品からも影響を受けている。唐突なスタジオ見学のお願いをご快諾くださり、貴重な経験を与えてくださった名和さんとスタッフの皆様にも、心よりお礼を申し上げたい。なお、筆者に企業での職を辞して現在の道に進むことを促してくれたのは、高校時代のラグビー部の顧問であり筆者が会社員をしている間に急逝された恩師から、ラグビー部の引退時、妻との結婚式、そして亡くなる間際にかけていただいた言葉であった。「妻子を抱えて収入のあてもなく脱サラした」などと言うと空の上から怒鳴られるかもしれないが、本書の完成を機に、たくさんの人にお世話になりながらなんとかやりたいことをやっています、と報告したい。

　本書は、平成30年度大阪大学教員出版支援制度による助成を受けるものである。応募にあたっては由本陽子先生にお声かけをいただき、木内良行先生、早瀬尚子先生、高橋克欣先生に背中を押していただいた。木村茂雄先生、伊勢芳夫先生、研究企画推進委員の先生方と、大阪大学大学院言語文化研究科総務掛の吉野真理子さんに多大なお力添えを賜り、出版に至っている。ここでお世話になった皆様と、大阪大学出版会、また、編集担当として筆者の手を引いてくださった板東詩おりさんにお礼を申し上げたい。表紙デザインは20年来の悪友であるタケウマ氏、また氏を通じてご縁を得た三重野龍さんに手掛けていただけることとなった。現時点ではまだ作成中であるが、お二人の手により素晴らしい表紙が完成するものと信じている。お引き受けくださったタケウマ氏、三重野さんに感謝申し上げたい。なお、本書に関わる

研究の大部分は、JSPS 科研費 15J01863 の助成を受けたものである。

　最後に、家族にひとこと記す勝手をお許しいただければ幸いである。実家の両親からは、企業を退職してからここに至るまで、様々な面での支援を受けてきた。筆者の無茶な決断には頭を痛めさせてきたことであろうが、この場を借りて感謝を述べるとともに、なるべく早く恩を返せるよう精進を重ねることを伝えたい。妻の両親には、筆者の身勝手を咎めることもなく、目標の実現を応援してもらってきた。改めて感謝したい。常に筆者を励まし、あらゆる面で支えてくれる妻には、今後も迷惑をかけ続けることを宣言したうえで、本書の完成を以て礼としたい。それが何よりも喜んでもらえるだろうから。人懐こい猫のちょうには、寒い冬の深夜にキーボードを叩く際、じっと膝を温めてもらったことに礼を伝えておく。夏には遠慮してもらいたいが。3 人の子供たちには、もし本書に目を通してくれることがあり、その時に「おかしい」と思うことがあれば、ぜひ教えてもらえるようにお願いしたい。正直なところ、原稿を修正しながら自分で読み返してみるたびに、本書は自分に足りないところを浮き彫りにするばかりのものに思えて、公の場に出すのには少し怖さもある。しかしながら、いろんな人と話をするうちに、まずは自分の考えを人に伝えてみて、知らなかったことを学んだり、自分に間違いがあるならそれを直せる方がいいと思うようになった。この本も、たくさん笑われるかもしれないけれど、1 つでも新しいことを学んだり見つけたりすることにつながるといいなと思って出すことにした。だから、おかしいと思うところがあればぜひ聞かせてほしい。そして、どこがおかしいのか、どうすればおかしくなくなるのか、一緒に考えてみてくれると嬉しい。いろんな考えを持ち寄って「おかしいところ」をじっくり眺めてみると、「正しいこと」や「新しいこと」を見つけられるかもしれないから。

　　　2019 年 8 月 31 日　アムステルダム、街を結ぶ運河のほとりにて

　　　　　　　　　　　　　　　　　　　　　　　　　　　　　　著者

# 索 引

### A-Z

complex-primitive　91
deliberate metaphor　237
Ego-centered Moving Time　200
embodiment　92
Figure　158, 177
Ground　158, 177
mimetic schema　91
Motion　135
Moving Ego　183
Moving Observer　200
Moving Time　183
SOURCE-PATH-GOAL　93
subjectification　16, 189, 201

### あ

IモードとDモード　138
アスペクト的意味　62
値解釈　144
圧縮　169
イ形容詞　22
一次元のトラジェクター　152
逸脱性の読み取り　215, 216
イメージ・スキーマ　90, 92, 93
イメージ・スキーマに基づく格パターン構文　83
イメージ・スキーマ変換　17, 149
衣類と着用者　235
入れ替わりの読み　146
「迂言的」な変化述語　147
動きの結果　64

動きの主体　56
動きの主体化　191, 224
動きの進行　64
動きの展開　63
内の視点　138
SモードとOモード　138
エコロジカル・セルフ　196
エビデンシャル　85
オノマトペ　22

### か

概念化　16, 87
概念化のフレーム　87
概念写像　236
概念メタファー理論　183
格　54, 55
仮想移動　217
仮想的あるいは虚構的な変化　49
仮想的視点　117, 118
「仮想的変化」の用法　48, 53
仮想的変化用法の構成要素　101
仮想的レベル　16
仮想フレーム　121, 125, 231
活動／出来事／プロセスとその参与者　235
感覚形容詞　106
感覚モダリティ　26
「関係性変化」の用法　33, 53
関係性変化用法の構成要素　100
還元主義　8
観察可能性　85
観察的視点　117, 118

観察的立場　202
観察的レベル　16
観察フレーム　**121**
慣習化した言語単位の目録　9
慣習的意味　13
感情・感覚を表す感情・感覚形容詞　24
「感性」の交わり　136
間接的認識　138
擬人化表現　137
期待値からの逸脱　206
《起点-過程-着点》　93
《起点-経路-着点》のイメージ・スキーマ　93, 116
規範的語用論モデル　238
基本的スキーマ　150
「客体志向」の言語　137
客体性の消失　201
客体的（意味）　109
客観的　106
　―な意味　106
　―な変化　176
　―把握　127
　―表現　107
虚構移動　226
近接性　163
グローバル・フロー　180
計算的推論のナル　23
形式意味論　10
形式と意味のペア　8
形容詞類の柔軟な意味機能　106
形容動詞　22
経路の終点のスキーマ　150
経路のスキーマ　150
ゲシュタルト　11
　―心理学　178
言語過程説　202

現実移動　217
現実的な意味での状態変化　2
懸垂分詞構文　138
語彙的性質　21
公共性　133
恒常仮説（恒常仮定）　178
構成性の原理　10
構文　7, 9, 13
　―スキーマ　9
　―的意味　**9**
　―文法　8, 9
五感　26
個体と集合体　234
個体と集合体のイメージ・スキーマ変換　141, **155**
個体レベル　24
異なる感覚刺激　178
異なる知覚経験　178
コトの類型　18
好まれる言い回し　128
コピュラ文　147
語用論的強化　242
痕跡的認知　206

# さ

最適視点構図　201
細密度の再調整　153
錯覚としての「流れ」　185
参照点構造　242
参照点の主体化　**192**, 193
地　→ Ground
ジェンダー　171
時間経過　55
時間性不在　126
時間的局面の捉え方　62
時間メタファー　182
字義的な意味　2

時空間メタファー　183
シク活用　111
自己中心的視点構図　201
「自己中心的」な感覚　82
視座　117
指示的名詞句　146
事象構造メタファー　95
事態概念　5, 97
事態の成立後の視点　73
事態把握　127
事態把握のプロトタイプ　129
実感的な印象や評価　59
実感的認識の対象　60
実際の会話の伝達モード　36
字面通りの意味　6
「シテイク」形　64
「シテイル」形　49, 63
「シテクル」形　64
視点　**115**
視点移動　217
視点構図　117
「品さだめ」の表現　136
シネクドキー　244
事物が人間にとって持つ意味　88
事物の属性を表す属性形容詞　24
事物の単純状態を述べる表現　208
集合体　151
集合知　133
集合的　30
「集合的変化」の用法　**28**, 52
集合的変化用法の構成要素　99
主客合体　118
主客合一　118
主客対立　118
主客未分な意味　110
主観　106
主観化　201

主観性の帰属問題　242
主観的　129
　―移動表現　216
　―な意味　106
　―な認識作用　108
　―な変化　176
　―な変化の認知　208
　―把握　127
　―表現　107
　―変化表現　3, 205
主観分化　83
「主体移動型」の移動表現　**182**
「主体移動型」の時間メタファー　**186**
主体移動表現　137
主体化　→ subjectification
主体格　56-58, 61
「主体志向」の言語　137
「主体性」の違い　190
主体的　109
　―意味　109
　―立場　202
　―な動き　223
「主体」としての格　56
述部アスペクト　62
情意形容詞　106
状態の出現　64
叙述名詞句　146
処理時間　226
身体性（身体化認知）　→ embodiment
身体部位名詞　164
心的状態の対象　60
心的（な）走査　191, 218
心理的実在性　92
図　→ Figure
推論的な状況把握　180
スキーマ　**89**
スキーマ的な知識構造　87

図地反転　42, 175, **177**
図地反転基盤の主観的変化　3, 175
「スル」形　63
「スル」形と「シテイル」形の対立　63
〈する〉的　114
性質の主体　61
性状規定　136
生態心理学的　111
接触の強度　235
「絶対的性状規定」の表現　136
接置詞　164
相互作用型　226
相対的関係　35
「相対的性状規定」の表現　136
「相対的な品定め」の表現　136
属性形容詞　106

**た**

体験的　41
　—視点　**117**, 118
　—変化用法の構成要素　100
　—レベル　16
「体験的変化」の用法　**40**, 53
体験表現　82
体験フレーム　**121**, **124**, 231
第三者的な観点　38
対象格　60
対象そのものの性質や状態　45
対人的行為のナル　23
「態」の表現形式　114
多義　13
　—（的な）構文　**13**, 102
多義語研究の課題　15, 21
他者視点からの「語り」　36
他者と比較してのありかた　76
脱アスペクト化　76

脱客体化　192
単一的イベント　151
「単一的」な変化述語　148
探索活動　111
単なる状態　76
単純状態　72
談話分析　240
「小さくなるパジャマの不思議」　82
知覚者としての話し手　111
知覚心理学　158
知覚レベルと状況レベル　138
知識構造の「鋳型」　89
眺望の変化　180
「眺望描写型」の移動表現　**182**
「眺望描写型」の時間メタファー　**186**
直接的認識　138
転移修飾　136
同一の感覚刺激　178
同音異義　14
動詞項構造構文　8
動詞単体の述部による表現　105
動的な認識　113
「特定的変化」の用法　**24**, 52
特定的変化用法の構成要素　98
ドメイン　120
「捉え方」　5, 13, **87**, **88**, 153
捉え方の意味論　6
とらえられた状態に対する解釈　213
トラジェクター　158
トラジェクターとランドマークの反転　160
トラジェクターとランドマークの反転によるプロファイル・シフト　141

**な**

眺めの基点　118

ナ形容詞　22
ナッテイルによる単純状態の叙述　23
「なる」　112, 113
〈ナル型〉対〈スル型〉　137
〈なる〉的　114
日本語アスペクト研究の流れ　62
日本語形容詞における「話者の感性の発露」　110
日本語形容詞の「主客未分」の意味世界　109
日本語形容詞の「二面性」　106
認知意味論　5
認知言語学的な意味観　4
認知主体の主観的な把握のモード　153
認知的視野　87, 118, 120
認知的メトニミー観　234
認知文法　9, 11
認知領域　121
ノ形容詞（第三形容詞）　23
「述べられたまま」の意味　232

## は

把捉時間　227
発話事態認知　253
話し手の捉え方　5
話し手の評価的な関わり　109
範囲占有経路表現　217, 218
比較の基準となる要素　95
比較の対象となる要素　95
非字義性　82
非指示的名詞句　146
百科事典的な知識　136
評価性　39
評価の観点　95
表現解釈の意味論　6, 21, 22

表現主体と対象の相対的な関係性　47
表現主体の「内」と「外」　117
表現の親しみやすさ　239
ヒリヒリ型の体験　225
風景の「流れ」　185
複数個体　151, 152
複数の意味の認定　21
'ふつうでない'状態　77
「ふつう」の在り方　60
'ふつうの'状態　77
物体部分名詞　164
部分という名の幻想　11
部分の総和　12
フレーム　16, 115, 119
フレーム意味論　119
ブレンディング　236
プロトタイプ的意味　15
プロファイル　158
プロファイル・シフト　162
プロファイルと意味スコープの変換　170
文法化　162
文法的性質　21
ベース　158
変化述語の主観的意味　144
変化述語の役割解釈　3
変化認識の基準　57
変化の実感　41
変化の主体　56-58
変化の進展　64
変化のスキーマ　94
変化の「なる」構文　1
　—のスキーマ　90, 97
　—の多義ネットワーク　231
　—のプロトタイプ的用法　133
変化のパラメータ　150

変項名詞句　146
変貌読み　146
報告的　36
放射状カテゴリー　150
法助動詞　236

## ま

マクロ構造　242
見比べ　39
ミクロ構造　242
「見たまま・感じたまま」の体験世界
　17, 179, 187
見られる側　117
見る側　117
Moving Experiencer 一元論　200
名詞句の格機能　54
名詞的形容詞　22
メタファー的概念写像　121
メタファー的拡張　238
メタファー的な表現　233
メトニミー的拡張　238
メトニミー的な表現　233
メトニミー的認知　136
メンタル・スペース理論　84, 144, 236

## や

役割　145
　―解釈　30, 144
　―そのものの属性　147
有機的な結びつき　11
「緩やか」な構文観　18
要素還元主義的な考え方　10

## ら

ランドマーク　158
理想化認知モデル　120
領域内焦点化　242
隣接性　163, 234
類像性　150
レトリカルな視点の移動　189
レトリック　189
連語　54
連語論　18
連続的　30
連用形形容詞類　23

## わ

話者の感性　111

大神雄一郎（おおがみ　ゆういちろう）

2017年3月大阪大学大学院言語文化研究科言語文化専攻博士後期課程修了。博士（言語文化学）。2018年4月より大阪大学大学院言語文化研究科助教。主な研究業績として「スカートが短くなるとき」『認知言語学研究』1（日本認知言語学会, 2015年）、「「近づいてくるクリスマス」と「やってくるクリスマス」―時間メタファーにおける"接近"の表現と"来訪"の表現について―」『日本認知言語学会論文集』17（日本認知言語学会, 2017年）、「日本語の時間移動型メタファーの言語的発現と成立基盤」鍋島弘治朗・楠見孝・内海彰編『メタファー研究2』（ひつじ書房, 2019年）など。

---

「なる」構文の多義性とそのメカニズム
　　なぜスカートは短くなるのか？

2019年9月30日　初版第1刷発行　　　　　　　　　［検印廃止］

　　　著　者　　大神雄一郎
　　　発行所　　大阪大学出版会
　　　　　　　　代表者　三成賢次
　　　　　　　　〒565-0871 吹田市山田丘 2-7
　　　　　　　　大阪大学ウエストフロント
　　　　　　　　TEL　06-6877-1614（直通）
　　　　　　　　FAX　06-6877-1617
　　　　　　　　URL　http://www.osaka-up.or.jp

　　　装　丁　　三重野龍
　　　イラスト　studio takeuma
　　　印刷・製本　亜細亜印刷株式会社

---

©Yuichiro Ogami 2019　　　　　　　　Printed in Japan
ISBN 978-4-87259-688-5

［JCOPY］〈出版者著作権管理機構　委託出版物〉
本書の無断複製は著作権法上での例外を除き禁じられています。複製される場合は、その都度事前に、出版者著作権管理機構（電話 03-5244-5088、FAX 03-5244-5089、e-mail: info@jcopy.or.jp）の許諾を得てください。